职业教育"工业互联网应用"领域系列教材

传感器与智能检测技术

○ 组　编　工业互联网产业联盟
　　　　　北京华航唯实机器人科技股份有限公司
　　　　　浪潮云洲工业互联网有限公司
○ 主　编　金文兵　吕冬明　张大维
○ 副主编　王春梅　何武林　朱志伟
○ 参　编　陈　凯　孟志达　刘　康

中国教育出版传媒集团
高等教育出版社·北京

内容简介

本书以工业互联网工程技术岗位群相关从业人员需要掌握的知识基础、能力要求及职业素养为依据，围绕工业生产现场四个典型场景，即从智能生产线工作环境与能耗检测环节、智能生产线物料信息检入环节、智能生产线设备健康管理与故障检测环节到智能生产线产品质量检测环节来介绍传感器及智能检测技术，由高等职业院校教师、企业高级工程师、行业专家共同编写。

本书内容分为 4 个项目，共 9 个工作任务，包括检测工业设备工作环境、检测工业设备的能耗、读取物料的信息、写入物料的信息、检测发动机的运转角度、检测发动机的运转参数、检测发动机的振动量、搭建机器视觉检测系统、检测生产线物料产品质量，每个工作任务包含任务描述、任务目标、知识储备、任务实施、任务评价 5 个教学环节，工作任务需要的知识及技能讲解详尽，案例编排深入浅出。

本书提供丰富的数字化教学资源，包括 PPT、微课、动画、任务相关文件等，并配有在线课程，已在"智慧职教"平台（www.icve.com.cn）上线。教师如需获取本书授课用 PPT，请登录"高等教育出版社产品信息检索系统"（https://xuanshu.hep.com.cn）免费下载。

本书适用高等职业院校工业互联网应用、智能控制技术、工业机器人技术和电气自动化技术等相关专业核心课程的教学，也可作为智能制造领域相关专业技术人员的自学参考用书及企业培训教材。

图书在版编目（CIP）数据

传感器与智能检测技术 / 工业互联网产业联盟，北京华航唯实机器人科技股份有限公司，浪潮云洲工业互联网有限公司组编；金文兵，吕冬明，张大维主编 . -- 北京：高等教育出版社，2025. 1. -- ISBN 978-7-04 -063772-4

Ⅰ. TP212；TP274

中国国家版本馆 CIP 数据核字第 2024MK6327 号

CHUANGANQI YU ZHINENG JIANCE JISHU

| 策划编辑 | 曹雪伟 | 责任编辑 | 曹雪伟 | 封面设计 | 赵　阳 | 版式设计 | 杜微言 |
| 责任绘图 | 邓　超 | 责任校对 | 刁丽丽 | 责任印制 | 刘弘远 | | |

出版发行	高等教育出版社	网　　址	http://www.hep.edu.cn
社　　址	北京市西城区德外大街 4 号		http://www.hep.com.cn
邮政编码	100120	网上订购	http://www.hepmall.com.cn
印　　刷	天津鑫丰华印务有限公司		http://www.hepmall.com
开　　本	787mm×1092mm　1/16		http://www.hepmall.cn
印　　张	12.75		
字　　数	260 千字	版　　次	2025 年 1 月第 1 版
购书热线	010-58581118	印　　次	2025 年 1 月第 1 次印刷
咨询电话	400-810-0598	定　　价	45.00 元

本书如有缺页、倒页、脱页等质量问题，请到所购图书销售部门联系调换

版权所有　侵权必究

物料号　63772-00

前言

随着人工智能、区块链、云计算、大数据及 5G 通信等新技术的快速发展，第四次工业革命呼啸而来。工业互联网作为新一代信息技术与制造业深度融合下应运而生的新基建，以数字化、网络化、智能化为特征，支撑传统工业"智改数转"的产业升级，更是加快新型工业化进程的关键基础设施。目前，工业互联网已全面融入 45 个国民经济大类，"5G + 工业互联网"在采矿、港口、电力等重点行业打造了 20 个典型应用场景，助力千行百业加快数字化、智能化转型。

2023 年国务院攻府工作报告中明确指出，支持工业互联网发展，有力促进制造业数字化、智能化。工业互联网在国民经济运行中的地位日益重要，相关从业人员需求增多，这必将推动人才体系结构的调整。2020 年 2 月，人力资源和社会保障部、国家市场监督管理总局、国家统计局联合向社会发布了 16 个新职业，其中之一就是工业互联网工程技术人员。2023 年，教育部办公厅发布《关于加快推进现代职业教育体系建设改革重点任务的通知》，其中明确了包括"开展职业教育一流核心课程建设""开展职业教育优质教材建设"在内的多项重点任务。

党的二十大报告指出，要"统筹职业教育、高等教育、继续教育协同创新，推进职普融通、产教融合、科教融汇，优化职业教育类型定位"。工业互联网是新一代信息技术与工业经济深度融合的新型基础设施、应用模式和工业生态，涉及工业、信息通信业、互联网等多个领域。随着党中央、国务院对工业互联网的高度重视，《关于深化"互联网 + 先进制造业"发展工业互联网的指导意见》（以下简称《指导意见》）发布，产业界及各地方掀起了工业互联网发展的热潮。为适应我国工业互联网的快速发展，亟须培养大批既懂工业又懂互联网的复合型人才。在这样的背景下，为贯彻落实《中华人民共和国国民经济和社会发展第十四个五年规划和 2035 年远景目标纲要》，深化《指导意见》有关要求，结合《工业互联网工程技术人员国家职业技术技能标准》，为我国工业互联网持续健康发展提供有效的人才支撑，由中国信息通信研究院及工业互联网产业联盟牵头指导，联合国内知名职业院校及行业企业共同成立职业教育"工业互联网应用"领域系列教材编写委员会，启动职业教育"工业互联网应用"领域系列教材建设工作。

传感器与智能检测技术在现代工业制造中发挥着重要作用，传感器通过感知环境中的各种变量数据，将这些数据转化为模拟信号或数字信号，结合人工智能技术及相关算法，最终实现数据的分析处理，并指导决策。本教材作为"工业互联网应用"核心课系列教材之一，旨在提供关于传感器与智能检测技术的基本原理和实践应用相关知识的学习。以企业实际项目需求出发，教材设置了 4 个项目：智能生产线工作环境与能耗检测、智能生产线物料信息管理、智能生产线设备健康管理与故障检测、智能生产线产品质量检测，内容基本覆盖了典型智能制造企业现场的常见传感器及智能检测应用场景。本着"学做一体，知行合一"的指导思想，以真实企业项目作为任务载体，本教材通过设置项目导言、任务描述、任务目标、知识储备、任务实施、任务评价等环节，便于学生自主学习、提升学习效果，同时也满足"翻转课堂"及"模块化教学"的教学组织要求。

本教材强调知识和任务操作之间的匹配性，通过理论与实践相结合的方式，提供了配套的学习资源，利用信息化技术，采用 PPT、视频、动画等形式对核心知识点和技能点进行深度剖析和详细讲解，为读者提供了全面了解和掌握传感器与智能检测技术的学习资料。希望本教材能够帮助读者更好地理解工业网络技术的基本概念和应用方法，为工作和学习提供有效的帮助。

本书由杭州科技职业技术学院金文兵、机械工业教育发展中心工程教育与职业教育处吕冬明、北京华航唯实机器人科技股份有限公司张大维任主编，赤峰市松山区职教中心王春梅、辽宁铁道职业技术学院何武林、长沙民政职业技术学院朱志伟任副主编。邵阳职业技术学院陈凯、天津机电职业技术学院孟志达、仙桃职业学院刘康也参与了教材的编写及审核工作。

由于编者水平有限，书中难免有不足之处，希望广大读者提出宝贵意见。

编　者

2025 年 1 月

目录

项目一

智能生产线工作环境与能耗检测

项目导言

　　智能生产线中的机械和设备都有各自的工作环境要求。常见的环境要求有一定范围的温度和相对湿度、无腐蚀性气体及无尘土等。除设备工作环境要求外，随着能源使用技术的更新与不断发展，环境保护和能源管理愈加受到社会的关注和重视。企业可以通过做好能耗监测，从根本上了解其主要能源的需求和效率低下的环节，制订节约能源、降低运营成本的方案。

　　环境与能耗监测系统收集的数据可用于评估系统和相应设备的性能。运维人员可结合系统检测异常模式发出的预警，在设备出现故障前介入维护，提高设备的使用寿命。一些看似随机的问题或故障，可能还会在不同的情形下重复发生。通常，通过长时间捕获和分析数据更有利于提高故障排除的效率。

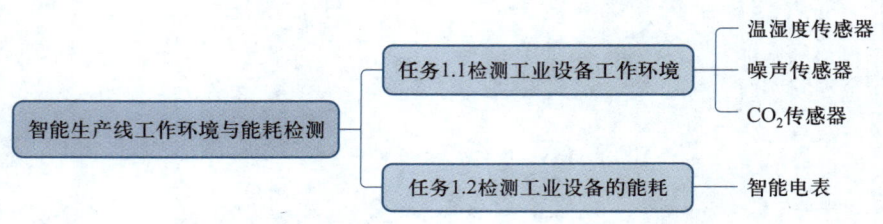

任务 1.1　检测工业设备工作环境

任务描述

　　工业生产环境的好坏对产品质量有很大的影响，尤其是在空气质量、温度、湿度不合适的环境中，极易导致设备频繁故障、产品质量衰退、生产效率降低。

　　噪声指的是非自然固有的并且超出了一定限度的声音，对人的健康会造成一定的影响。国家职业卫生标准《工作场所职业病危害作业分级　第 4 部分：噪声》（GBZ/T 229.4—2012）规定了工作场所生产性噪声作业的分级原则和分级方法。

　　在生产过程中产生的一切声音称为生产性噪声。噪声作业是指存在有损听力、有害健康或有其他危害的声音，且 8h/ 天或 40h/ 周噪声暴露等效声级大于或等于 80dB（A）的作业。劳动者在工作场所中，由于长期接触噪声而发生的一种渐进性的感音性听觉损伤称为职业性噪声聋。

许多工厂和企业在车间、仓库等场所对温湿度、噪声等环境参数进行监测，控制空气质量和环境温湿度，保障生产设备和人员的工作条件。

本任务学习利用温湿度传感器、CO_2 传感器和噪声传感器，实现对工业生产环境温湿度、噪声及 CO_2 浓度的检测。

任务目标

知识目标

了解传感器的定义与组成。

了解传感器的地位与作用。

熟悉传感器的分类与基本特性。

掌握温湿度传感器、噪声传感器及 CO_2 传感器的工作原理及选型方法。

能力目标

能够根据需要对温湿度传感器进行安装及配置，并进行功能验证。

能够根据需要对噪声传感器进行安装及配置，并进行功能验证。

能够根据需要对 CO_2 传感器进行安装及配置，并进行功能验证。

素养目标

了解企业现场工作环境检测需求，能够运用所学的知识解决实际工作环境中的复杂问题。

通过学习小组成员沟通协作，培养团队合作精神及领导能力。

知识储备

1.1.1 传感器的定义与组成

1. 传感器的定义

国家标准《传感器通用术语》（GB/T 7665-2005）对传感器的定义为能感受被测量并按照一定的规律转换成可用输出信号的器件或装置，通常由敏感元件和转换元件构成。敏感元件是指传感器中能够直接感受或响应被测量的部分；转换元件是指传感器中能将敏感元件感受或响应的被测量转换成适于传输或测量的电信号的部分。

动画：传感器概述

2. 传感器的组成

传感器是借助敏感元件和转换元件将一种形式的信号转换成另一种形式信号的装置。从狭义上来讲，传感器是一个将非电量转换为电量的器件或装置。

传感器的组成部分一般包含敏感元件、转换元件、变换电路和辅助电源，如图 1-1 所示。敏感元件直接感受被测量，并输出与被测量有确定关系的物理量信号；转换元件将敏感元件输出的物理量信号转换为电信号；变换电路负责对转换元件输出的电信号进行放大调制；其中转换元件和变换电路一般还需要辅助电源供电。

图 1-1　传感器的组成框图

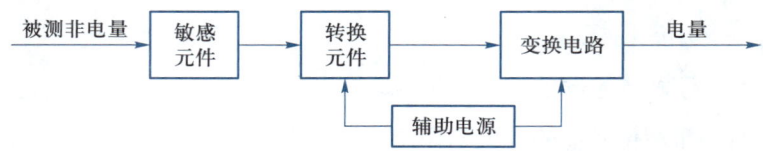

1.1.2　传感器的地位和作用

人类五官从外界获取的信息，已无法满足研究自然现象和规律及生产活动中的应用需求。传感器可作为人类五官的拓展，适应这种应用需求。

人类社会进入信息时代，需要准确可靠地获取自然和生产领域中的信息来代替人的感官，进而满足自动化生产过程的需求。传感器是实现自动检测和自动控制的首要环节。

在自动化生产过程中，需要用各种传感器来监视和控制生产过程中的各个参数，使设备工作在正常状态或最佳状态，并使产品达到最好的质量。

在基础学科研究中，传感器更具有突出的地位。现代科学技术的发展，进入了许多新领域，例如在宏观上要观察茫茫宇宙，微观上要观察粒子世界，纵向上要观察长达数十万年的天体演化及短到秒的瞬间反应。此外，还出现了对开拓新能源、新材料等具有重要作用的各种极端技术研究，如超高温、超低温、超高压、超高真空、超强磁场及超弱磁场等。这些新领域要获取大量人类五官无法直接获取的信息，没有相适应的传感器是不可能的。许多基础科学研究的首要障碍，就在于对象信息的获取存在困难。一些新机理和高灵敏度检测传感器的出现，往往能引起领域内的突破。传感器的发展，往往能成为一些边缘学科开发的先驱。

总之，传感器早已渗透到人类生活的各方面，譬如，工业生产、海洋探测、环境保护和文物保护等领域。各种复杂的工程系统和现代化项目，几乎都离不开各种各样的传感器。传感器的存在和发展，让物体有了触觉、味觉和嗅觉等感官，推动了经济的发展和社会的进步。

1.1.3 传感器的分类与基本特性

1. 传感器的分类

根据基本效应的不同，传感器可分为物理量、化学量、生物量传感器；根据构成原理的不同，传感器可分为结构型和物性型传感器；根据工作原理的不同，传感器可分为电阻式、电容式、电感式、压电式、磁电式、热电式、光电式和光纤式传感器；根据能量关系的不同，传感器可分为能量转换型和能量控制型传感器；根据输入量的不同，传感器可分为角度、振动、位移、压力、温度、流量和速度传感器；根据输出量的不同，传感器可分为模拟式和数字式传感器。传感器的分类方法及其说明见表1-1。

传感器的分类方法及其说明　表1-1

分类依据	形式	说明
基本效应	物理量	能感受规定的物理量并将其转换成可用输出信号的传感器
	化学量	能感受规定的化学量并将其转换成可用输出信号的传感器
	生物量	能感受规定的生物量并将其转换成可用输出信号的传感器
构成原理	结构型	利用机械构件（如金属膜片等）的变形检测被测量的传感器
	物性型	利用材料的物理特性及其各种物理、化学效应检测被测量的传感器
工作原理	电阻式	将被测量变化转换成电阻变化的传感器
	电容式	将被测量变化转换成电容量变化的传感器
	电感式	将被测量变化转换成电感量变化的传感器
	压电式	将被测量变化转换成由于材料受机械力产生静电电荷或电压变化的传感器
	磁电式	利用磁电感应原理，将被测量变化转换成可用输出电信号的传感器
	热电式	将被测量变化转换成热生电动势变化的传感器
	光电式	利用光电效应，将被测量变化转换成可用输出电信号的传感器
	光纤式	利用光纤技术和有关光学原理，将被测量转换成可用输出信号的传感器
能量关系	能量转换型	输出量直接由被测量能量转换而来的传感器
	能量控制型	输出量能量由外部提供，但受输入量控制的传感器
输入量	角度	能感受角度并将其转换成可用输出信号的传感器
	振动	能感受机械运动振动参量（机械振动速度、频率、加速度等）并将其转换成可用输出信号的传感器
	位移	能感受位移量并将其转换成可用输出信号的传感器
	压力	能感受压强并将其转换成可用输出信号的传感器
	温度	能感受温度并将其转换成可用输出信号的传感器
	流量	能感受流体流量并将其转换成可用输出信号的传感器
	速度	能感受速度并将其转换成可用输出信号的传感器

分类依据	形式	说明
输出量	模拟式	输出信号为模拟量的传感器
	数字式	输出信号为数字量或数字编码的传感器

2. 传感器的基本特性

传感器的基本特性主要指传感器的输出与输入之间的关系。当输入量为稳态时，输出与输入之间的关系称为传感器的静态特性；当输入量为动态时，输出与输入之间的关系称为传感器的动态特性。

（1）传感器的静态特性

传感器的静态特性能够很好地反映传感器的各项功能指标，其中包括灵敏度、重复性、迟滞性、线性度、漂移、精度、分辨力和稳定性等。

对静态特性而言，传感器的输入量 x 与输出量 y 的关系，一般可用一个多项式表示。

$$y = a_0 + a_1 x + a_2 x^2 + a_3 x^3 + \cdots + a_n x^n \qquad （1-1）$$

式中：a_0 是输入量 x 为零时的输出量；a_1，a_2，$\cdots$，a_n 是非线性项系数。

① 灵敏度 k 是指传感器输出量的增量（Δy）与相应输入量的增量（Δx）的比值，表示单位输入量的变化所引起传感器输出量的变化。也就是说，灵敏度的数值越大，传感器越灵敏。

$$k = \frac{\Delta y}{\Delta x} \qquad （1-2）$$

② 重复性 γ_R 是指传感器输入量按照同一个方向做全量程的多次变化时所得到的特性曲线不一致的程度（见图 1-2）。假设正行程的最大重复性误差为 ΔT_{max1}，反行程的最大重复性误差为 ΔT_{max2}，重复性误差取这两个误差之中较大者为 ΔT_{max}，再以满量程 Y_{FS} 输出的百分数表示。

图 1-2 重复性示意图

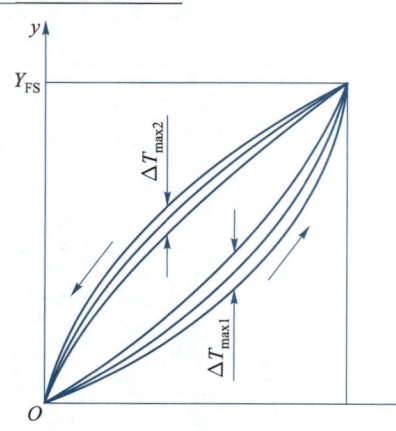

$$\gamma_R = \pm \frac{\Delta T_{max}}{Y_{FS}} \times 100\% \qquad （1-3）$$

③ 迟滞性 γ_H 是指在规定的测量范围内，传感器的输入量增大行程期间和输入量减小行程期间任一被测量值处输出量的最大差值（见图 1-3）。迟滞性误差一般以满量程输出的百分数表示。

$$\gamma_H = \pm \frac{1}{2} \times \frac{\Delta H_{max}}{Y_{FS}} \times 100\% \qquad （1-4）$$

④ 线性度是指传感器输出量与输入量之间的实际关系曲线偏离拟合直线的程度（图 1-4）。对于非理

想直线特性的传感器，常采用理论拟合、过零旋转拟合、端点连线拟合、最小二乘拟合和最小包容拟合等方法进行非线性校正。线性度 γ_L 用不一致的最大偏差值（ΔL_{max}）与理论满量程输出值（Y_{FS}）的百分比进行计算。

$$\gamma_L = \pm \frac{|\Delta L_{max}|}{Y_{FS}} \times 100\% \qquad (1-5)$$

迟滞性示意图　图 1-3

线性度示意图　图 1-4

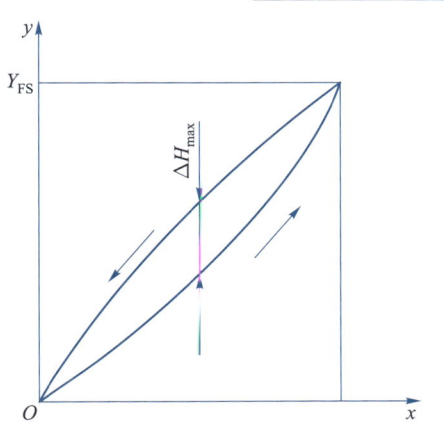

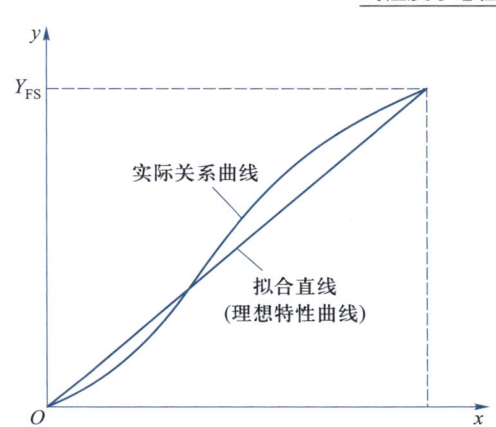

⑤ 漂移是指在一定的时间间隔内，传感器的输出信号中与被测量无关的、不希望产生的变化量。产生这种现象的原因有两个：一个是传感器自身结构的参数；另一个是周围的温度及湿度等环境的影响。最常见的漂移就是温度漂移，它是由周围环境的温度变化引起的输出量变化。

⑥ 精度是指传感器测量结果的可靠程度。它能综合反映测量中的各种误差，误差小，则表示精度高。它的数值等于量程范围内的最大基本误差与满量程输出的比值。基本误差是传感器在正常工作下的测量误差。

⑦ 分辨力是指传感器在规定测量范围内可能检测出的被测量的最小变化量。例如，电位器式传感器在输入量连续变化时，输出量只做阶梯变化，那么分辨力就是每个阶梯所代表的输入量的大小。

⑧ 稳定性是指传感器在一个比较长的时间内保持基本特性的能力。它是在室温条件下经过一段时间后，由传感器的输出量与起始标定时的输出量之间的差异来表示。

（2）传感器的动态特性

动态特性是指传感器对于随时间变化的输入量（即动态量）的响应特性。只要输入量是时间的函数，则其输出量必将是时间的函数。用传感器测试动态量时，希望它的输出量随时间变化的关系与输入量随时间变化的关系尽可能一致，但实际并不尽然，因此需要研究它的动态特性。研究动态特性的标准输入形式有三种，即正弦、阶跃和线性。

分析其动态误差，主要包括两部分：输出量达到稳定状态以后与理想输出量之间的误差；当输入量发生跃变时，输出量由一个稳态到另一个稳态之间的过渡状态中的误差。

一阶传感器是具有简单能量变换的传感器，可使用一阶微分方程描述其动态特性。一阶传感器的微分方程式为

$$\frac{a_1}{a_0}\frac{\mathrm{d}y(t)}{\mathrm{d}t}+y(t)=\frac{b_0}{a_0}x(t) \tag{1-6}$$

式中：$\dfrac{a_1}{a_0}$ 为传感器的时间常数，记为 τ；$\dfrac{b_0}{a_0}$ 为传感器的灵敏度，记为 S_n。

1.1.4 温湿度传感器

1. 温湿度传感器的工作原理

温湿度传感器是一种能够测量环境温度和湿度的传感器。它的工作原理可以简单地描述为利用感温和感湿元件的电学特性变化来测量环境温度和湿度。

温湿度传感器一般由两个部分组成，一部分是温度传感器，它可以测量温度，并将测量值转换为电信号或数字信号；另一部分是湿度传感器，它可以测量湿度，并将测量值转换为电信号或数字信号。两个传感器的输出信号将被数据处理器或其他控制器读取，并最终转换成温度和湿度的数字值，以便显示或控制。

温湿度传感器内部的湿敏电阻或湿敏元件能够感受空气中水蒸气的变化，从而影响湿度传感器的输出信号；另外一些温湿度传感器还包括一个称为机械式湿度传感器的元件，它可以测量空气中的水蒸气压力，从而计算出空气中的湿度。

温湿度传感器内部的感温元件可以是热电偶、热敏电阻或半导体温度传感器等，它会随着环境温度的变化而产生电阻、电压等电学特性的变化；而感湿元件可以是电容、电阻、电导等，它会随着环境湿度的变化而产生电学特性的变化。

当温湿度传感器暴露在环境中时，感温元件和感湿元件会根据环境温度和湿度的变化而产生对应的电信号。这些信号经过传感器内部的处理和放大电路之后，可以被读取和处理器处理，从而得到环境的温度和湿度数据。

2. 温湿度传感器的选型

传感器首先应该根据产品应用的领域去选择。一般而言，农业大棚、智能养殖、楼宇、民用行业对其要求较低，工业级与车规级对其要求较高。其次应该根据产品应用的环境进行选择，比如室外应用的产品对其防水防尘等级要求较高，寒冷地区要求其耐低温而炎热地区或者高温环境要求其有较高的耐高温能力。产品的选择需要考虑的因素比较多，一般可以包括以下几方面。

（1）根据被测数值要求，选择合适精度

精度是温湿度传感器选型指标中的重要指标，精度直接决定了产品的性能和价值。精度每提高一个百分点，温湿度传感器就提高一个挡位。因此对温湿度传感器的选择，一般建议以实际用途为准，不盲目追求"高、精、尖"。特别注意的是，需要综合考虑各种因素对其精度的影响，以实际使用范围内精度最低值为选择依据。

（2）根据产品稳定性要求，选择合适漂移数值

在实际的使用过程中，产品的各项参数会随着时间和温度的变化而产生变化。尤其是精度，会随着时间的增加和温度的变化而降低，传感器年漂移量一般会在正负 2% 左右，甚至更高。所以考虑产品生命周期内的精度漂移，要求留有相应余量。温湿度传感器生产厂家一般都会提醒，使用一定期限后需要对产品进行标定。

（3）根据待测温湿度的变化区间，选择测量范围

选择温湿度传感器，首先要确认其测量范围，以便参数的选定。

（4）根据系统整体的通信要求，选择合适的通信协议

目前大多数的应用场景中温湿度传感器都需要将测量到的数据上传至系统做进一步的分析与控制，这就需要传感器的通信协议与系统兼容，因此传感器所支持的通信协议也是选型的一项关键参数。

（5）根据传感器的应用场景，选择合适的防护等级

根据传感器的工况，选择合适的防护等级，特别是防雨雪、防尘、防酸碱等。

除此之外，选型中还需要仔细考虑其他因素，比如医疗行业和汽车行业对传感器均有行业法规要求。

3. 温湿度传感器的安装要求

正确安装温湿度传感器对于确保准确地测量数据至关重要。一些温湿度传感器安装的注意事项见表 1-2。

温湿度传感器安装的注意事项　表 1-2

序号	注意事项	原因	具体要点
1	选择合适的安装位置	温湿度传感器的安装位置直接影响到测量结果的准确性	选择远离热源和湿度源的位置，避免阳光直射或冷气流通的地方；同时，还应考虑传感器测量范围，避免出现测量死角而带来测量偏差
2	选择合适的安装方法	传感器安装应确保稳固，不会发生移动、滑落等现象	温湿度传感器可以使用螺钉或胶水等方法进行固定，确保传感器稳固不会移动。如有抗振要求，请按相关标准安装
3	避免干扰	其他设备或物体的干扰会影响传感器的测量结果	避免将传感器安装在冷气出风口或暖气管道旁边；避免将传感器安装在潮湿的地方；避免将传感器安装在电子设备附近等

序号	注意事项	原因	具体要点
4	方便校准传感器	校准是确保传感器测量结果准确的重要步骤	在安装完成后，可以使用校准仪器或与已知准确数值的温湿度测量设备进行比较，对传感器进行调整，使其输出的数据与实际数值一致
5	易于定期维护	通过正确的安装和维护，温湿度传感器可以提供准确可靠的环境温湿度数据，利于更好地了解和控制环境条件	应定期清洁传感器表面，避免灰尘和污垢的积累影响传感器的测量准确性。 同时，还应定期检查传感器的线缆和连接器是否正常工作，确保传感器的稳定性和可靠性

4. 温湿度传感器的应用

温湿度传感器在各领域的广泛应用为许多行业带来了实时监测和控制环境条件的便利。以下是一些温湿度传感器的应用领域。

① 医药健康领域：用于监测临床试验室、重症监护病房、药库、药房等环境的温度和湿度，确保药品和试剂的质量和安全。

② 食品加工领域：在冷库、食品储藏柜、市场货架等场合使用温湿度传感器，帮助保持食品的新鲜度。

③ 农业领域：应用于温室、种植区等场合，帮助农民监测环境条件，提高农作物的产量和质量。

④ 教育领域：在教育实验室、学校等场所使用，确保学习和工作环境的舒适性和安全性。

⑤ 运输领域：用于食品运输、集装箱运输等环节，保证运输过程中货物不受到温湿度等因素的影响。

⑥ 制造领域：在生产区域使用温湿度传感器，帮助控制生产环境，确保产品质量和生产效率。

温湿度传感器的普及和应用为各行业提供了更多的数据支持和监控手段，有助于提高生产效率、保障产品质量，并在一定程度上减少损失和风险。

1.1.5 噪声传感器

1. 噪声传感器的工作原理

噪声传感器是一种用于检测环境中噪声水平的设备。它的工作原理基于压电效应。当噪声波通过传感器时，传感器内的压电晶体会受到振动，产生微小电荷或电压。这个电信号经过放大、滤波和特定的运算处理后，最终输出噪声信号的参数信息。

压电效应是指某些晶体（如石英、钾钇钽矿等）受到外力时产生电荷，或者在外加电场的作用下发生形变的现象。其中，施加力的方向与电场方向垂直的晶体被称为正压电晶体，而施加力的方向与电场方向平行的晶体则被称为剪切压电晶体。压电效应可以实现电能与机械能之间的转换，并在压电传感器、振动器、声学换能器等领域得到广泛应用。

压电效应的原理主要涉及晶体的非对称性和极化。在晶体中存在着正负电荷分布的不对称性，当受到外力时，这种不对称性会发生改变，从而导致电荷的移动。另外，当施加电场时，晶体中的正负离子会向相反方向迁移，从而使其发生极化。这种极化可以通过改变晶体的物理形态来实现，也可以通过改变晶体的电场来实现。

压电效应可分为直接压电效应和反比例压电效应两种类型。直接压电效应指的是在晶体受到外力作用下产生电荷的现象；而反比例压电效应则是指在外加电场作用下，晶体发生形变的现象。

总的来说，噪声传感器基于压电效应，将环境中的声音转换成电信号，并对这些信号进行处理和分析，从而测量和监测环境中的噪声水平。

2. 噪声传感器的选型

选择噪声传感器时，通常需要考虑以下几个因素。

① 测量范围：不同的噪声传感器可能有不同的最小和最大测量范围。

② 精度：指噪声传感器测量结果与实际值之间的偏差。

③ 响应时间：指噪声传感器从检测到声音到产生输出结果的时间间隔。

④ 环境适应性：根据噪声传感器的应用环境，判断是否需要具有防水、防尘和耐腐蚀等特性。

⑤ 输出接口：可能包括模拟输出、数字输出和串口通信等。

⑥ 功耗：噪声传感器的功耗对于某些应用可能是一个重要考虑因素，特别是对于移动设备或电池供电的系统。

⑦ 成本：成本是选择噪声传感器时的一个重要因素。

⑧ 可靠性和稳定性：噪声传感器的可靠性和稳定性是确保其长期稳定运行的关键因素，需要选择具有良好声誉的品牌和可靠的产品。

⑨ 技术支持和文档资料：需要供应商提供充足的技术支持和文档资料，以便在使用过程中能够获得帮助和支持。

选择噪声传感器时，综合考虑以上因素，并根据具体的应用需求进行权衡和选择。条件允许还可以进行实地测试和评估，以确保传感器的选型能够满足所需的要求。

3. 噪声传感器的安装要求

安装噪声传感器时，需要考虑以下几个关键要求。

① 位置选择：选择安装位置时应考虑测量的目标和环境。传感器应尽可能靠近噪声源，同时避免安装在有阻挡物或吸收材料附近，以避免影响测量结果。另外，需要确保传

感器不会受到阳光直接照射或其他外部干扰。

② 固定安装：传感器应牢固地安装在合适的位置上，以防止振动或其他因素对测量结果造成干扰。根据传感器型号和厂家提供的安装指南进行安装。

③ 环境条件：传感器应安装在适宜的环境条件下，避免过于恶劣的气候或温度条件。必要时，可以采取防水、防尘、防腐蚀等措施以保护传感器。

④ 校准和校验：在安装前或安装后，通常需要对传感器进行校准和校验，以确保其测量结果准确可靠。校准可以通过专业的校准设备或校准服务进行。

⑤ 电源供应：确保传感器有稳定可靠的电源供应。根据传感器的功率需求选择合适的电源，必要时考虑使用电池供电或备用电源。

⑥ 避免干扰：传感器安装时应远离可能造成干扰的设备，如电动机、风扇、空调等，以避免这些干扰对传感器测量结果产生影响。

⑦ 数据传输和记录：如果需要实时监测或记录噪声数据，应确保传感器与数据记录设备或监控系统连接正常，并配置正确的数据传输方式。

⑧ 安全考虑：在安装传感器时，要注意安全问题，避免因为安装位置或方式不当而带来安全隐患，如高处安装作业时需采取安全措施，确保安装人员的安全。

噪声传感器的安装需要综合考虑以上要求，确保传感器能够正常工作并提供准确可靠的测量数据。

4. 噪声传感器的应用

噪声传感器在各领域都有广泛的应用，主要包括以下方面。

① 环境监测：噪声传感器可以用于监测城市、工厂、交通等环境中的噪声水平。这对于评估环境噪声污染情况、制定相关政策和采取措施来减少噪声对人们健康和生活质量的影响非常重要。

② 工业控制：在工厂和生产现场，噪声传感器可以用于监测和控制设备运行时的噪声水平。通过实时监测噪声水平，可以及时发现设备故障或异常，并采取措施加以修复，从而提高生产效率和保障工作场所的安全。

③ 交通管理：噪声传感器可以用于监测道路、铁路、机场等交通系统中的噪声水平。这有助于评估交通系统对周围环境和居民的噪声影响，优化交通规划和管理，减少噪声污染。

④ 建筑设计：在建筑设计和施工过程中，噪声传感器可以用于评估建筑物周围环境的噪声水平，从而为建筑设计和材料选择提供参考。此外，噪声传感器还可以用于监测建筑施工过程中的噪声，确保施工过程符合相关噪声标准和规定。

⑤ 智能城市：在智能城市系统中，噪声传感器可以作为城市环境监测网络的一部分，

用于实时监测城市中不同区域的噪声水平。这有助于城市管理者更好地理解城市环境的噪声状况，采取措施改善城市居民的生活质量。

⑥ 健康监测：噪声传感器可以用于监测医院、疗养院、养老院等医疗和护理机构的噪声水平。这有助于评估环境噪声对患者、老年人和员工健康的影响，并采取措施减少噪声对健康的不良影响。

综上所述，噪声传感器在环境监测、工业控制、交通管理、建筑设计、智能城市和健康监测等领域都有重要的应用，可以帮助人们更好地了解和管理环境噪声，保障人们的健康和生活质量。

1.1.6　CO_2 传感器

1. CO_2 传感器的工作原理

CO_2 传感器是一种用于检测环境中 CO_2 浓度的传感器。其工作原理类似于红外碳氢化合物检测器，它能产生一束调谐到精确频率的红外光束，该频率很容易被 CO_2 分子吸收。CO_2 传感器和红外碳氢化合物检测器的主要区别在于红外波长和滤光片的选择。

由于每个 CO_2 分子都会被部分红外线吸收，因此吸收量与环境空气中可用的 CO_2 百分比成正比。这些 CO_2 传感器利用蓝宝石窗口来保护红外发射器和接收器的元件免受周围大气中可能存在的酸性气体的伤害。

CO_2 传感器可以通过测量空气中的 CO_2 浓度来确定室内空气的质量，测量结果通常以百万分之一的浓度值表示。高浓度的 CO_2 可能会使人感到不适或出现健康问题，因此，通过使用 CO_2 传感器来监测和调节空气质量，可以提高室内舒适度。

2. CO_2 传感器的选型

在选择 CO_2 传感器时，需要根据具体应用场景和需求来选择合适的设备参数。如果需要测量较低浓度的 CO_2，则需要选择测量范围较小但分辨率和精度较高的设备；如果需要测量较高浓度的 CO_2，则需要选择测量范围较大但灵敏度较高和响应时间较快的设备。

（1）根据被测数值要求，选择合适的测量范围

CO_2 传感器的测量范围是指能够测量 CO_2 浓度的最小值和最大值。常见的 CO_2 传感器测量范围一般为 $0\sim5000\times10^{-6}$ 或 $0\sim10000\times10^{-6}$。需要根据具体应用场景和需求选择合适的测量范围。

（2）根据测量精度要求，选择合适的分辨率和精度

CO_2 传感器的分辨率是指能够分辨的最小质量浓度变化值，用 10^{-6} 表示。分辨率越高，测量结果越精确，但相应的价格也会越高。一般来说，分辨率在 50×10^{-6} 以下的 CO_2 传感器已经能够满足大部分应用场景的需求。

CO_2 传感器的精度是指测量结果与真实值之间的误差范围。一般来说，精度在 $\pm 50 \times 10^{-6}$ 以内的 CO_2 传感器已经足够满足大部分应用场景的需求。

（3）根据响应要求，选择合适的响应时间

CO_2 传感器的响应时间是指从感受到变化到输出测量结果所需的时间。响应时间越短，传感器的反应速度越快，但对噪声和干扰的抵抗能力也越弱。一般来说，响应时间在 60s 以下的 CO_2 传感器已经足够使用。

（4）根据系统整体的通信要求，选择合适的通信协议

目前大多数的应用场景中 CO_2 传感器都需要将测量到的数据上传至系统做进一步的分析与控制，这就需要传感器的通信协议与系统兼容，因此传感器所支持的通信协议也是选型的一项关键参数。

（5）根据传感器的应用场景，选择合适的防护等级

根据传感器的工况，选择合适的防护等级，特别是防雨雪、防尘、防酸碱等。除此之外，选型中还需要仔细考虑其他因素，如医疗行业和汽车行业对传感器均有相关行业法规要求。

3. CO_2 传感器的安装要求

正确安装 CO_2 传感器对于获得准确的测量数据至关重要。安装 CO_2 传感器时需注意的事项如下：

① 优先选择壁挂式传感器，因为挂壁式传感器能测量出有关通风系统有效性的更准确信息。

② 壁挂式传感器距离地面 0.3～1.8m。

③ 管式传感器适用于单区系统，应尽可能靠近占用空间安装，以便于维护。

④ 对于多个屋顶单元，建议在每个主要区域都安装 CO_2 传感器。

⑤ 对于通风量可变的系统，建议在每个主要区域都安装 CO_2 传感器。

⑥ 对于具有多个 VAV（变风量）箱的公共区域，如果占地面积均匀分布在整个公共区域，则可以使用单个 CO_2 传感器。

4. CO_2 传感器的应用

CO_2 传感器中以红外原理的 CO_2 传感器应用最为广泛。

红外 CO_2 传感器具有选择性好、寿命长、不依赖氧气、受环境干扰小、不易中毒、精度高等优点，在家居、农业、养殖业、工业和医疗等领域发挥着重要作用。

① 家居：CO_2 传感器被集成到空调、新风系统、空气净化器等家居设备中，可以改善室内空气质量，营造良好的居住环境。

② 农业、养殖业：CO_2 传感器被用在现代农业的塑料温室大棚中，控制大棚内的

CO_2 浓度；CO_2 传感器对大型的养殖场进行监测，以便及时启动排气系统，为动物生长提供良好的养殖环境。

③工业：CO_2 传感器对工厂在生产过程中 CO_2 的排放进行检测，进而为控制温室效应提供帮助。

④医疗：CO_2 传感器在医疗领域中的应用也比较多，像呼吸机、麻醉机、婴儿培养箱等这种重要的监护仪器中，CO_2 传感器常被用于监测人的生命体征。此外，CO_2 传感器还是检测幽门螺旋杆菌仪器的核心部件之一。

任务实施

1. 任务准备

姓名		实训地点	
班级		学号	
实训日期		指导老师	
实训课时		实训方式	
小组成员		组号	
工作任务	检测工业设备工作环境	教学模式	理实一体化
建议学时	4	设备、器材	温湿度传感器、噪声传感器、CO_2传感器、电工工具套装
任务要求	某制造工厂车间现场设备环境工作温湿度要求如下：温度要求−5~24℃，相对湿度45%~60%RH，噪声允许标准小于80dB，并实时检测车间CO_2浓度。能根据环境要求，完成温湿度传感器、噪声传感器及CO_2传感器的安装与参数设置		

2. 信息收集

（1）温湿度传感器

①温湿度传感器的技术参数。某温湿度传感器的技术参数见表1-3。

某温湿度传感器的技术参数　表1-3

参数名称		参数数值
直流电源（默认）		DC 10~30V
最大功耗		0.4W
精度	湿度	3%RH（60%RH，25℃）
	温度	±0.5℃（25℃）
变送器电路工作温湿度		−20~+60℃，0~80%RH
探头工作温度		−40~+80℃

参数名称	参数数值	
探头工作湿度	0~100%RH	
通信协议	Modbus-RTU通信协议	
输出信号	485信号	
温度显示分辨率	0.1℃	
湿度显示分辨率	0.1%RH	
温湿度刷新时间	1s	
长期稳定性	温度	≤0.1℃/y
	湿度	≤1%RH/y
响应时间	温度	≤25s（1m/s风速）
	湿度	≤8s（1m/s风速）
开孔尺寸	60mm	

② 温湿度传感器的面板。某温湿度传感器外壳采用高灵敏度数字探头，监测的数据可通过液晶大屏幕实时显示，具有精度高、测量范围宽、线性度好、信号稳定等特点，可通过面板（图1-5）上的按键修改上下限值等参数。

图1-5 某温湿度传感器面板

视频：
调试温湿度
传感器

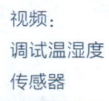

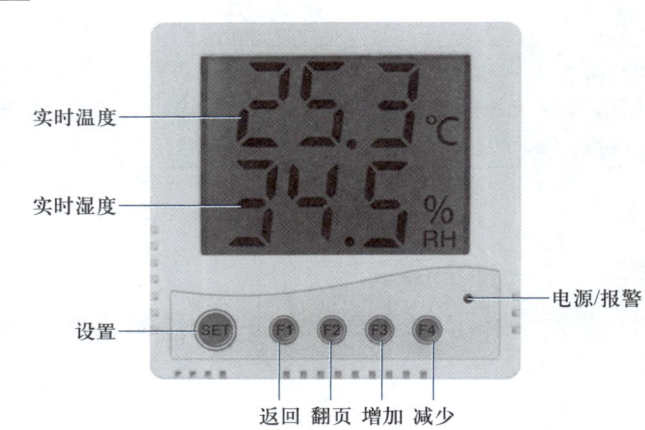

③ 温湿度传感器的接线。温湿度传感器的接线示意图如图1-6所示。接线端子号说明见表1-4。

④ 某温湿度传感器的按键功能。在某温湿度传感器面板（图1-5）长按SET键，进入参数设置界面（短按F2键翻页，短按F3键增加数值，短按F4键减少数值）。

设置完成后，短按SET键保存，短按F1键返回主界面。

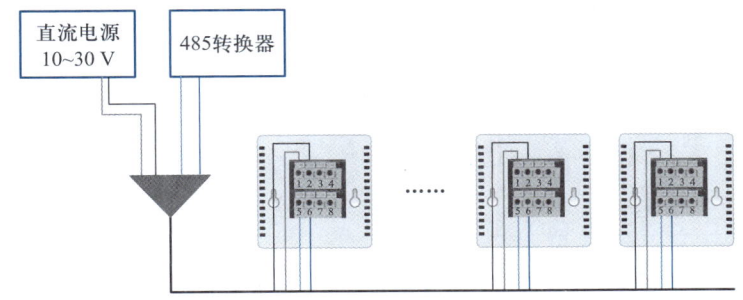

序号	说明	序号	说明
1	电源正极（DC 10～30V）	5	485-A
2	电源负极	6	485-B
3	传感器黄色线	7	传感器黑色线
4	传感器棕色线	8	传感器蓝色线

注：传感器内置型产品3、4、7、8空闲。

某温湿度传感器参数设置界面及参数说明，见表 1-5。

参数设置界面	参数说明
设置 **001** **1.**	设置设备的地址。 范围：1～255； 默认值：1
设置 **488** **2.**	设置设备的波特率。 范围：2400bit/s/4800bit/s/9600bit/s； 默认值：4800bit/s
设置 **100** **3.**	设置设备的温度上限值。 范围：−100～999℃； 默认值：100℃
设置 **100** **4.**	设置设备的湿度上限值。 范围：0～100%RH； 默认值：100%RH

参数设置界面	参数说明
 设置 **00.0** **5.**	设置设备的温度下限值。 范围：−100～999℃； 默认值：0
 设置 **00.0** **6.**	设置设备的湿度下限值。 范围：0～100%RH； 默认值：0

（2）噪声传感器

① 噪声传感器的技术参数。噪声传感器（RS-ZS-N01-2）的技术参数见表 1-6。

表 1-6　噪声传感器（RS-ZS-N01-2）的技术参数

参数名称	参数数值
直流供电（默认）	DC 10～30V
功率	0.4W
工作环境	−20～60℃，0～95%RH（非结露）
通信接口	485通信（Modbus）协议 波特率：2400bit/s、4800bit/s（默认）、9600bit/s 数据位长度：8位 奇偶校验方式：无 停止位长度：1位 默认Modbus通信地址：1 支持功能码：03
参数设置	用提供的配置软件通过485接口进行配置
分辨率	0.1dB
测量范围	30～130dB
频率范围	20Hz～12.5kHz
响应时间	≤3s
稳定性	使用周期内小于2%
噪声精度	±0.5dB（在参考音准，94dB、1kHz）

② 噪声传感器的接线定义。噪声传感器的接线示意图如图 1-7 所示。噪声传感器接线定义见表 1-7。

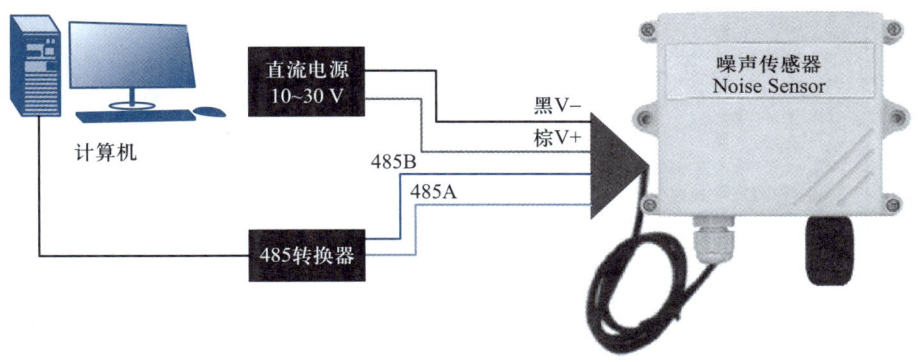

	线色	说明
电源	棕色	电源正极（DC 10~30V）
	黑色	电源负极
通信	黄色	485-A
	蓝色	485-B

注：485信号线接线时，注意A/B两条线不能接反；总线上多台设备间地址不能冲突。

③ 噪声传感器的安装尺寸。噪声传感器的尺寸示意图如图 1-8 所示。

④ 噪声传感器参数设置。打开资料包，选择"调试软件"—"485 参数配置工具 V5.05"，如图 1-9 所示。

噪声传感器的尺寸示意图　图 1-8　　　　　　　　配置 485 参数　图 1-9

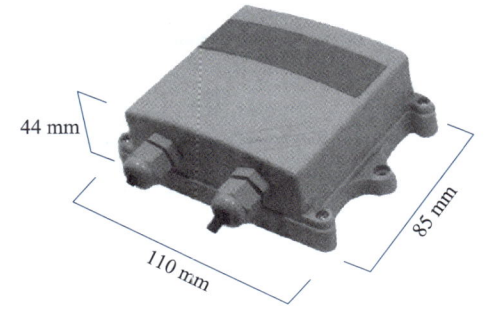

485参数配置工具V5.05.exe

视频：调试
噪声传感器

注意：在使用该配置软件更改地址和波特率时只能接一台设备。

选择正确的 COM 口（"我的电脑"—"属性"—"设备管理器"—"端口"里面查看 COM 端口），图 1-10 中列举出几种不同的 485 转换器的驱动名称。

单击软件中的"测试波特率"按钮，测试出当前设备的波特率及地址（默认波特率为 4800bit/s，默认地址为 0x01），如图 1-11 所示。

图 1-10 查看 COM 口

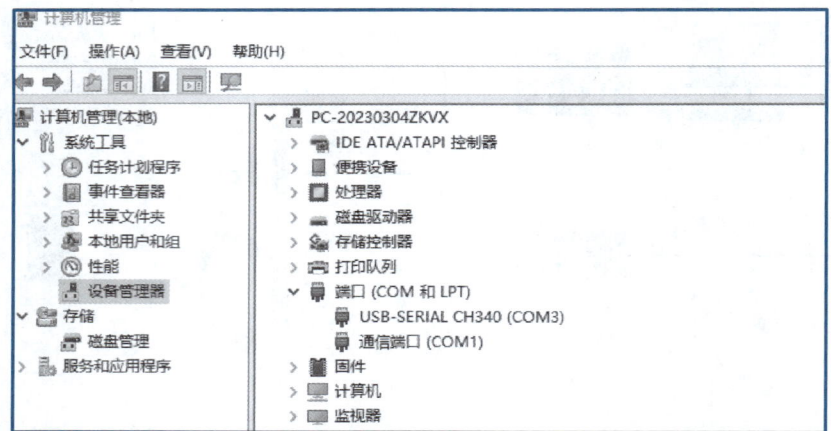

图 1-11 当前设备的波特率及地址

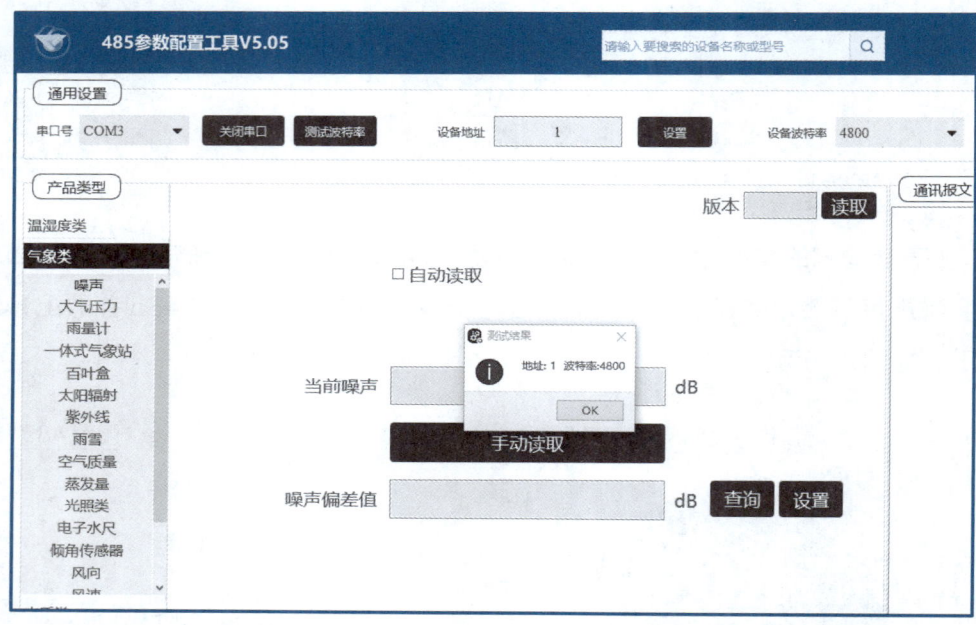

　　根据使用需要，修改地址及波特率，同时可查询设备的当前功能状态，将波特率修改为 9600bit/s，设备地址为 2，再单击"测试波特率"按钮（图 1-12），如果测试不成功，应重新检查设备接线及 485 驱动安装情况。

　　（3）CO_2 传感器

　　① CO_2 传感器技术参数。CO_2 传感器（OHR-IT20-D1-G1-D 内置探头）技术参数见表 1-8。

　　② CO_2 传感器接线定义及安装尺寸。CO_2 传感器（内置探头）尺寸如图 1-13 所示，其接线定义见表 1-9。

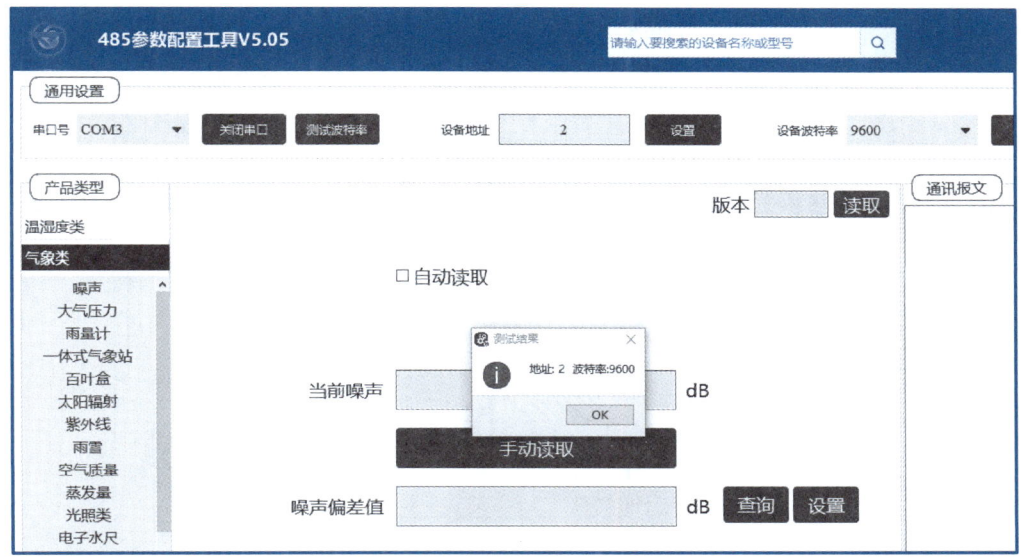

CO₂ 传感器（OHR-IT20-D1-G1-D 内置探头）技术参数　表 1-8

参数名称	参数数值
测量范围	0～5000×10⁻⁶
精度	±（50×10⁻⁶+6%FS）
输出信号	4～20mA、0～20mA、0～5V、1～5V、0～10V
输出负载	4～20mA、0～20mA，负载电阻R_L≤500Ω；0～5V、1～5V，负载电阻R_L≥250kΩ；0～10V，负载电阻R_L≥500kΩ
RS485通信	Modbus-RTU通信协议，RS485传输距离<1000m；信号传输率<19.2kbit/s
功耗	≤1.2W
工作温度	0～50℃（无凝露、无结冰）
相对湿度	5%～95%RH
保存温度	0～55℃（无凝露、无结冰）
响应时间	<120s
稳定性	<2%FS
非线性	<1%FS
预热时间	3～10min
供电电源	DC 10～30V
温度影响	自带温度补偿

图 1-13　CO$_2$ 传感器（内置探头）尺寸

单位：mm

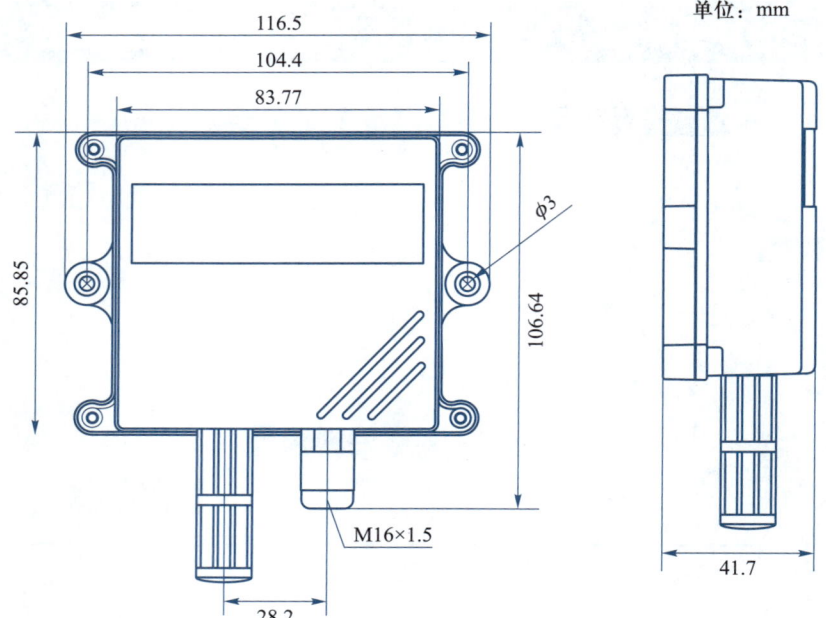

表 1-9　CO$_2$ 传感器接线定义

	线色	说明
电源	红色	电源正极（DC 10～30V）
	黑色/绿色	电源负极
通信	黄色	485-A
	蓝色	485-B

③ CO$_2$ 传感器参数设置。在资料包中双击"串口调试助手"打开串口调试软件，如图 1-14 所示。

打开串口调试软件后，软件自动获取 CO$_2$ 传感器默认参数（默认波特率为 9600bit/s，默认地址为 0x01），单击"打开串口"按钮，状态红灯亮起即为连接成功，如图 1-15 所示。

图 1-14　打开串口调试软件

图 1-15　CO$_2$ 传感器调试

串口调试助手.
exe

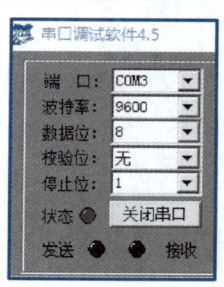

根据使用需要，欲将设备地址修改为 5，则在发送区 1 中写入"01 06 00 21 00 05 19 C3"，单击对应的"手动发送"按钮，会返回"05 06 00 21 00 05 18 47"，将设备地址 01 修改为地址 05，如图 1-16 所示。

修改设备地址　图 1-16

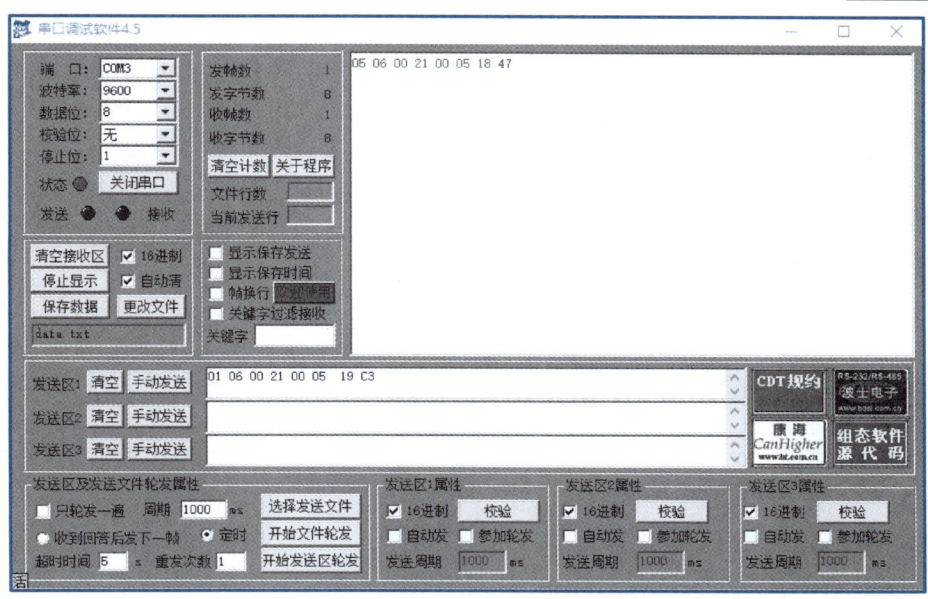

校验时将传感器站号由 01 改为 05，单击"校验"按钮，单击"确定"按钮（见图 1-17）后再次单击"手动发送"按钮发送数据，如在调试窗口返回值即为修改成功（见图 1-18），如无返回值，应检测传感器安装情况或修改参数后重新校验。

计算校验位　图 1-17

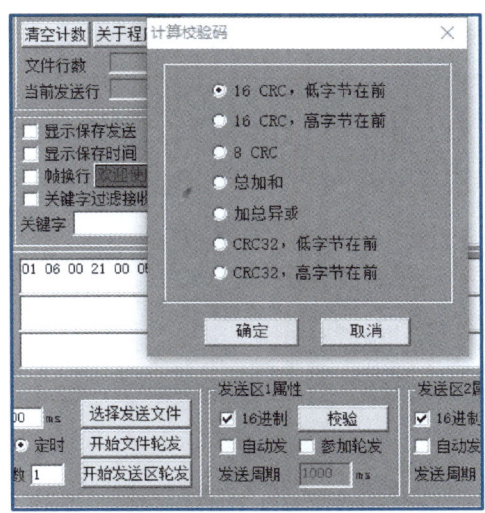

图 1-18　地址修改成功

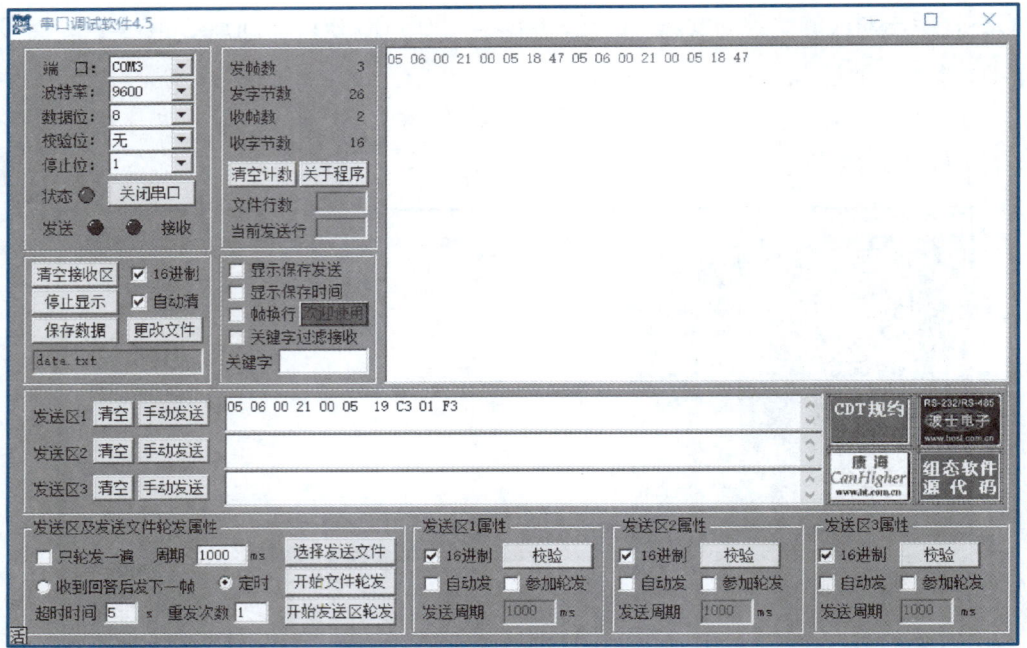

3. 实施步骤

（1）查询温湿度传感器的技术参数

① 与学习小组成员讨论温湿度传感器各项参数的含义，并判断该传感器是否满足任务要求。

② 讨论并记录温湿度传感器选择依据。

　　　1. 测量范围
　　　————————————————————————
　　　2. 测量精度
　　　————————————————————————
　　　3. 灵敏度
　　　……
　　　————————————————————————
　　　————————————————————————

③ 与学习小组成员讨论温湿度传感器的接线方式及安装方法，并记录安装时应注意和考虑的事项。

　　　1. 确认温湿度传感器的型号
　　　————————————————————————
　　　2. 确认温湿度传感器的通信方式
　　　————————————————————————
　　　3. 确认温湿度传感器的工作环境（如避免酸性环境）
　　　……
　　　————————————————————————
　　　————————————————————————

（2）设定温湿度传感器的参数

① 与学习小组成员分工合作，根据任务需求设定温湿度传感器的参数。讨论并记录设定过程中遇到的问题，以及测试温湿度传感器的方法。

　　　　1. 局部短时升温
　　　　_____

　　　　2. 加湿器加湿
　　　　_____

　　　　……
　　　　_____

　　　　_____

② 温湿度传感器的功能验证。

a. 温湿度传感器检测的数据采用图 1-19 所示通信网络进行采集。

b. 查阅产品手册，完成温湿度传感器（RS485）接线。

温湿度传感器通信连接示意图　图 1-19

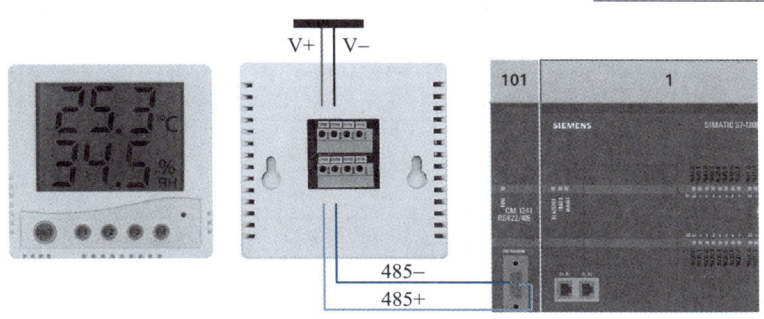

c. 进入温湿度数据采集系统的实时监控界面，查看温湿度实时变化的趋势视图，验证传感器功能是否正常，如图 1-20 所示。

温湿度实时变化的趋势视图　图 1-20

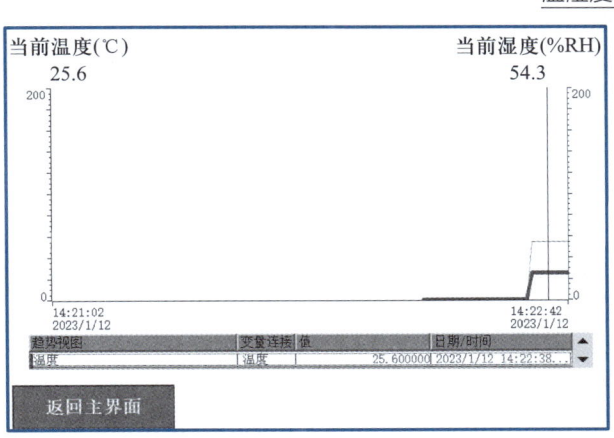

（3）查询噪声传感器的技术参数

① 与学习小组成员讨论噪声传感器各项参数的含义，并判断该传感器是否满足任务要求。

② 讨论并记录噪声传感器选择依据。

1. 测量范围
_____
2. 测量精度
_____
3. 通信协议
_____
......
_____

③ 与学习小组成员讨论噪声传感器的接线方式及安装方法，并记录安装时应注意和考虑的事项。

1. 确认噪声传感器的型号
_____
2. 确认噪声传感器的安装尺寸
_____
3. 确认噪声传感器的工作环境（如避免酸性环境）
......
_____

（4）设定和配置噪声传感器

① 与学习小组成员分工合作，根据任务需求设定噪声传感器的网口和地址（见图 1-21）。

图 1-21　噪声传感器的网口和地址设定

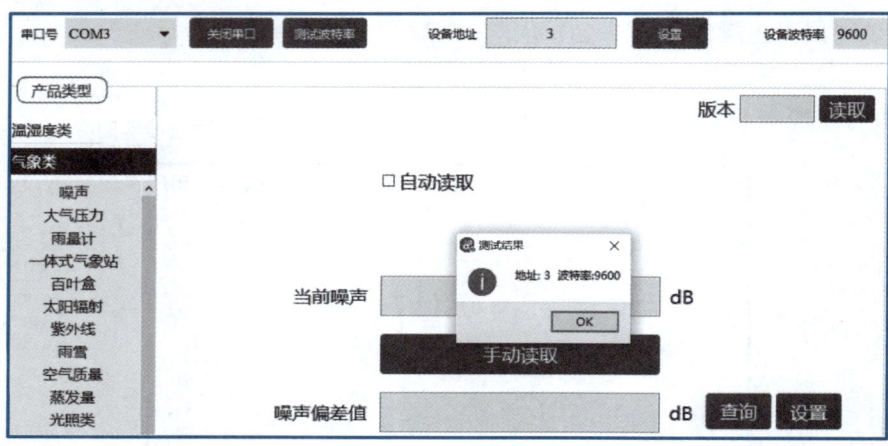

② 噪声传感器的功能验证。

a. 噪声传感器检测的数据采用图 1-22 所示的通信网络进行采集。

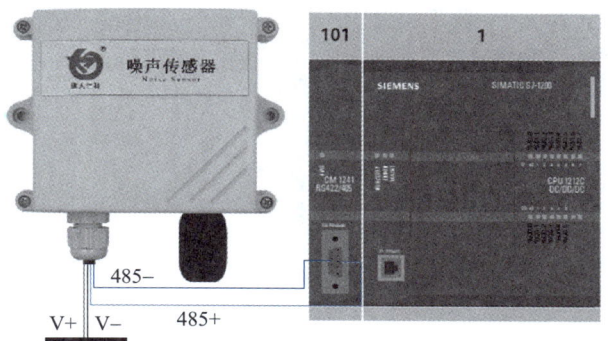

b. 查阅产品手册，完成噪声传感器（RS485）接线。

c. 进入噪声数据采集系统的实时监控界面，查看噪声实时变化的趋势视图，验证传感器功能是否正常。

（5）查询 CO_2 传感器的技术参数

① 与学习小组成员讨论 CO_2 传感器各项参数的含义，并判断该传感器是否满足任务要求。

② 讨论并记录 CO_2 传感器选择依据。

　　1. 测量范围

　　2. 测量精度

　　3. 通信协议

　　......

③ 与学习小组成员讨论传感器的接线方式及安装方法，并记录安装时应注意和考虑的事项。

　　1. 确认 CO_2 传感器的型号

　　2. 确认 CO_2 传感器的安装尺寸

　　3. 确认 CO_2 传感器的工作环境（如避免酸性环境）

　　......

（6）设定和配置 CO_2 传感器

① 与学习小组成员分工合作，根据任务需求设定 CO_2 传感器的网口和地址（见图 1-23）。

② CO_2 传感器的功能验证。

图 1-23　示例设定参数画面

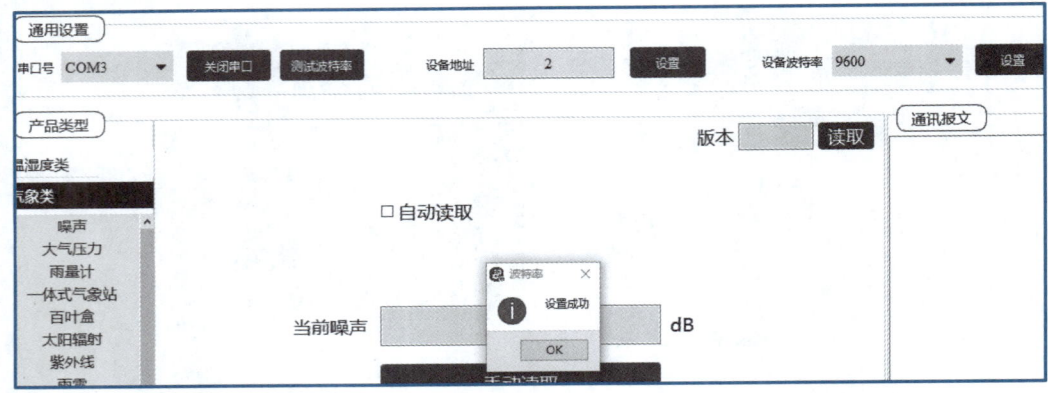

a. 查阅产品手册，完成 CO_2 传感器接线。

b. CO_2 传感器检测的数据采用图 1-24 所示的通信网络进行采集。

图 1-24　CO_2 传感器通信连接示意图

视频：调试
CO_2 传感器

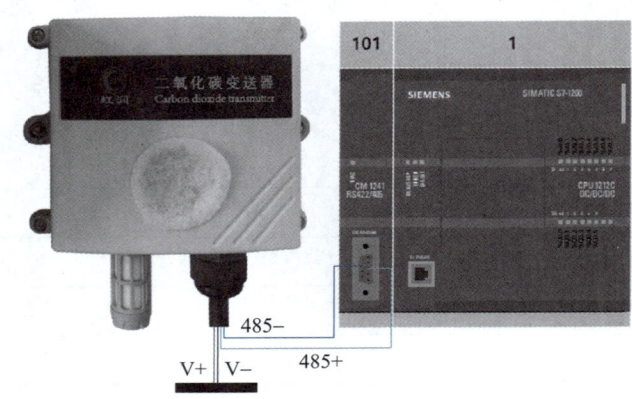

任务评价

任务评价表					
评价项目	配分	序号	评分标准	自评	师评
知识掌握	30分	1	了解传感器的定义与组成		
		2	了解传感器的地位与作用		
		3	了解传感器的分类与基本特性		
		4	了解温湿度传感器的工作原理、选型方法、安装要求及应用		
		5	了解噪声传感器的工作原理、选型方法、安装要求及应用		
		6	了解CO_2传感器的工作原理、选型方法、安装要求及应用		

任务评价表					
评价项目	配分	序号	评分标准	自评	师评
技能掌握	40分	7	能正确完成温湿度传感器的安装与参数设置		
		8	能正确完成噪声传感器的安装与参数设置		
		9	能正确完成CO_2传感器的安装与参数设置		
职业素养	30分	10	积极参与团队任务，分工明确，团队协作高效		
		11	责任心强，勇于承担责任，不推卸问题和责任，对执行结果负责		
		12	任务完成后，主动按照"6S"管理要求对现场进行管理		
合计					

任务 1.2　检测工业设备的能耗

任务描述　　　　电能表是电能计量的仪器。随着科学技术水平的提高，电子式电能表早已走进千家万户。电子式电能表不仅是对电能的计量，还集成了多项附加功能。例如，典型的新型民用电能表——多费率表，促进了居民用电迈向现代化管理的步伐。

电能功耗的检测，可以用于实时监测电量消耗的情况，以及查看各用电设备的具体耗电信息。当用电设备出现故障时，可在线排查减少电能的浪费；还可对过电流、过载情况进行安全防护监测，保障设备的用电安全；通过对电能消耗数据对比分析，优化用电方案，节约能源。

本任务学习利用电能表检测工业设备消耗的电能。

任务目标　　　了解智能检测技术。

了解传感器智能化发展趋势。

了解电能表的工作原理、选型方法、安装要求及相关的场景应用。

能正确完成电能表的安装与功能测试。

知识储备

1.2.1 智能检测技术与传感器智能化发展趋势

1. 智能检测技术

智能检测技术包含测量、检验、信息处理、判断决策和故障诊断等多种内容，是检测设备模仿人类智能的结果，是将计算机技术、信息技术和人工智能技术等相结合而发展的检测技术。计算机技术的发展为检测过程自动化、测量结果的智能化处理和检测仪器功能的仿人化等提供了技术支持。信息技术和人工智能技术的快速发展，为智能检测技术提供了强有力的支撑。智能检测技术的宗旨是利用互联网及其相关技术，改变检测模式，使整个检测流程更加高效、便利。

现代控制系统的发展对检测技术提出了数字化、智能化、标准化和网络化的要求。虽然智能检测技术在国内起步较晚，但其作为检测新兴模式，发展潜力巨大。

2. 传感器智能化发展趋势

对于传感器的认识，有些人还停留在传统行业和技术领域。如今，为适应智能时代的需求，传感器也在向微型化、智能化、集成化、网络化、无线化和数字化方向发展。

随着集成电路和半导体技术的迅猛发展，现代传感器的发展主要体现在新材料的开发、集成技术的应用、智能化的开发等，传感器日趋微型化、智能化和集成化。例如，用集成工艺将同一类型的单个传感元件排列在同一平面形成一维的线性传感器，实现对一个面的测量；或者将不同功能的传感器与放大运算等环节一体化，实现一个传感器同时测量不同参数。

近年来，通信技术快速发展，特别是卫星遥感、全球定位、无线传感网、物联网、远程监控与报警系统等新技术与应用的推动，传感器的网络化、无线化和数字化发展趋势明显。

因传感器的无线化、微型化、网络化及集成化，检测技术在硬件支持上相较于传统的检测模式，越发智能。智能化的检测装置、常规化的检测方法及数字化互联网信息融合成智能检测技术，它们彼此关联、相互融合，从而推动传感器伴随检测技术向数字化、网络化、系统化、集成化、功能复合和应用创新的方向发展。

1.2.2 电能表的工作原理、结构及分类

1. 电能表的工作原理

（1）感应式电能表的工作原理

感应式电能表接入被测电路时，电流线圈和电压线圈中就有交变电流流过，这两个交

变电流分别在它们的铁心中产生交变的磁通；交变磁通穿过转盘，在转盘中感应出涡流；涡流又在磁场中受到力的作用，从而使转盘得到转矩（主动力矩）而转动。负载消耗的功率越大，通过电流线圈的电流越大，转盘中感应出的涡流也越大，使转盘转动的转矩就越大。即转矩的大小跟负载消耗的功率成正比。功率越大，转矩也越大，转盘转动也就越快。转盘转动时，又受到磁铁产生的制动力矩的作用，制动力矩与转矩方向相反；制动力矩的大小与转盘的转速成正比，转盘转动得越快，制动力矩也越大。当转矩与制动力矩达到暂时平衡时，转盘将匀速转动。负载所消耗的电能与转盘的转数成正比。转盘转动时，带动计数器，把所消耗的电能指示出来。

（2）电子式电能表的工作原理

电子式电能表主要由电子元器件组合而成，其基本原理是根据对供电设备工作电压和工作电流的即时采样法，选用专用的电能表集成电路，对采样法工作电压和工作电流数据信号进行处理，转化成与耗电量成正比的电脉冲输出，最后通过单片机进行处理、调节，把电脉冲输出转换为耗电量并输出。通常把电子式电能表计算 1 度电时模－数（A-D）转换器所发送的电脉冲数量称为电脉冲常数。对于电子式电能表来说，这是一个关键的常数，因为 A-D 转换器在单位时间内所发送电脉冲数量的多少，将直接影响着该表的精度。

（3）远传式电能表的工作原理

远传式电能表整体体系涉及云服务器系统软件、信息数据采集器、数据采集器和费控智能电能表。数据采集器根据 MBus、RS485 和无线 LoRa 通信方式与各种电力仪表通信，来采集数据、调节闸阀并完成跳重合闸操控，数据采集器再根据扩频无线通信技术将采集的数据给信息数据采集器，信息数据采集器每次都将采集的信息进行储存，并定期将信息根据 GPRS、4G/5G、Wi-Fi 等通信方式传送到云服务器，供用户分析和快速查询。

2. 电能表的结构

作为测量电能的专用仪表，电能表按结构可分为感应式和电子式两种。两种电能表的结构是相似的，主要由测量机构，补偿、调整装置和辅助部件组成。

（1）测量机构

测量机构是电能表实现电能测量的核心，主要由五部分组成：驱动元件、转动元件、制动元件、计度器和轴承。测量机构各部分的组成及作用见表 1-10。

（2）补偿、调整装置

补偿、调整装置是改善电能表的使用特性和确保准确度要求不可缺少的重要组成部分。单相电能表装有全载调整装置、轻载调整装置、相位角调整装置、防潜调整装置，有些电能表还装有过载补偿装置及温度补偿装置。三相电能表还应装有平衡调整装置。

表 1-10　测量机构各部分的组成及作用

序号	测量机构的部件	组成/形式	作用
1	驱动元件	固定在基架上,由电压驱动元件和电流驱动元件组成	接收被测电路的电流和电压,建立交变磁通,与其在转盘内产生的感应电流相互作用,进而产生驱动转矩,使转盘转动
2	转动元件	由转盘和竖转轴采用合金(铝)压铸在一起组成	在驱动元件建立的交变磁场的作用下,在转盘上产生驱动转矩使转盘连续转动并把转动的圈数传递给计度器
3	制动元件	由永久磁铁及其调整装置组成	产生与驱动转矩方向相反的制动力矩,以便使转盘的转动速度与被测电路的功率成正比
4	计度器	字轮式和指针式	电能表的指示部分,它可以累计转盘的转数以显示被测电量的多少
5	轴承	轴承用于支撑转动元件	主要对转动元件起定位和导向作用

① 全载调整装置又称为制动力矩调整装置,主要在 100% 标定电流时通过改变电能表永久磁铁的制动力矩来改变转盘的转速。

② 轻载调整装置又称为补偿力矩调整装置,装在电压驱动元件上,主要用来补偿电能表在 5%～20% 标定电流范围内运行时的摩擦误差和电流铁心工作磁通的非线性误差及由于装配的不对称而产生的潜动力矩。

③ 相位角调整装置又称为力率调整装置,主要用于调整电能表电压工作磁通与电流工作磁通之间的相位角,使之间的相角差满足要求,以保证电能表在不同功率因数的负载下都能正确计量。

④ 防潜调整装置的作用是防止电能表无负载时的空转现象。在转盘适当位置打 1～2 个直径为 1mm 的小孔,利用小孔周围的涡流变化与磁通之间产生附加制动力矩,防止潜动;或者改变电压铁心上的磁化铁片与转盘转轴上铁丝或铁片之间的距离,达到防止潜动的目的。

⑤ 过载补偿装置一般固定在永久磁铁或电压线圈及轴承上。采用较小的硅钢片制成,在 U 形线圈铁心处加装一个磁分路,其作用是当电流过大时,因磁分路饱和,在标定电流下,经过它的非工作磁通重新分配,使工作磁通增大与电流增大成正比,从而使转盘转速保持与电流成正比。

⑥ 温度补偿装置一般固定在永久磁铁或电压线圈及轴承上。

(3)辅助部件

辅助部件主要由外壳、机架、端钮盒和铭牌组成。外壳可以提供良好的封闭环境,可以防止潮气和灰尘进入表内。机架可以保证元件本身、元件与元件之间的稳固,另外,电能表对机架的机械强度和加工精度有一定要求。端钮盒盒上有接线图，提供与外电路的电气连接。铭牌上标明了名称、型号、准确度等级、电能计算单位、标定电流和额定最大电流、额定电压、电能表常数、频率、制造厂名称或商标、制造年份和厂内编号、电能表产品生产许可证的标记和编号等信息。

3. 电能表的分类

为满足不同的电能测量需要，有多种类型的电能表，其类别划分如下。

① 按结构及工作原理不同，电能表可分为感应式电能表和电子式电能表。电子式电能表又可进一步分为全电子式电能表和机电脉冲式电能表。

② 按准确度等级不同，电能表可分为普通级（0.1、0.2、0.5、1.0、2.0、3.0 级）用于测量电能；精密级（0.01、0.02、0.05 级）主要作为校验普通级电能表的校验基准。

③ 按用途不同，电能表可分为有功电能表、无功电能表、最大需量电能表、复费率电能表和多功能电能表。有功电能表用于测量有功电量；无功电能表用于计量发、供、用电的无功电能；最大需量电能表是一种既可计算用户耗电量，也可指示用户在一个电费结算周期中，指定时间间隔内平均较大功率的电能表；复费率电能表是按指定时段分别按要求计量各时段的用电量及总用电量的电能表；多功能电能表是除计量有功（无功）电能外，还具有分时、测量需量等两种以上功能，并能显示、储存和输出数据的电能表。

④ 按接入电源的性质不同，电能表可分为交流电能表和直流电能表，高压电能表和低压电能表。

⑤ 按安装接线方式不同，电能表可分为直接接入式和间接接入式（经互感器接入）。

⑥ 按测量电路相别的不同，电能表可分为单相电能表、三相三线电能表和三相四线电能表。

⑦ 按测量功能及特殊用途，电能表可分为复费率（分时计费）电能表、最大需量电能表、预付费电能表、集抄电能表、多功能电能表。

1.2.3 电能表的选型和安装

1. 电能表的选型

电能表是用来测量负载消耗电能数量的仪表，电能表的计量单位为千瓦时（kW·h），俗称"度"。1 度在数值上等于功率为 1kW 的用电设备 1h 所消耗的电能。

$$1kW \cdot h = 3600s \times 10^3 W = 3.6 \times 10^6 J$$

根据使用需求选择合适的单相或三相电能表。

对于三相电能表，应根据被测线路是三相三线制还是三相四线制来选择，同时应使负载电压、电流等于或小于其额定值。使用电能表时需要注意，在低电压（不超过 500V）和小电流（几十安）情况下，电能表可直接接入电路进行测量。单相电能表直接接入式接线示意图如图 1-25 所示。

图 1-25　单相电能表直接接入式接线示意图

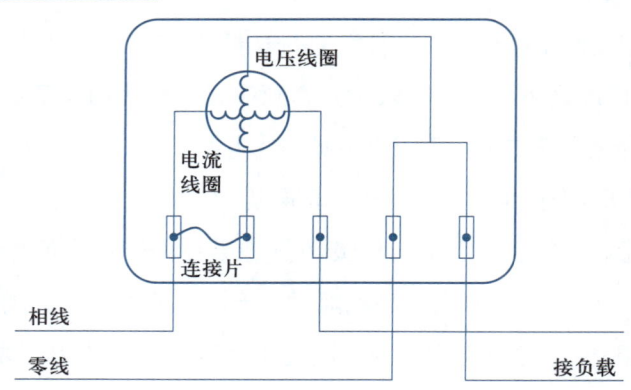

在低压大电流线路中，若线路负载电流大于电能表的量程，需要借助电流互感器，将流经电能表的电流变小而符合电能表的量程要求，即电能表以间接接入方式接入电路中。单相与三相电能表间接（电流）接入式接线示意图如图 1-26 所示。

图 1-26　单相与三相电能表间接（电流）接入式接线示意图

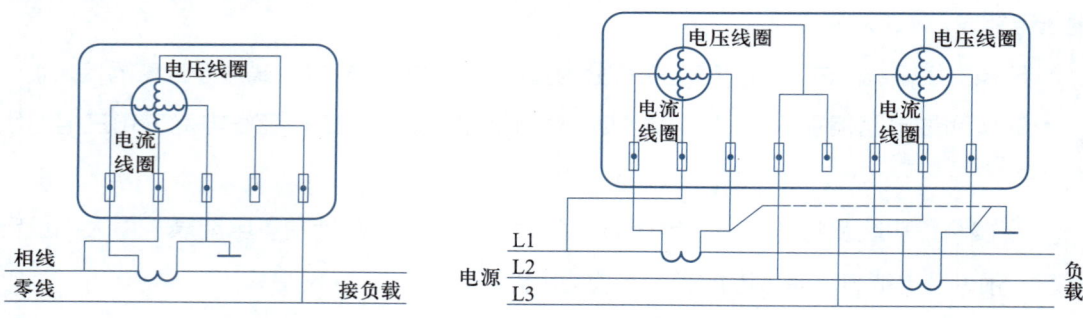

图 1-27　单相电能表间接（电流、电压）接入式接线示意图

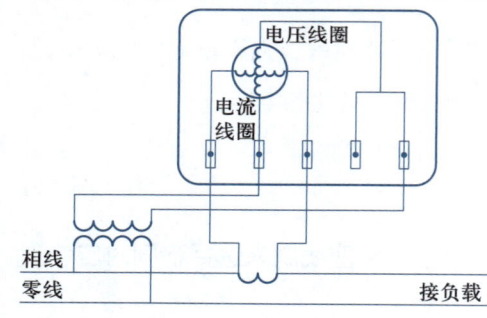

在高电压、大电流且线路电压与负载电流均超出电能表量程的情况下，电能表不能直接接入线路，需要配合电压互感器与电流互感器使用。单相电能表间接（电流、电压）接入式接线示意图如图 1-27 所示。

除上述特点外，电能表的额定容量应根据用电负荷来选择。从理论上考虑，负荷电流的上限不得超过电能表的额定电流，下限不应低于电能表允许误差范围以内规定的负荷电流。

从工程实践角度考虑，应使用电负荷在电能表额定电流的 20%～80% 以内。必须根据负荷电流和电压数值来选定合适的电能表，使电能表的额定电压、额定电流大于负荷的电压和电流。

当电能表不经互感器而直接接入电路时，可以从电能表上直接读出实际电度数；当电能表利用电流互感器或电压互感器扩大量程时，实际消耗电能应为电能表的读数乘以电流比或电压比。

2. 电能表的安装注意事项

① 电能表应按设计装配图规定的位置进行安装，不能安装在高温、潮湿、多尘及有腐蚀气体的地方。

② 电能表应安装在不易受振动的墙上或开关板上，离地面以不低于 1.5m 处为宜，以便于检查和抄表。

③ 电能表应垂直装设，以保证准确性。

④ 接入电能表的导线中间不应有接头。接线时，接线盒内螺钉应拧紧，以免接触不良，引起桩头发热而烧坏。配线应整齐美观，尽量避免交叉。

⑤ 电能表在额定电压下，当电流线圈无电流通过时，转盘的转动不超过一转，功率消耗不超过 1.5W。

⑥ 电能表装好后，用电状态下，电能表的转盘应从左向右转动。若方向相反，应调整接相线的进出线。

⑦ 单相电能表的选用必须与用电器总功率相适应。

⑧ 电能表在使用时，电路不允许短路及过载（超过额定电流的 125% 时视为过载）。

1.2.4　电能消耗检测的应用

1. 工厂电能消耗监测系统

电能消耗在工业生产中占据的成本比例较大，产品生产的产量、生产周期状况、工艺制造水平等因素都会对电能消耗带来不同的影响。因此，如何降低电能消耗是工业生产降低能耗、降低生产成本的重中之重。工厂电能消耗监测系统可以实现电能在线监测、用电分析、电量统计、电能异常报警等功能，有利于实现生产线能耗监测，从而实现生产线实时优化调节达到最优，起到降低电能消耗的作用。

2. 银行电能消耗监测系统

部分银行由于供电系统效率低、用电设备能耗利用率不高、用电浪费等原因造成用电的规模逐年增加，随之而来对电能的管理也越来越复杂。而银行电能消耗监测系统具有电能计量、显示、存储及报警等功能，可以对银行办公楼的电能进行科学的数据采集和分析，建立电能的监控体系，这样对银行的总体用电水平可以清楚掌握，从而实现"节能减排，降低能耗"。

3. 医院电能消耗监测系统

在医疗水平、诊疗设备的不断发展，患者对就诊环境的舒适度要求越来越高的同时，医院能耗也将不断升高。与此同时，国家对节能减排工作的重视和对成果的考核力度也达到了新高度。未来，在国家降低能耗政策的引导和医院成本管理要求的双重压力下，如何通过科学管理和节能技改降低医院能源运行成本，提高医院能源利用效率，实现高效运行，是构建节约型社会的当务之急，也是医院管理者的重要任务。

通过医院电能监控系统收集和整理的能耗数据和用能设备运行情况，对医院用电组成和使用特点进行分析和归纳，并结合能源使用中存在的问题，可提出对应的用电优化方案，为同类型医院推荐合适的节能减排技术。

任务实施

1. 任务准备

姓名		实训地点	
班级		学号	
实训日期		指导教师	
实训课时		实训方式	
小组成员		组号	
工作任务	检测工业设备的能耗	教学模式	理实一体化
建议学时	4	设备、器材	电能表，电工工具套装
任务要求	某制造工厂车间想实时检测现场设备的电压、电流、功率因数及频率，并将设备用电情况上传物联网平台，以根据需量调整生产方案，从而节能降耗。设备已预留有80mm×90mm×80mm的空间，根据要求完成电能表的选型和安装		

2. 信息搜集

（1）单相电子式电能表型号功能参数

单相电子式电能表型号功能参数见表1-11。

（2）单相电子式电能表规格参数

单相电子式电能表规格参数见表1-12。

型号		DDSU666	DDSU666-E	DDSU666-D	DDSU666-F
电流接入方式	直接接入式	5（60）A	5（80）A		
	互感接入式	—	1.5（8）A		
实时测量	电压、电流、功率、频率、功率因数	●	○	●	
电能	有功电能		●		
	双向计量		○	●	
	多费率（时钟）		○		●
其他	需量		○		●
	电能脉冲输出		●		
通信	IR通信		○		●
	RS485通信	●	○	●	
显示方式	单排LCD	6位	7位		
尺寸	长×宽×高	36mm×85mm×66mm	76mm×89mm×74mm		

注：●表示具备此功能；○表示不具备此功能。

产品型号	准确度等级	频率	电压	电流规格	仪表常数	类型
DDSU666				5（60）A	800imp/kW·h	直接接入式（小巧型）
DDSU666-D	有功1级	50Hz±2.5Hz	220 V	1.5（6）A	6400imp/kW·h	互感接入式
				5（80）A	800imp/kW·h	直接接入式
DDSU666-E				1.5（6）A	6400imp/kW·h	互感接入式
				5（80）A	800imp/kW·h	直接接入式
DDSU666-F				1.5（6）A	6400imp/kW·h	互感接入式
				5（80）A	800imp/kW·h	直接接入式

（3）单相电子式电能表 Modbus-RTU 通信参数信息（电量和电能数据）

单相电子式电能表 Modbus-RTU 通信参数信息见表 1-13。

参数地址	参数代号	参数说明	数据类型	数据长度	读写属性
二次侧电量数据					
2000H	U	A相电压	float	2W	R/W
2002H	I	A相电流	float	2W	R/W

参数地址	参数代号	参数说明	数据类型	数据长度	读写属性
2004H	P	瞬时总有功功率	float	2W	R/W
2006H	Q	瞬时总无功功率	float	2W	R/W
2008H	S	瞬时总视在功率	float	2W	R/W
200AH	PF	总功率因数	float	2W	R/W
200CH	RESERVED	保留	float	2W	R/W
200EH	Freq	电网频率	float	2W	R/W
2010H	RESERVED	保留	Long	2W	R/W
电能二次侧数据（当前）					
4000H	ImpEp	正向有功总电能 （DDSU666反向按正向计量）	float	2W	R/W
4002H	ImpEp1	正向有功费率1电能	float	2W	R/W
4004H	ImpEp2	正向有功费率2电能	float	2W	R/W
4006H	ImpEp3	正向有功费率3电能	float	2W	R/W
4008H	ImpEp4	正向有功费率4电能	float	2W	R/W

（4）安装及使用说明

① 检查及安装。

a. 安装前应先检查包装盒上所标产品的型号和规格是否与实物相符。

b. 检查产品的外壳是否有损坏。

c. 完成检查，确认完好后，将仪表直接卡在导轨上，最后装在配电箱上。
（拆卸时，可用一字螺丝刀按住活动卡，用力取出仪表。）

② 接线方式。单相电子式电能表接线方式如图 1-28 所示。

图 1-28　单相电子式电能表接线方式

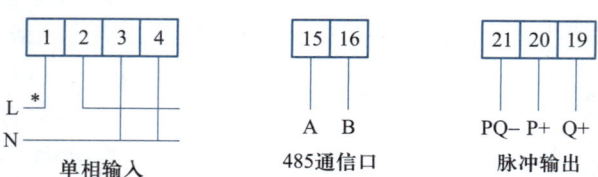

（5）常见故障的诊断及排除

检查接线时，一定要确保仪表处于断开状态，保证人身安全。单相电子式电能表常见故障及排除见表 1-14。

故障现象	原因分析	排除方法
显示故障	可能是没按照仪表上的接线图要求接线	检查实际接线与接线图的要求是否相同，特别要注意电压的"N"所在位置，电流的高低端和端子标号与实际端子数不一致的情况
通信故障	可能是仪表的通信设置信息不正确	查看仪表的通信设置信息，如通信地址、波特率、校验方式，与上位机的设置是否一致

3. 实施步骤

（1）查询电能表的技术参数

① 与学习小组成员讨论电能表各项参数的含义，并判断该型号和规格是否满足任务要求。

② 讨论并记录电能表选择依据。

1. 电流规格

2. 通信方式

3. 接入类型

......

（2）确认电能表的安装尺寸及接线方式

与学习小组成员讨论电能表的接线方式及安装方法，并记录安装时应注意和考虑的事项。

1. 确认电能表型号（DDSU666-D）

2. 确认电能表的接入方式

3. 确认电能表支持的通信方式

......

（3）验证电能表的功能

① 查阅产品手册，完成电能表接线。

② 电能表的数据采用图 1-29 所示通信网络进行采集。

③ 进入电能功耗监控系统的电能功耗数据实时监控界面（图 1-30），查看实时变化数据，验证电能表功能是否正常。

图 1-29　电能表通信连接示意图

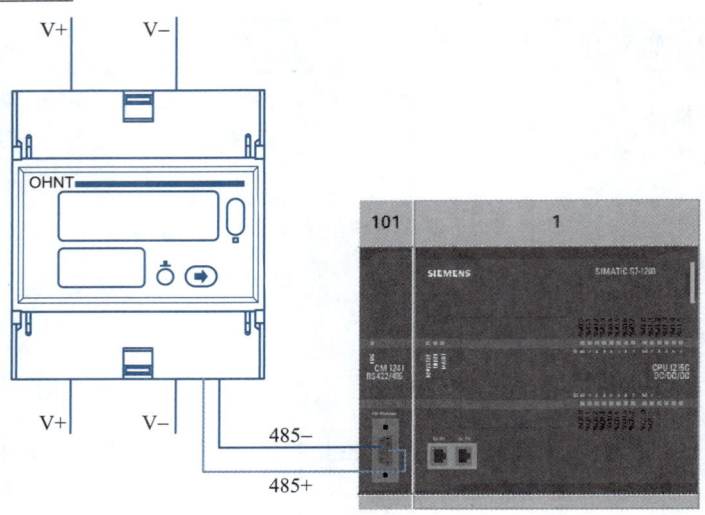

图 1-30　电能功耗数据实时监控界面

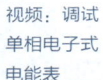
视频：调试
单相电子式
电能表

电能功耗数据实时监控界面

A相电压（2000H）：	237.500
A相电流（2002H）：	0.554
瞬时总有功功率（2004H）：	0.091
瞬时总无功功率（2006H）：	−0.079
瞬时总视在功率（2008H）：	0.120
总功功率因素（200AH）：	0.757
电网频率（200EH）：	49.990
正向有功总电能（4000H）：	22.020

返回主界面

任务评价

任务评价表					
评价项目	配分	序号	评分标准	自评	师评
知识掌握	30分	1	了解智能检测技术		
		2	了解传感器智能化发展趋势		
		3	了解电能表的工作原理、选型方法、安装要求及相关的场景应用		
技能掌握	40分	4	能正确完成电能表的安装与功能测试		
职业素养	30分	5	积极参与团队任务，分工明确，团队协作高效		
		6	责任心强，勇于承担，不推卸问题和责任，对执行结果负责		

任务评价表					
评价项目	配分	序号	评分标准	自评	师评
职业素养	30分	7	任务完成后，主动按照"6S"管理要求对现场进行管理		
合计					

项目测评

一、单选题

1. 传感器的定义是（　　　）。

A. 将电量转换为非电量的器件或装置

B. 能感受规定的被测量并按照一定规律转换成可用输出信号的器件或装置

C. 将非电量转换为电量的器件或装置

D. 能感受规定的被测量并按照一定规律转换成不可用输出信号的器件或装置

2. 电能表的计量单位是（　　　）。

A. 安培　　　　　　B. 伏特　　　　　　C. 千瓦时　　　　　　D. 欧姆

3. 温湿度传感器一般由（　　　）两部分组成。

A. 温度传感器和湿度传感器　　　　　　B. 电流传感器和电压传感器

C. 压力传感器和流量传感器　　　　　　D. 光电传感器和磁电传感器

4. 传感器的地位和作用不包括（　　　）。

A. 自动检测和自动控制的首要环节　　　B. 实现人类五官的延长

C. 提供准确可靠的信息代替人的五官　　D. 降低设备的使用寿命

5. 在基础学科研究中，传感器的作用是（　　　）。

A. 减少实验的准确性　　　　　　　　　B. 用于基础学科研究的装饰

C. 获取人类五官无法直接获取的信息　　D. 阻碍领域内的突破

6. 下列（　　　）不是电能表的分类依据。

A. 结构及工作原理　　　　　　　　　　B. 准确度等级

C. 用户的年龄　　　　　　　　　　　　D. 用途

7. 电能表的额定容量应根据（　　　）来选择。

A. 用户的喜好　　　　B. 用户负荷　　　　C. 设备的颜色　　　　D. 设备的形状

8. 传感器智能化发展趋势不包括（　　　）。

A. 微型化　　　　　　B. 智能化　　　　　　C. 网络化　　　　　　D. 复古化

9. 传感器的组成部分不包括（　　　）。

A. 敏感元件　　　　B. 转换元件　　　　C. 变换电路　　　　D. 辅助电源

E. 感应电动机

10. 电能表安装位置的高度是（　　　）。

A. 不低于 1.2m　　B. 不低于 1.5m　　C. 不低于 2.0m　　D. 不低于 2.5m

二、多选题

1. 温湿度传感器的应用领域有（　　　）。

A. 医疗领域　　　　B. 食品加工领域　　C. 农业领域　　　　D. 教育领域

E. 运输领域　　　　F. 制造领域

2. 电能表按结构及工作原理可分为（　　　）。

A. 感应式电能表　　　　　　　　　B. 电子式电能表

C. 全电子式电能表　　　　　　　　D. 机电脉冲式电能表

E. 单相电能表

3. 传感器的类型可以依据（　　　）标准进行分类。

A. 基本效应　　　　B. 构成原理　　　　C. 工作原理　　　　D. 能量关系

E. 输入量　　　　　F. 输出量

4. 电能表的准确度等级有（　　　）。

A. 普通级：0.1、0.2、0.5、1.0、2.0、3.0 级

B. 精密级：0.01、0.02、0.05 级

C. 普通级：1.5、2.5、4.0 级

D. 精密级：0.005、0.001 级

三、判断题

1. 传感器的敏感元件直接感受被测量，并输出与被测量有确定关系的物理量信号。

（　　　）

2. 传感器的转换元件将敏感元件输出的物理量信号转换为电信号。　　（　　　）

3. 电能表可以直接读出实际电度数，无须任何计算。　　　　　　　　（　　　）

4. 温湿度传感器的精度越高，其价格越低。　　　　　　　　　　　　（　　　）

5. 传感器智能化发展不需要依赖于新材料和新技术。　　　　　　　　（　　　）

四、问答题

1. 描述电能表的工作原理。

2. 温湿度传感器的选型应考虑哪些因素？

项目二

智能生产线物料信息检入

项目导言　　　智能生产线上流转的物料种类繁杂，企业一般会通过信息化手段对生产物料进行统一编码管理，跟踪物料的来源；同时记录生产活动中各个环节物料交接的数量、时间等数据，对生产物料实现有效追溯。

　　　　物料的规格、数量、位置、状态及工装配套等信息的采集，大部分是通过传感器测量获取反馈给数据采集与监视控制（supervisory control and data acquisition，SCADA）系统。例如，传感器检测到物料的性状和位置等提供给 SCADA 系统，最后由 SCADA 系统将数据提供给物料管理系统。物料管理系统对物料的规格、数量、位置、状态、工序环节、责任人及工装配套等信息进行动态跟踪、监控、信息采集与管理，从而减轻企业物料管理的工作量。

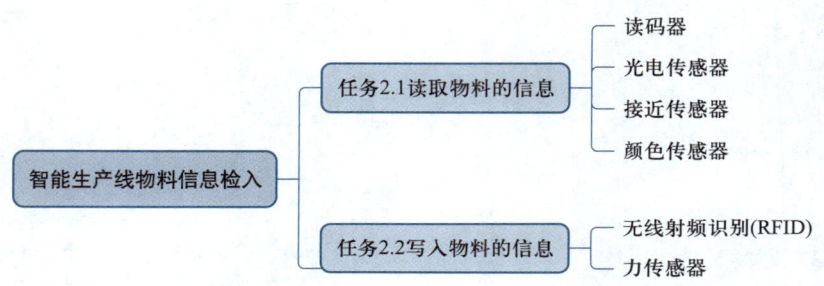

任务 2.1　读取物料的信息

任务描述　　　某智能生产线上的一个工作站通过一个旋转步幅为 60° 的六工位旋转机构，对一批物料进行检测，在不同工位通过传感器采集其材质和颜色等相关信息，图 2-1 所示为六工位旋转机构功能。物料从料井中推出至旋转机构的入料位（工位 1），再经由旋转机构旋转，将物料传送至材质检测位（工位 2），检测判断物料的材质；然后旋转机构继续将物料传送至下一工位（工位 3）检测物料的颜色和孔径；完成物料颜色和孔径的采集；然后传送至下一工位（工位 4）识别物料的二维码，完成编码信息录入；再旋转至轴承装配工位处（工位 5），根据物料材质和颜色的检测结果进行轴承装配工艺；在完成上述检测和加工任务后，将其传送至出料位（工位 6）完成本工作站的生产任务。

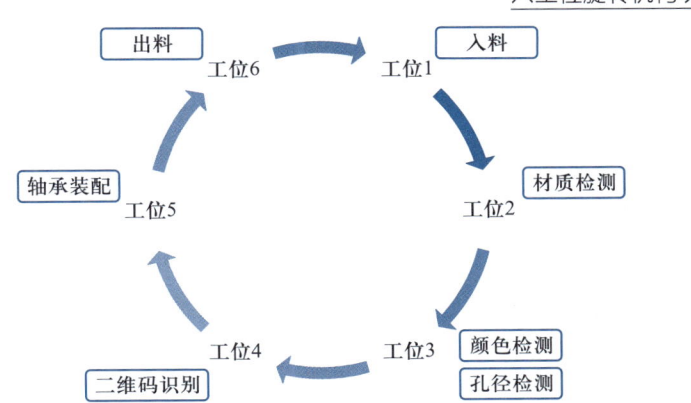

本任务学习根据生产线工作站生产需求，选用合适的传感器来识别获取指定物料的相关信息。

任务目标　了解读码器的工作原理、类型、选型方法及应用。
　　　　　　　了解光电传感器的工作原理、类型、选型方法、接线方式及应用。
　　　　　　　了解接近传感器的工作原理、类型、选型方法及应用。
　　　　　　　了解颜色传感器的工作原理、类型、选型方法及应用。
　　　　　　　能选择合适的传感器进行安装，并完成物料材质和颜色的检测。

知识储备

2.1.1　读码器

1. 读码器的工作原理

智能制造的工业进程逐步加快，工厂越来越自动化。读码器作为流水线上集检测、测量、扫码为一体的智能化设备，是智能制造领域必不可少的一员。

生产线上安装读码器，目的是识读生产线传送来的产品上的条码。因条码打印清晰度和工厂扫描环境等不确定因素，既要求能固定安装，多角度扫描产品的条码，又要求能批量快速识读传送带上产品的条码，所以读码器必须有高灵敏度的识别能力，支持自动扫描和命令控制等工作模式，避免出现读码器扫描不稳定的状况。

读码器的主要原理是利用设备中自带的软件来对一维码／二维码的字符进行识别。一维码／二维码是按照一定的编码规则排列，用以表达一组信息的图形标识符。读码器主要用于对产品进行溯源、生产控制、自动识别，特别是与射频识别（radio frequency identification，RFID）技术一起构成"物联网"的硬件系统。

2. 条码类型与读码器的种类

（1）条码类型

一维码：俗称"条形码"，在目前流通的所有商品，如超市售出的所有产品上都能找到这类标识。

二维码：一维码的升级版。由于其比一维码能包含更多的信息、更高的可读取率，目前已在越来越多的产品上使用二维码，如火车票、工业类产品的塑料外壳上等都有使用二维码。

（2）读码器的种类

按应用环境，读码器主要分为固定式条码二维码和手持式条码二维码读码器。按扫码方式，读码器又可分为影像式、激光类型及相机类型读码器，其中影像式读码器和相机类型读码器是当前主流的读码器。

影像式读码器是将发光二极管（LED）作为发光光源，利用图像传感器把光学影像转化为数字信号。影像式读码器最大的特点就是体积小，成本相对较低，一体化设计，比较耐用。

激光类型读码器是以激光作为发光源的读码器。激光类型读码器技术较为成熟，扫码距离远，扫码稳定，扫码速度快，可配备在高速设备上移动扫码。

相机类型读码器是通过相机镜头拍照实现对条码的扫描，其视野广、速度快，解码成功率极高，能应对复杂工作环境。

3. 读码器的选型

选择适合的读码器需要考虑多个因素，以确保它能够满足特定应用的需求。需要考虑的因素和建议如下。

① 条码的类型和宽度、码制、位数、密度大小。

② 条码粘贴方向和位置与扫描光线方向的关系。

③ 流水线的速度。

④ 扫描距离，条码和读码器之间的距离要求。

⑤ 传送带的振动情况。

⑥ 支架的安装情况，如是否需要可调整的支架等。

⑦ 传感器及报警装置。

⑧ 需要的接口类型，是否需要组成网络接入同一个服务器或者 PLC。

⑨ 与后台应用系统的接口类型。

⑩ 高速扫描运动中的条码，支持自动扫描和命令控制等工作模式。

4. 读码器的应用

① 生产线移动读码：使用工业读码器，即可实现生产线自动读码，一维码 / 二维码均可识别，为企业智能化管理打下基础。

② 组装生产线拣料 / 装配读码：使用工业读码器对生产线上的产品进行条码扫描，即可实现生产日期、生产编号等商品信息自动识别，并纠错提醒，确保组装生产线拣料 / 装配环节零配件准确；同时，数据自动传输到系统中，还可实现产品溯源管理。

③ 自动化设备集成：在自动化设备集成的这个环节上，使用工业读码器可实现设备之间的信息交互和自动化识别，并对生产流程进行监控和管理，减少生产过程中产生的损失，帮助企业实现质量及成本控制。

2.1.2 光电传感器

1. 光电效应

光电效应一般分为外光电效应和内光电效应。

（1）外光电效应

在光线照射下，电子逸出物体表面向外发射的现象称为外光电效应。能产生光电效应的物质称为光电材料。根据外光电效应制成的元件有光敏二极管和光电倍增管。

（2）内光电效应

受光照物体的电导率发生变化，或者产生光生电动势的效应称为内光电效应。内光电效应分为光电导效应和光生伏特效应。

① 光电导效应。在光线作用下，电子吸收光子能量后从键合状态过渡到自由状态，从而引起材料电导率的变化，这种现象称为光电导效应。

半导体受到光照时产生光电子 – 空穴对，导电性增强，光线越强，电阻值越低。当光照停止后，自由电子被失去电子的原子捕获，电阻又恢复原值。基于光电导效应制成的元件有光敏电阻，其常用的材料有硫化镉、硫化铅、锑化铟和非晶硅等。

② 光生伏特效应。在光线作用下，物体产生一定方向电动势的现象称为光生伏特效应。根据光生伏特效应制成的元件有光电池、光敏二极管和光敏晶体管。

2. 光电传感器的工作原理

光电传感器通常包含一个光源，例如发光二极管或激光二极管。这个光源会发射光束。光束照射到需要被检测或测量的目标物体上。光线与目标物体相互作用，在某些情况下，目标物体会吸收光线，导致没有或一部分光线被反射或透射；在另一些情况下，目标物体会反射光线，这时，传感器会接收到被目标物体反射的光线。光电传感器还包含一个接收光敏元件，通常是光敏电阻、光敏二极管或光敏晶体管。这些光敏元件会接收光线，并将光信号转换为电信号。接收到的光信号经过电路处理（可能会进行放大、滤波或其他处理），然后转换为相应的输出信号。

不同类型的光电传感器在实现目标检测、测量和控制等方面有着不同的应用，但它们都依赖于光源、目标物体和光敏元件之间的相互作用来产生电信号，并通过处理这些信号来实现特定的功能。

3. 光敏元件

光敏元件能完成光电信息的转换，是光电传感器中最重要的部件。常见的光敏元件有光电管、光电倍增管、光敏电阻、光敏二极管、光敏晶体管、光电耦合器、光电开关和光电池等。

图 2-2　真空光电管的结构

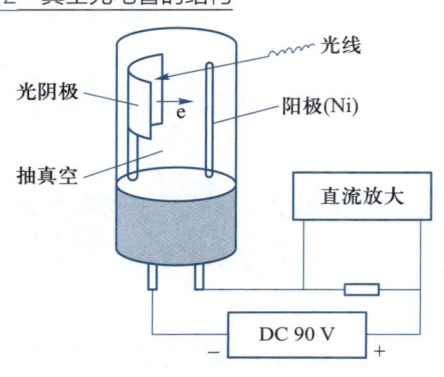

（1）光电管和光电倍增管

① 光电管分为真空光电管和充气光电管两种。

真空光电管（又称为电子光电管）由封装于真空管内的光阴极和阳极构成，如图 2-2 所示。当入射光线照到光阴极上时，由于外光电效应，光电子从极层内发射至真空。在电场的作用下，光电子在极间做加速运动，最后被高电位的阳极接收，在阳极内就可测出光电流，其大小取决于光照强度和光阴极的灵敏度等因素。

充气光电管（又称为离子光电管）的结构与真空光电管相同，不同的是充气光电管内充有少量惰性气体（氩气或氖气）。

② 光电倍增管由光阴极、倍增极和阳极三部分组成，它的灵敏度比光电管高。光阴极由半导体光敏材料锑铯制成。倍增极是在镍或铜铍的衬底上涂覆锑铯材料形成的。倍增极通常有 12～14 级，多的可达 30 级。阳极是最后用来收集电子的，它输出的是电压脉冲。光电倍增管的结构示意图如图 2-3 所示。

图 2-3　光电倍增管的结构示意图

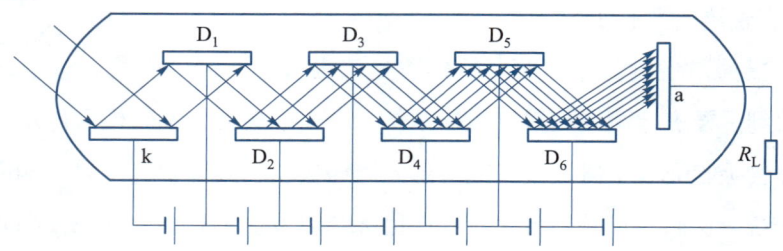

当入射光打在光阴极（k）上时，光阴极发射出电子流，该电子流打在电位较高的第一倍增极（D_1）上，又产生新的电子流，第一倍增极产生的电子流又打在比第一倍增极电位高的第二倍增极（D_2）上，又会产生新的电子流，打在第三倍增极（D_3）上。如此继续下去，直到最后一级的倍增极产生的电子流被最高电位的阳极（a）所收集，在整个回路里形成光电流。阳极收集的阳极电子流一般比光阴极发射的电子流大 $10^5 \sim 10^8$ 倍。

光电倍增管的各级电压是由串联分压电阻链 $R_1 \sim R_n$ 提供的。为了使后几级的电压稳定，可在最后几级分压电阻上并联 3 个电容。光电倍增管的供电电路如图 2-4 所示。

光电倍增管的供电电路　图 2-4

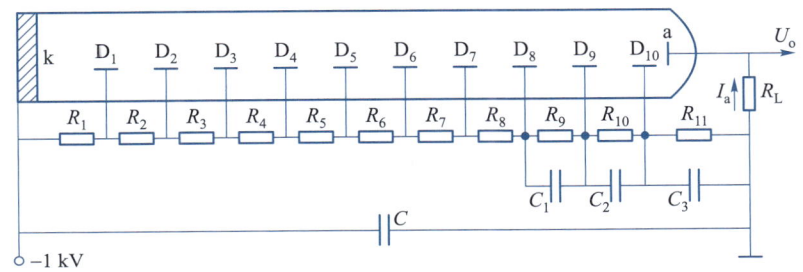

（2）光敏电阻

光敏电阻（见图 2-5）又称光导管，它是利用内光电效应原理制成的。光敏电阻的结构如图 2-6（a）所示。将薄层半导体物质涂于玻璃底板，半导体层两端装有金属电极与半导体层保持可靠的电接触，再将涂有半导体物质的玻璃底板压入塑料盒内。金属电极与引出线端相连接。光敏电阻就通过引出线端接入电路。为了防止周围介质的影响，在半导体层上覆盖了一层漆膜。

光敏电阻　图 2-5

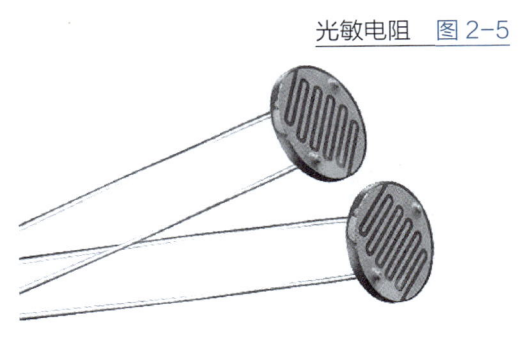

光敏电阻的结构及接线电路　图 2-6

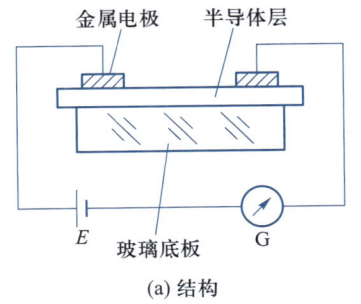

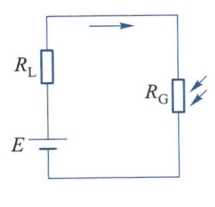

（a）结构　　　　　（b）接线电路

光敏电阻的接线电路如图 2-6（b）所示。光敏电阻在受到光的照射时，由于内光电效应使其导电性能增强，电阻 R_G 下降，因此流过负载电阻 R_L 的电流及其两端电压也随之变化。

光敏电阻两端所加电压不变时，光照度与流过光敏电阻的光电流之间的关系称为光电特性。光敏电阻的光电特性［图 2-7（a）］呈非线性，这是光敏电阻的主要缺点之一。光照度不变时，光敏电阻两端所加电压与光电流之间的关系称为伏安特性，光敏电阻的伏安特性［图 2-7（b）］呈直线，说明光敏电阻的阻值只与入射光的强度有关，与电压和电流无关。

图 2-7 光敏电阻的光电特性和伏安特性

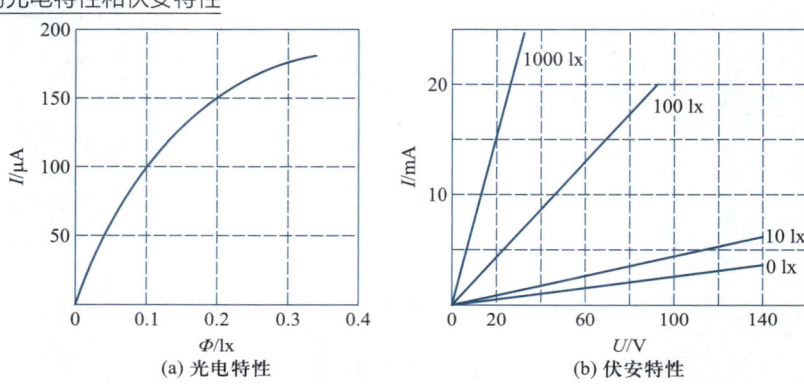

(a) 光电特性 　　 (b) 伏安特性

光敏电阻具有体积小、质量轻、光谱响应范围宽、机械强度高、灵敏度高、耐冲击、耐振动、制造工艺简单和使用寿命长等特点，广泛应用于自动化技术中。但是，光敏电阻是纯电阻元件，使用时需要有外部电源。响应于红外光的光敏电阻受温度影响较大。因此，使用光敏电阻要特别注意使用条件和环境条件。

（3）光敏二极管和光敏晶体管

① 光敏二极管。光敏二极管的结构与普通二极管相似，都有一个 PN 结和两根电极引线，都是非线性器件，具有单向导电性。但是光敏二极管的 PN 结装在管壳顶部，光线通过透镜制成的窗口，可以集中照射在 PN 结上。光敏二极管的外形及结构如图 2-8 所示。

光敏二极管在电路中处于反向偏置状态。没有光照时，其反向电阻很大，反向电流很小，称为暗电流。当有光照时，PN 结附近产生电子−空穴对，在反向电压作用下参与导电，形成比无光照时大得多的反向电流，称为光电流。随着入射光的光照度增强，产生的电子−空穴对也随之增加，光电流也相应增大，光电流与光照度成正比。

② 光敏晶体管。光敏晶体管有两个 PN 结，其外形及结构如图 2-9 所示。大多数光

敏晶体管的基极无引出线。光敏晶体管壳体的顶部是用透明材料做成的集光镜，能把光照聚集在集电结上。光敏晶体管比光敏二极管的灵敏度更高。

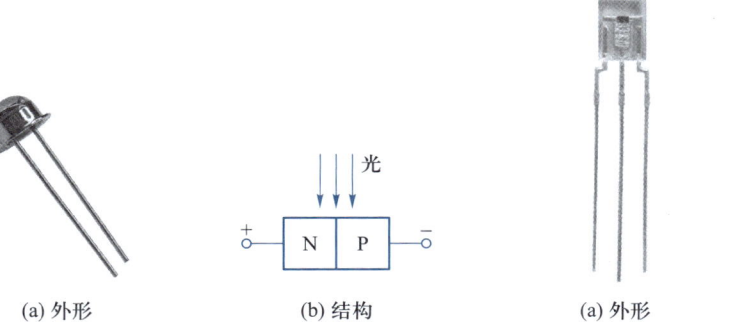

光敏二极管的外形及结构　图 2-8

(a) 外形　　(b) 结构

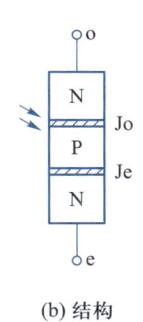

光敏晶体管的外形及结构　图 2-9

(a) 外形　　(b) 结构

（4）光电耦合器

光电耦合器（见图 2-10）是以光为媒介实现电—光—电传输和转换的器件，它将发光器件和光敏元件组合封装在一个组件内，当有信号电压加到其输入端时，发光器件发光，光敏元件受到光照产生光电流，从而使其输出端产生相应的电信号。

光电耦合器　图 2-10

光电耦合器种类繁多，发光器件通常选用发光二极管，光敏元件可选用光敏电阻、光敏晶体管、光敏二极管或光敏晶闸管。其中，发光二极管和光敏晶体管的组合形式应用最为广泛。

光电耦合器抗电磁干扰能力强、驱动能力强，可以实现输入输出的电隔离和电平的转换，广泛应用在智能测试系统、计算机控制技术、过程转换和仪器仪表等领域。

（5）光电开关

光电开关是利用物体对光束的遮挡或反射来检测物体的有无，从而实现控制的一种电子开关。光电开关将输入电流在发射器上转换为光信号射出，接收器再根据接收到的光线强弱或有无对目标物体进行探测。

动画：光电开关

光电开关（见图 2-11）有对射式、漫反射式、镜反射式、槽式和光纤式等，其工作原理示意图如图 2-12 所示。光电开关具有无机械磨损、无电火花、非接触使用、安全性高、可靠性高、寿命长和速度快等优点。

4. 光电传感器的选型

选择适合的光电传感器需要考虑多个因素，以确保它能够满足特定应用的需求。需要考虑的因素和建议如下。

图 2-11　常见的光电开关类型

(a) 对射式　　　　　　(b) 漫反射式　　　　　(c) 镜反射式　　　　　(d) 槽式

图 2-12　光电开关的工作原理示意图

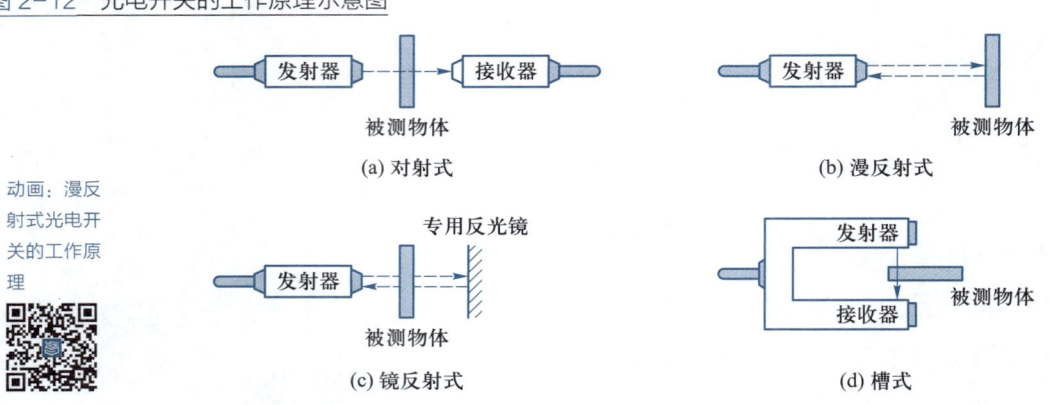

(a) 对射式　　　　　　　　　　　　　(b) 漫反射式

动画：漫反射式光电开关的工作原理

(c) 镜反射式　　　　　　　　　　　　(d) 槽式

　　① 应用类型。要确定传感器是用于检测物体的存在与否，还是用于精确测量物体的位置或速度等，不同的应用需要不同类型的光电传感器。

　　② 检测距离。不同类型的光电传感器具有不同的检测距离，要根据具体需求选择合适的传感器。

　　③ 环境条件。例如，如果环境存在强光或强磁场干扰，需要选择具有抗干扰能力的传感器。如果是在潮湿或腐蚀性环境中，则需要选择具有防水或耐腐蚀性能的传感器。

　　④ 检测对象的性质。了解检测对象的性质对选择传感器也很重要。例如，对于金属物体，可能需要选择光电传感器的特定类型，而对于非金属物体可能需要另一种类型的光电传感器。

　　⑤ 输出类型。确定光电传感器的输出类型，例如，是数字输出、模拟输出还是开关输出。根据系统的要求选择合适的输出类型。

　　⑥ 成本和可靠性。成本通常与光电传感器的性能和功能相关，需要权衡性能和成本之间的关系，并确保选择的光电传感器能够在长期使用过程中保持可靠性。

　　综合以上考虑因素，可以选择适合特定应用需求的光电传感器。在选择过程中，有时也需要进行实地测试或咨询专业人士以获取更具体的建议。

5. 光电传感器的应用

光电传感器在各个领域都有广泛的应用，主要用于检测物体的存在、位置、运动或特定特征等。光电传感器的常见应用如下。

① 工业自动化：光电传感器在工业自动化中被广泛应用，用于检测和控制生产线上的物体位置、运动状态，实现自动化生产。例如，用于检测零件的到位、物体的停止或启动等。

② 物体检测和计数：在物流和仓储管理中，光电传感器用于检测物体的到来、离开或通过。例如，在自动运输线上用于货物的检测、分拣及包装。

③ 印刷和包装：光电传感器用于检测印刷品或包装物体的位置和方向，以确保印刷或包装过程的准确性和一致性。例如，用于检测标签的位置和方向以进行正确的贴标。

④ 门禁系统和安防：在门禁系统和安防领域，光电传感器被用于检测人员或车辆的进出，以及监测特定区域的活动。例如，用于自动门的开关、入侵检测器等。

⑤ 汽车和交通系统：在汽车和交通系统中，光电传感器用于检测车辆的位置、速度和方向，以及监测交通流量。例如，用于车辆停车辅助、交通信号灯控制等。

⑥ 消费电子产品：在消费电子产品中，光电传感器用于触摸屏、手势识别、自动亮度调节等。例如，智能手机、计算机、电视等设备中的接近感应器和环境光传感器。

光电传感器在自动化、控制、安防、物流、交通等领域发挥着重要的作用，为提高效率、安全性和便利性提供了关键支持。

2.1.3 接近传感器

接近传感器（接近开关）又称为无触点接近传感器，是理想的电子开关量传感器。接近开关是利用位移传感器对接近物体的敏感特性来达到控制开关通或断的传感器。当有物体移向接近开关，并接近到一定距离时，传感器才有"感知"，开关才会动作。被检测物体接近传感器的感应区域，开关就能无接触、无压力、无火花迅速地发出电气指令，准确反映出被检测物体的位置和行程，用于一般的行程控制。其定位精度、操作频率、使用寿命、安装调整的方便性和对恶劣环境的适用能力，是一般机械式行程开关所不能相比的。

1. 接近传感器的类型

接近传感器种类较多，按供电形式的不同分为直流型和交流型；按使用的方法不同分为接触式和非接触式；按输出形式不同可分为直流两线制、直流三线制、直流四线制、交流两线制和交流三线制；按工作原理不同又可分为电感式接近传感器、电容式接近传感器、霍尔式传感器和光电传感器等。

按工作原理分类的接近传感器类型及功能特点见表 2-1。

表 2-1 接近传感器类型及功能特点（按工作原理分）

序号	类型	特点
1	电感式接近传感器	利用电涡流原理制成的非接触式开关元件，被测物必须是导体，有效检测距离非常近
2	电容式接近传感器	利用变介电常数电容原理制成的非接触式开关元件。被测物不限于导体，可以是绝缘的液体或粉状物，有效检测距离比电感式接近传感器远
3	霍尔式传感器	利用霍尔效应原理制成的非接触式开关元件，被测物必须是磁性物体，灵敏度高，定位准确
4	光电传感器	利用被测物对光束的遮挡或反射，加上内部选通电路，来检测物体的有无。被测物需对光的反射能力好，且对环境要求严格，无粉尘

2. 接近传感器的工作原理

（1）电感式接近传感器

电感式接近传感器属于有开关量输出的位置传感器，它由检测线圈、振荡电路、检波电路、放大电路、整形电路及输出电路组成，如图 2-13 所示。当检测线圈通交流电时，在检测线圈的周围产生一个交变的磁场，当被测金属物体接近检测线圈时，金属物体内部就会产生涡流，而这个涡流反作用于检测线圈使其电感 L 发生变化，从而使振荡电路的振荡频率减小，以至停振。振荡和停振这两种状态经检测电路转换为开关信号输出。

图 2-13 电感式接近传感器的工作原理

动画：电感式接近传感器的工作原理

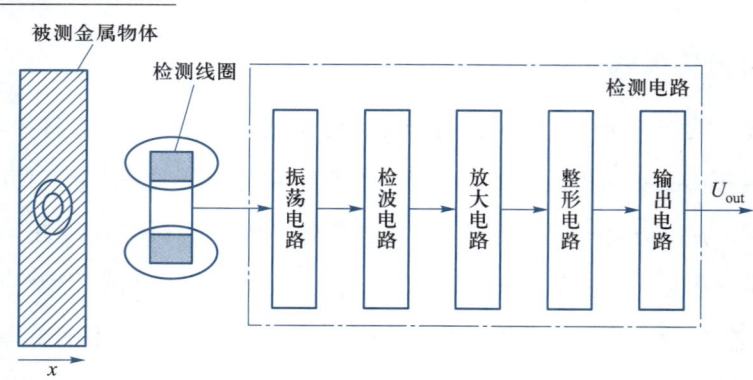

电感式接近传感器是利用振荡电路的衰减来判断有无物体接近的。被测物体要有能够影响电磁场使接近传感器的振荡电路产生涡流的能力，所以一般来说电感式接近传感器只能用于检测金属物体。

动画：电容式接近传感器的原理

（2）电容式接近传感器

电容式接近传感器是利用变极距型电容的原理设计的，它采用以电极为检测端的静态感应方式。这种接近传感器主要用于定位或开关报警控制等场合。它具有无抖动、无触点、非接触检测等优点，其抗干扰能力、耐腐蚀性能等都比较好，是进行长期开关工作比较理想的器件，尤其比较适合用于自动化生产线和检测线的自动限位、定位等控制。

① 电容式接近传感器的工作原理。电容式接近传感器是一个以电极为检测端的静电电容式接近传感器，它由检测电极、振荡电路、检波电路、放大电路、整形电路及输出电路等部分组成，如图 2-14 所示。没有被测物体时，检测电极与大地之间存在一定的电容量，它成为振荡电路的一个组成部分。当被测物体接近检测电极时，由于检测电极加有电压，被测物体就会受到静电感应而产生极化现象，当被测物体越靠近检测电极时，检测电极上的电荷就越多，则检测电极的静电电容也越大，从而又使振荡电路的振荡减弱，甚至停止振荡。振荡电路的振荡和停振这两种状态被检测电路转换为开关信号后向外输出。

电容式接近传感器的工作原理　图 2-14

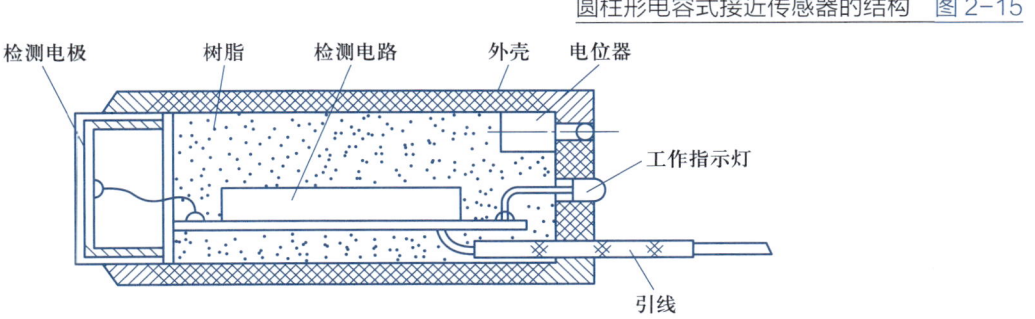

② 电容式接近传感器的结构。

电容式接近传感器的形状及结构随用途的不同而各异。图 2-15 所示是应用最多的圆柱形电容式接近传感器的结构，它主要由检测电极、检测电路、引线及外壳等组成。检测电极设置在传感器的检测端，检测电路装在外壳内并由树脂灌封。在传感器的内部还装有调节灵敏度的电位器。当被测物体和检测电极之间有不灵敏的物体（如纸带、玻璃）时，调节该电位器可使传感器不检测夹在中间的物体。此外，还可用此电位器调节工作距离。电路中还装有指示传感器状态的工作指示灯，当传感器动作时，工作指示灯点亮。

圆柱形电容式接近传感器的结构　图 2-15

③ 电容式接近传感器的使用注意事项。

a. 检测区有金属物体时，容易对电容式接近传感器检测距离产生影响。如果周围还安装有另外的传感器，也会对电容式接近传感器的性能带来影响。

b. 电容式接近传感器安装在高频电场附近时，易受高频电场的影响而产生误动作。因此，安装使用时应远离高频电场。

c. 电容式接近传感器应用中，被测物不限于金属体、塑料、木材、纸张、液体、粉粒等介质。

（3）霍尔式传感器

霍尔式传感器是利用半导体材料的霍尔效应将被测物理量转换成电动势输出的一种传感器。它可以直接测量磁场及微位移量，也可以间接测量液位、压力等工业生产参数。目前霍尔式传感器已从分立元件发展到集成电路的阶段，正越来越受到人们的重视，应用日益广泛。

① 霍尔效应。霍尔效应原理如图 2-16（a）所示。将半导体置于垂直的磁场 B 中，当有电流 I 流过时，在半导体的两侧会产生电动势，电动势的大小与电流和电磁感应强度的乘积成正比，该电动势称为霍尔电势，用 E_H 表示，其大小为

$$E_H = K_H B I \tag{2-1}$$

式中：K_H 为霍尔灵敏度，表示在单位磁感应强度和单位控制电流时输出霍尔电动势的大小。

② 霍尔元件。霍尔元件［见图 2-16（b）］是一种四端器件，由霍尔片、四根引线和壳体组成。通常 a、b 两根引线（红色）为控制电流端引线；c、d 两根引线（绿色）为霍尔电动势输出线。

图 2-16　霍尔效应原理及霍尔元件结构

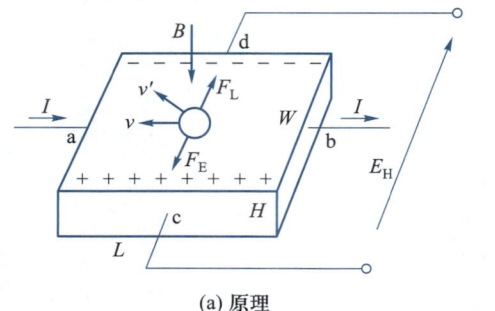
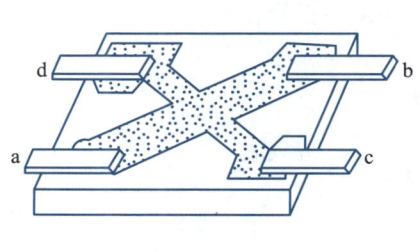

(a) 原理　　　　　　　　　　　　　(b) 元件结构

动画：霍尔
式传感器的
工作原理

③ 霍尔开关。霍尔开关（见图 2-17）是由霍尔元件、放大器、施密特整形电路和集电极开路门（OC 门）等集成在同一个芯片上的集成电路。当有磁场作用在霍尔

开关上时，根据霍尔效应，霍尔元件输出霍尔电动势，该电压经放大器放大后，送至施密特整形电路。当放大后的霍尔电动势大于"开启"阈值时，施密特整形电路翻转，输出高电平，使晶体管导通，整个电路处于开状态。当磁场减弱时，霍尔元件输出的电压很小，经放大器放大后其值仍小于施密特整形电路的"关闭"阈值时，施密特整形电路又翻转，输出低电平，使晶体管截止，电路处于关状态。

霍尔开关结构及输出特性 图 2-17

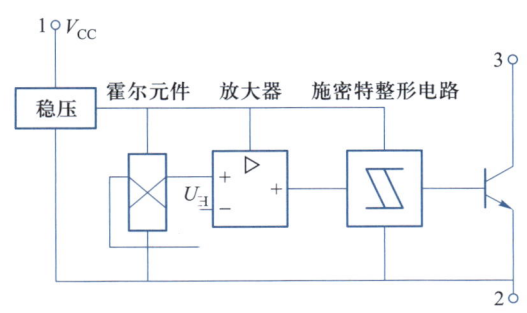
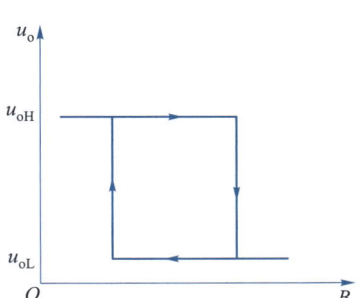

霍尔开关的输入端是以磁感应强度来表征的，当磁性物件移近霍尔开关时，开关检测面上的霍尔元件因霍尔效应而使开关内部电路状态发生变化，由此识别附近有磁性物体存在，进而控制开关的通或断。霍尔开关的输出端一般采用晶体管输出，有 NPN、PNP、常开型、常闭型、锁存型（双极性）和双信号输出之分。

霍尔开关具有无触点、低功耗、使用寿命长和响应频率高等特点，作为一种新型的电器配件可应用于接近传感器、压力传感器和里程表等。

3. 接近传感器的接线方式

接近传感器大多为 NPN、PNP 型晶体管输出，输出状态有常开（NO）和常闭（NC）两种形式。外部接线常见的是二线制、三线制、四线制和五线制，连接导线多采用 PVC 外皮、PVC 芯线，芯线颜色多为棕色、黑色、蓝色和黄色。不同的产品芯线颜色可能不同，使用时应仔细查看说明书。接近传感器的主要接线方式见表 2-2。

接近传感器的主要接线方式 表 2-2

序号	线制	NPN输出	PNP输出
1	交流二线制	棕色 蓝色 负载 常开	棕色 蓝色 负载 常闭

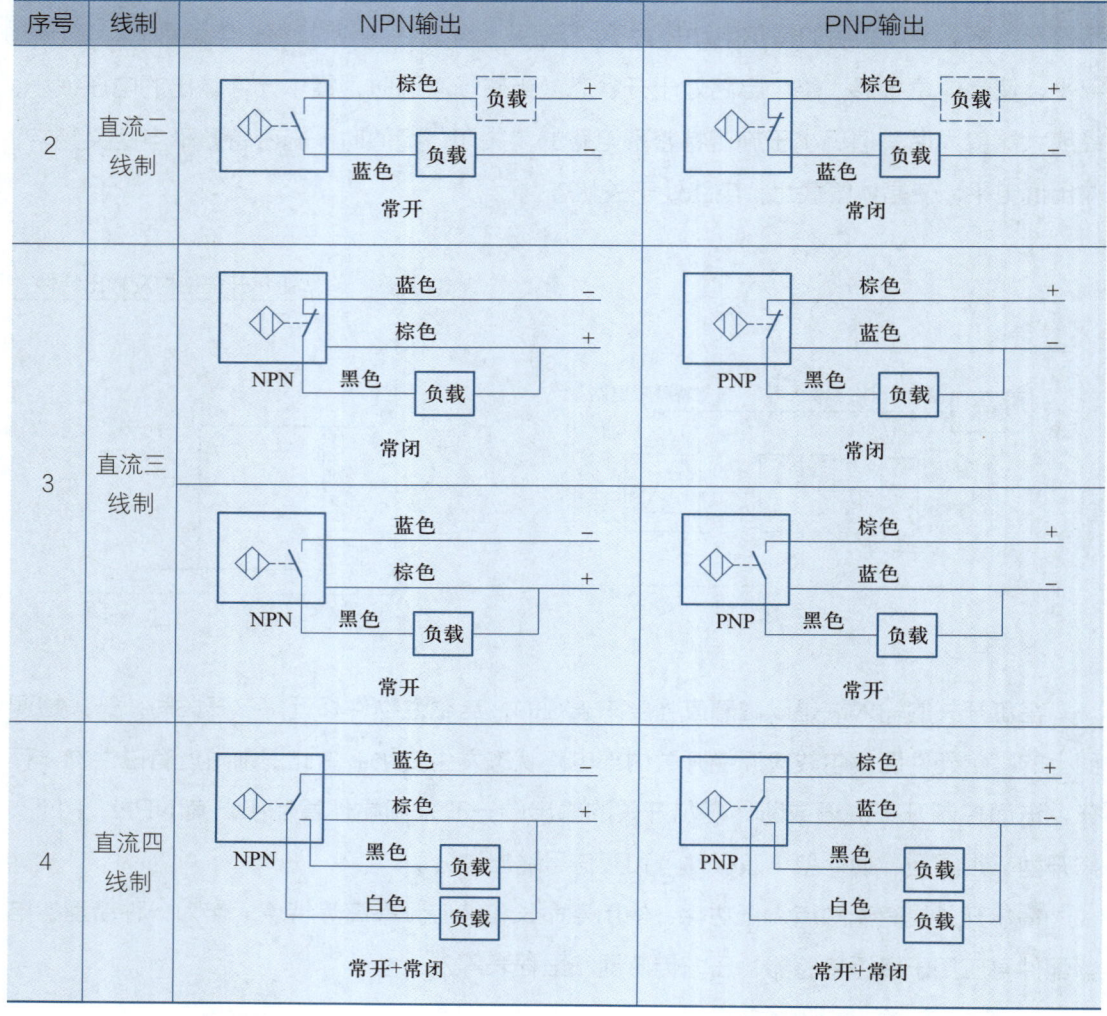

序号	线制	NPN输出	PNP输出
2	直流二线制	常开	常闭
3	直流三线制	常闭 / 常开	常闭 / 常开
4	直流四线制	常开+常闭	常开+常闭

4. 接近传感器的选型

对于不同材质的检测体和不同的检测距离，应选用不同类型的接近传感器，以使其在系统中具有高的性价比，选型中应遵循的原则如下。

① 当检测物体为金属材料时，应选用高频振荡型接近传感器，该类型接近传感器对铁镍、钢类被测物最灵敏。对铝、黄铜和不锈钢类被测物，其检测灵敏度低。

② 当被测物为非金属材料时，如木材、纸张、塑料、玻璃和水等，应选用电容式接近传感器。

③ 当对金属物体和非金属物体进行远距离检测和控制时，应选用光电传感器。

④ 当检测物体为金属，且检测灵敏度要求不高时，可选用价格低廉的霍尔式传感器。

5. 接近传感器的应用

接近传感器广泛应用于机床、冶金、化工、轻纺和印刷等行业。以下给出接近传感器的应用实例。

（1）生产线工件计数

如图 2-18 所示，生产线的接近传感器放置于传送带的一侧，当传送带运行时，工件一个接一个地经过接近传感器，接近传感器输出相应的脉冲开关信号，该信号可直接送往计数器进行计数。

生产线工件计数示意图　图 2-18

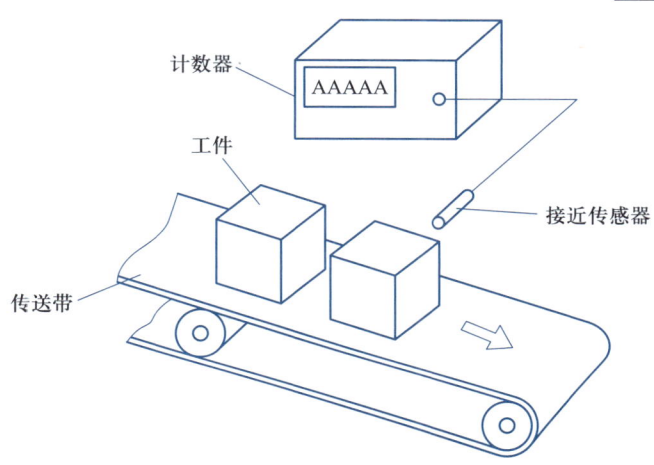

（2）机械手限位

在自动化生产线中使用着各种各样的机械手，它们不停地从事着搬运工件的工作。为保证机械手抓取及放置工件的准确性，往往采用接近传感器对它们运动定位。图 2-19 所示为机械手运动限位控制示意图。接近传感器分别设置在机械手需要限位的位置，当机械手来回地靠近接近传感器时，接近传感器感知到机械手的接近，并在达到规定的检测距离时输出控制信号，使机械手停止运行或反方向退回。

机械手运动限位控制示意图　图 2-19

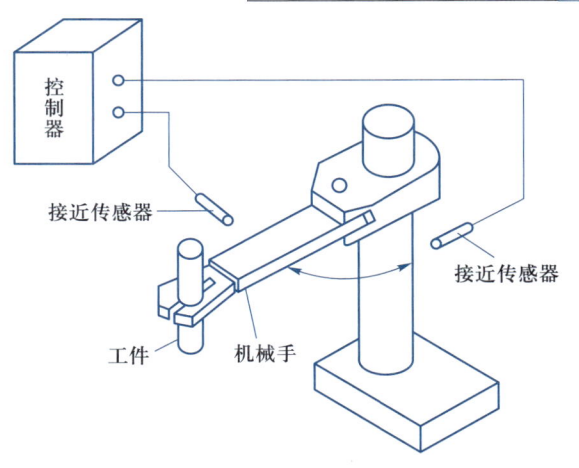

（3）生产工件加工定位

在机械加工自动生产线上，可以使用接近传感器进行工件的加工定位。当传送机构将加工的工件运送到靠近接近传感器位置时，接近传感器根据规定的检测距离发出控制信号，使传送机构停止运行，此时刀具对工件进行加工。

2.1.4　颜色传感器

颜色传感器是"光电传感器"的一种形式，它使用发射器发射光，并使用接收器检测反射回来的光波长。通常，颜色传感器能够检测属于红色、蓝色或绿色光谱的波长组合。这三个波长的组合分析给出了物体或光的实际颜色。颜色传感器用于产生具有对应于入射光能量的输出信号，即它测量接收到的是光的波长。

1. 颜色传感器的类型

颜色传感器有两种类型：一种是用包含所有红色、绿色和蓝色光谱波长的宽波长光照亮给定的物体，然后在接收器的帮助下检测物体反射回来的光波长；另一种是用特定的红色、绿色和蓝色（RGB）光谱波长照亮给定的物体，然后在接收器的帮助下检测物体反射回来的光波长与入射 RGB 光波长的比率。

2. 颜色传感器的工作原理

当光子形式的光能轰击在金属表面上时，金属表面上的自由电子会被激发并跳出金属晶格，从而产生电子或电流的流动。产生的电流大小取决于光子的能量或入射光的波长。这就是计算反射回来的光波长的方法。如果光的波长小于或等于阈值波长，则电子可以从金属表面发射。阈值频率对应于电子破坏金属键所需的最小能量。红色物体仅在宽波长光入射时才会反射红光波长。同样，白色物体会反射所有波长的光，而黑色物体不会反射任何给定波长的光。

光敏二极管对频率较低的光相对更敏感（相比检测来自可见光谱或紫外光谱的光，光敏二极管可以更准确地检测来自红外光谱的光）。大多数光敏二极管由硅和锗等材料制成，这些材料的二极管对红外光敏感。

3. 颜色传感器的选型

颜色传感器有各种不同规格和性能，为使其在系统中具有高的性价比，在选型时应从以下方面考虑。

① 应用的目的。

② 现有电源类型。

③ 检测系统要控制的设备类型。

④ 输出负载类型，负载电源电压范围、负载电流范围。

⑤ 系统的工作速度，以每分钟通过多少部件或传送带的速度描述。

⑥ 传感器的安装位置与目标的距离。

⑦ 应用环境，包括清洁度、温度等多种因素。

⑧ 预算限制。

4．颜色传感器的应用

随着现代工业生产向高速化、自动化方向发展，生产过程中以人眼起主导作用的颜色识别工作将越来越多地被相应的颜色传感器代替。其通常应用在以下方面。

① 印刷设备：颜色传感器用于进行印刷品的颜色检测和定位，精确控制印刷套准质量，确保印刷品的色彩准确性和一致性，可实现印刷颜色信息的实时检测，进而实现标准化、统一化、高效的生产。

② 包装行业：颜色传感器用来检测各种颜色的色块，无论是简单的黑白标记还是多彩的图案，都可以被准确识别，从而精确地配合设备进行包装控制。

③ 光色温测量：颜色传感器用于测量设计照明系统所需的光色温。

④ 颜色一致性控制：颜色传感器用于分析发光二极管的发光和其他光类型的波长输出。

⑤ 安全系统：某些安全系统使用颜色传感器可以获得更好的效果。

任务实施

1．任务准备

姓名		实训地点	
班级		学号	
实训日期		指导教师	
实训课时		实训方式	
小组成员		组号	
工作任务	读取物料的信息	教学模式	理实一体化
建议学时	4	设备、器材	读码器、光电传感器、接近传感器、颜色传感器、电工工具套装
任务要求	在工作站多工位旋转机构的料井入料工位、材质检测工位、颜色检测工位处分别安装合适的传感器，完成物料材质和颜色的检测		

2．信息搜集

（1）分析并总结传感器功能需求

分析工作站生产要求，熟悉工作站多工位旋转机构组成，如图 2-20 所示。需配备传感器检测获取的信息如下：检测料井有无物料填充；检测金属物料的材质（如铝或铁）；检测物料的颜色；检测孔的直径尺寸；读取物料编码信息。

图 2-20　工作站多工位旋转机构示意图

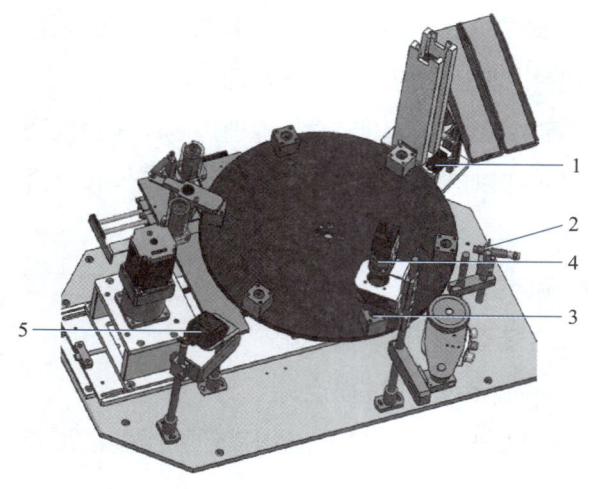

1—光电传感器；2—电感式金属接近传感器；
3—颜色传感器；4—视觉传感器；5—智能读码器

料井物料有无的检测，考虑使用光电传感器来实现。在进行光电传感器选择时，除了考虑其感应距离、工作类型、输出形式（NPN/PNP）和工作环境，还应根据料井机械结构考虑安装方式（位置）。

物料传送到金属材质检测工位上，需配备传感器检测判断其材质。从该检测需求出发，可以考虑使用电感式金属接近传感器来实现物料金属成分的检测。

物料的颜色和物料孔的直径，则可分别考虑颜色传感器和视觉传感器。利用颜色传感器检测物料的颜色，视觉传感器检测物料孔的直径（尺寸）。

物料编码信息存储在二维码中，可通过智能读码器实现信息的读取。可针对检测距离、位置空间多重考虑，以选择合适的智能读码器及其安装方式（位置）实现在物料从旋转机构入料工位到金属检测工位的过程中，进行物料编码信息的读取。

（2）智能读码器

智能读码器（MV-ID2013EM-05-WBN）是一种相机类型读码器（见图 2-21），可高效读取多种码制的一维码和二维码，设备最大读取速度可达每秒 30 个码。它具有丰富的输入/输出（I/O）接口和直插式电源接口，方便现场接线。

图 2-21　智能读码器

① 性能参数。智能读码器（MV-ID2013EM-05-WBN）技术参数见表 2-3。

表 2-3　智能读码器（MV-ID2013EM-05-WBN）技术参数

译码能力	一维码：Code 39, Code 93, Code 128, ITF14, ITF25, CodaBar, EAN, UPCA, UPCE等； 二维码：QR Code, Data Matrix等
最大处理帧率	50 fps
最大读取速度	每秒30个码
传感器类型	CMOS，全局快门
分辨率	1280×1024
通信协议	网口：SmartSDK, TCP Client, Serial, FTP, HTTP, TCP Server, UDP, Profinet、EthernetIP； USB接口：SmartSDK, USB（HID、CDC）

数据接口	网口：Fast Ethernet（100 Mbit/s），RS-232，DC端子； USB接口：USB 2.0
数字I/O	网口：DB15接口提供电源和I/O，包含2路非隔离输入（Line 0/1），2路非隔离输出（Line 2/3），1路RS-232，支持通过侧面按钮触发设备； USB接口：DB15接口提供数据传输，支持通过侧面按钮触发设备
供电	网口：DC 12～24V；USB接口：DC 5V（USB 2.0供电）
指示灯	电源指示灯（POWER），状态指示灯
光源	白色
外形尺寸	45mm×43mm×25mm
焦距	4.7mm
镜头接口	M5.8-Mount
防护登记	IP54
温度	存放/运输状态：−30～70℃； 工作状态：0～50℃
湿度	20%～95%RH，无冷凝
工作距离	120mm
视野范围	H：89mm，V：72mm

② 安装参数。智能读码器（MV-ID2013EM-05-WBN）的安装尺寸如图2-22所示。

智能读码器（MV-ID2013EM-05-WBN）的安装尺寸　图2-22

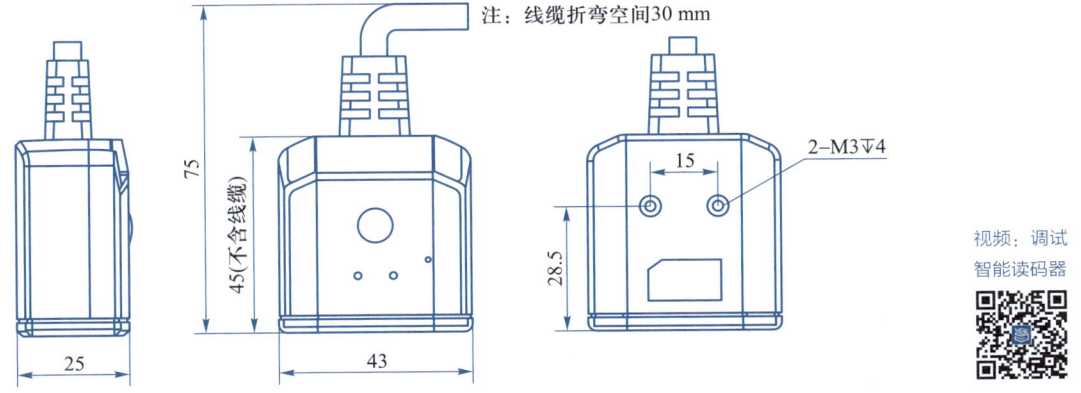

视频：调试
智能读码器

③ 接口及引脚信号定义。

a. 接口。智能读码器（MV-ID2013EM-05-WBN）的数据接口如图2-23所示。

b. 引脚定义。智能读码器的数据接口引脚定义见表2-4。

图 2-23　智能读码器（MV-ID2013EM-05-WBN）的数据接口

表 2-4　智能读码器的数据接口引脚定义

序号	信号	信号源	说明	出厂配套线缆
1	POWER_IN		直流电源正极	DB9公头串口
2	RS232_TX		RS-232串口输出	
3	RS232_RX		RS-232串口输入	
4	GND	Line 0/1/2/3-	直流电源负极	6-pin端子
5	OPTO_IN0	Line 0+	非隔离输入0	
6	TX+		百兆网络信号TX+	RJ45网口
7	RX-		百兆网络信号RX-	
8	OPTO_OUT	LineOUT 2+	非隔离输出2	6-pin端子
9	—		—	—
10	IO_2	LineOUT 3+	非隔离输出3	6-pin端子
11	—		—	—
12	—		—	—
13	IO_1	LineIN 1+	非隔离输入1	6-pin端子
14	TX+		百兆网络信号TX+	RJ45网口
15	RX-		百兆网络信号RX-	

注：设备使用时，推荐使用DB15线缆-RJ45版，线缆中与接口6、7、14、15号引脚对应的网络传输部分已做成RJ45网口，无须再对应网口线序自行接线。

（3）光电传感器

① 性能参数。光电传感器（E3ZG-LS81-LO-T）参数见表 2-5。

表 2-5　光电传感器（E3ZG-LS81-LO-T）参数

形状	方形（1点示教型）
检测方式	TOF（time of flight）
检测距离	50mm～设定距离（白纸、黑纸200mm×200mm）
设定范围	50～900mm（白纸200mm×200mm）
距离设定	示教方式
光点直径（参考值）	ϕ116mm（距离900mm时）
应差	检测距离为50～100mm时，应差为18mm以下；检测距离为100～900mm时，应差为检测距离的20%以下

光源	红外激光（940nm）Class1（IEC/EN60825-1：2014）
电源电压	DC 10~24V（含Ripple（p-p）10%）Class2
消耗电流	20mA以下
控制输出	PNP输出型 负荷电源电压DC 26.4V以下 负荷电流100mA以下
动作模式	入光/遮光切换
保护回路	电源逆接保护、输出短路保护、输出逆接保护
响应时间	动作/复位：各100ms以下
使用环境照度	太阳光：10000lx以下
使用环境温度	-20~55℃
保存环境温度	-40~70℃（无结冰、无结露）
使用环境湿度	35%~85%RH
保存环境湿度	35%~95%RH（无结露）
绝缘电阻	20MΩ以上（DC 500V绝缘电阻表）
耐电压	AC 1000V 50Hz/60Hz 1min
振动耐久	10~55Hz，双振幅1.5mm，X、Y、Z各方向2h
冲击耐久	500m/s² X、Y、Z各方向3次
连接方式	导线引出型（标准导线长度2m）
指示灯	动作指示灯（橙色）、稳定/通信指示灯（绿色）

② 尺寸参数及安装注意事项。光电传感器（E3ZG-LS81-LO-T）尺寸参数如图 2-24 所示。

光电传感器（E3ZG-LS81-LO-T）尺寸参数　图 2-24

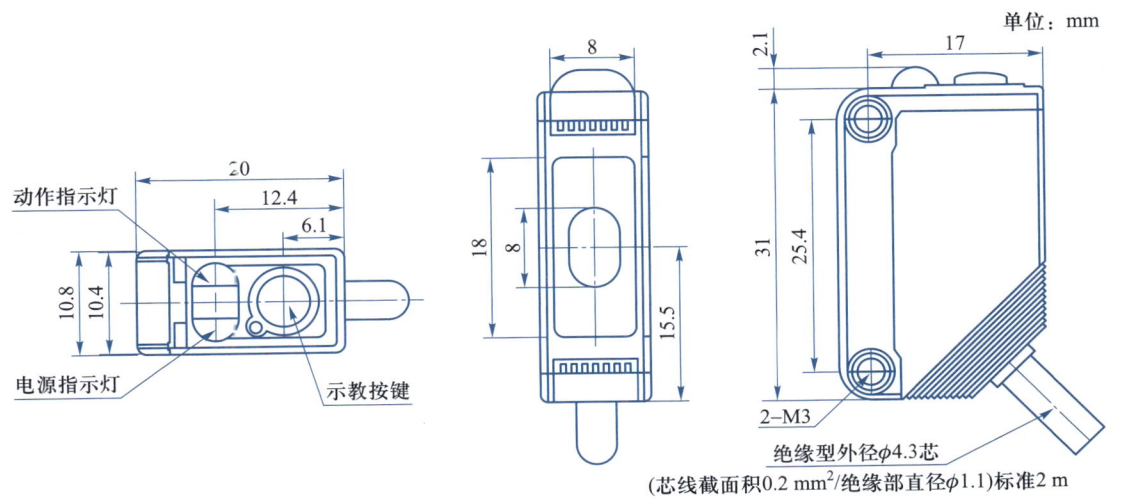

单位：mm

2-M3

绝缘型外径φ4.3芯
（芯线截面积0.2 mm²/绝缘部直径φ1.1）标准2 m

a. 光电传感器通电前应确认供电电源电压小于最大允许电源电压（DC 26.4V）。

b. 光电传感器导线必须单独放置或者被屏蔽，导线和动力线或电力线装在同一配管中使用时，会受到干扰，可能产生误动作甚至被损坏。

c. 延长导线必须使用截面积 0.3mm² 以上、长度 100m 以下的导线。

d. 安装光电传感器时，请勿用力拉扯导线，请使用 M3 螺栓固定光电传感器，切勿用锤子击打光电传感器。

e. 光电传感器连接头的插拔必须在其电源切断情况下进行。

f. 插拔连接头时应该用手握住传感器的外壳部位。

g. 合适的扭矩为 0.3～0.4N·m。如果扭矩不够，会失去耐水保护功能，且在有振动情况下容易松动。

③ 距离设定的示教。

a. 将检测物体放置在想要定位的位置上，长按（2s 内）示教按键，电源指示灯（绿）快速闪烁。

b. 松开示教按键设置完成。若示教成功电源指示灯（绿）常亮，若示教不成功电源指示灯（绿）和动作指示灯（橙）交替闪烁 6s。

（4）电感式金属接近传感器

电感式金属接近传感器及其安装位置如图 2-25 所示。

图 2-25　电感式金属接近传感器及其安装位置

视频：调试电感式金属接近传感器

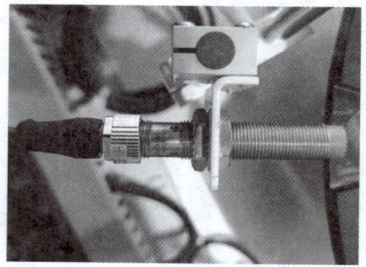

① 电感式金属接近传感器性能参数。现有一款电感式金属接近传感器（IMC12-08NPPVC0SA00），可实现金属材质的检测，其技术参数见表 2-6。

表 2-6　电感式金属接近传感器（IMC12-08NPPVC0SA00）的技术参数

机械/电子参数	螺纹尺寸	M12
	触发感应距离S_n	0～8mm（可设置）
	安全接通距离S_a	6.48mm
	开关量输出	PNP

	电气规格	DC 4线
	连接类型	插头，M12，4针（镀金触点）
	引脚2配置	外部输入端，示教功能，开关信号 Qint.1/Qint.2的开关频率1000Hz
	安装方式	非齐平
	输出功能	开口常闭/常开接点
	持续性电流I_a	≤200mA
	供电电压	DC 10～30V；IO-Link模式：DC 18～30V
	残余纹波	≤10%
	电压下降	≤2V（在I_{amax}时）
	滞后	可编程（为符合EN 60947-5-2标准，应设置约10%的迟滞）
机械/电子参数	再现性	≤5%
	温度漂移（S_r）	±10%
	抗冲击与抗振性	100g/2ms/500周期；150g/100万周期；10～55Hz/1 mm；55～500Hz/60g
	运行环境温度	−40～75℃
	壳体长度	65mm
	可用的螺纹长度	43mm
	最大夯紧力矩	32N·m（在螺母的螺纹面使用）
	精度示教	偏离S_r±3%
	典型分辨率（范围）	20μm（0～4mm） 50μm（4～6mm） 100μm（6～8mm）
	最大分辨率（范围）	40μm（0～4mm） 100μm（4～6mm） 200μm（6～8mm）
	通信接口	IO-Link V1.1
	通信接口详情	COM2（384kBit/s）
	周期时间	5ms
	过程数据长度	32Bit
安全技术参数	过程数据结构	Bit0=Q_{L1}的切换信号 Bit1=Q_{L2}的切换信号 Bit2=QInt3的切换信号 Bit3=QInt4的切换信号 Bit16～31=距离值
	出厂设置	开关点1：8mm 输出：常开 引脚2配置：输入

安全技术参数	折减系数	
	不锈钢（V2A）	大约0.7
	铝（Al）	大约0.4
	铜（Cu）	大约0.4
	黄铜（Ms）	大约0.4

② 电感式金属接近传感器安装参数。

a. M12 插头尺寸。M12 插头尺寸如图 2-26 所示。

图 2-26　M12 插头尺寸

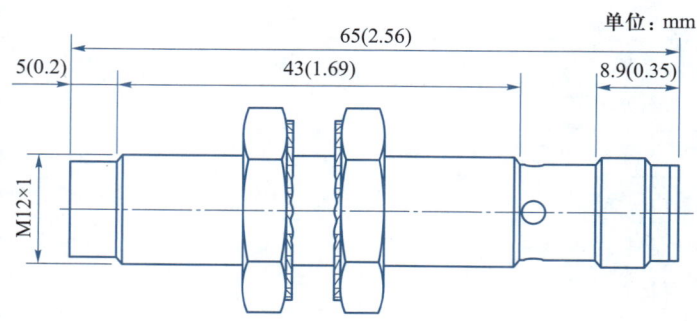

b. 安装尺寸。电感式金属接近传感器安装尺寸如图 2-27 所示。

图 2-27　电感式金属接近传感器安装尺寸

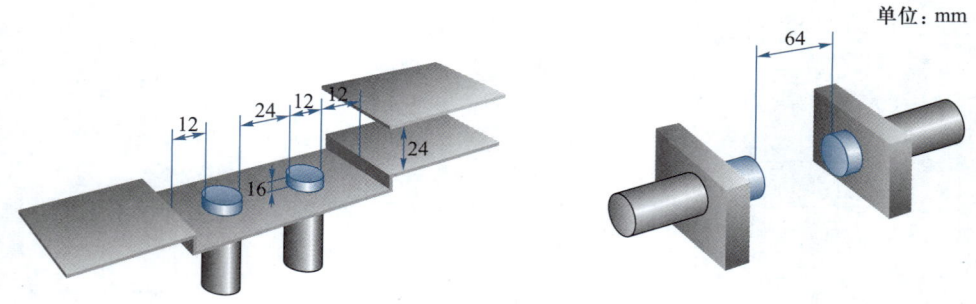

c. 接线示意图。电感式金属接近传感器接线示意图如图 2-28 所示。

（5）颜色传感器

① 技术参数。某品牌新型的颜色传感器（CSM-WP117A2P）具备 IO-Link 功能，并在空间有限的安装环境下也可以正常使用。该传感器根据物体的颜色进行识别并且控制物体，通过简单的示教程序调试，结合 IO-Link 功能可实现智能诊断、视觉化和简单的格式更换。其主要技术参数见表 2-7。

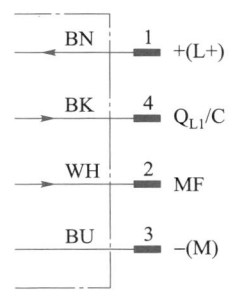

Q_{L1}/C—开关输出/IO-Link通信；
MF—多功能(如外部输入)

视频：调试
颜色传感器

颜色传感器（CSM-WP117A2P）主要技术参数　表 2-7

机械/电子参数	尺寸（宽×高×深）	12mm×31.5mm×21mm
	感应距离	12.5mm（从镜头前边缘）
	感应距离公差	±3mm
	外壳形状（光束出口）	方形
	光源	LED，RGB（平均使用寿命：100000h，T_U=+25℃）
	轴长	640nm，525nm，470nm
	光点尺寸	1.5mm×6.5mm
	光点位置	长度方向
	设置	示教按键
	示教功能程序	单点式示教
	供电电压	DC 12～24V
	残余纹波	<5V
	电流消耗	<50mA
	开关频率	1.7kHz
	响应时间	300μs
	抖动	150μs
	开关量输出	PNP
	开关量输出（电压）	PNP：高电平＝U_v～≤2V；低电平≈0V
	输出（端口）	8种颜色通过IO-Link
	输出电流I_{max}	<100mA
	示教功能输入（ET）	PNP Teach：$U=10V...<U_y$ 运行：$U<2V$或者开放
	连接类型	带插头的电缆，M12，4针，0.2m
通信参数	通信接口	IO-Link
	周期时间	2.3 ms
	过程数据长度	16Bit

通信参数	流程数据结构A	Bit0=Q$_{L1}$的切换信号 Bit1=Q$_{L2}$的切换信号 Bit2=过程质量警报 Bit3～5=发射颜色 Bit6～15=RGB测量值
	流程数据结构B	Bit0=Q$_{L1}$的切换信号 Bit1=Q$_{L2}$的切换信号 Bit2=开关信号Q$_{L3}$ Bit3=开关信号Q$_{L4}$ Bit4=开关信号Q$_{L5}$ Bit5=开关信号Q$_{L6}$ Bit6=开关信号Q$_{L7}$ Bit7=开关信号Q$_{L8}$ Bit9～15=空
	VendorID	26
	DeviceID HEX	800071
	DeviceID DEC	8388721

② 安装参数。

a. 安装尺寸。颜色传感器安装尺寸如图 2-29 所示。

图 2-29 颜色传感器安装尺寸

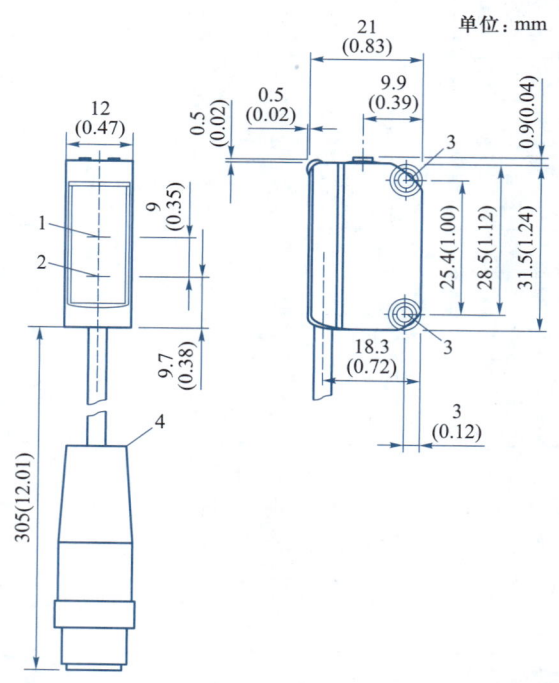

1—光轴，接收器；2—光轴，发射器；3—M3安装孔；4—带插头的电缆

b. 接线图。颜色传感器的接线示意图如图 2-30 所示。

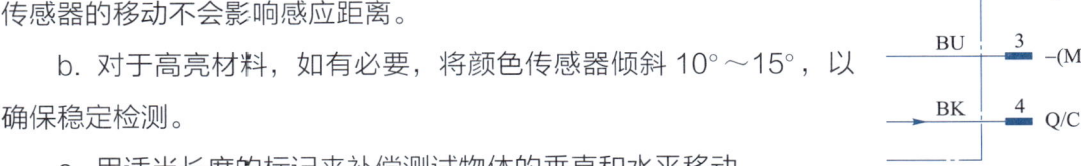

③ 安装注意事项。

a. 通过固定孔安装颜色传感器使光点纵向进入标记，并确保颜色传感器的移动不会影响感应距离。

b. 对于高亮材料，如有必要，将颜色传感器倾斜 10°～15°，以确保稳定检测。

c. 用适当长度的标记来补偿测试物体的垂直和水平移动。

d. 最大允许拧紧力矩为 0.4N·m。

3. 实施步骤

（1）查询传感器的技术参数

① 与学习小组成员讨论任务需求，任务所选用各种传感器各项参数的含义，选择并判断规格参数是否满足任务要求。

② 讨论并记录光电传感器选型依据。

　　1.

　　2.

　　3.

③ 讨论并记录电感式金属接近传感器选型依据。

　　1.

　　2.

　　3.

④ 讨论并记录颜色传感器选型依据。

　　1.

　　2.

　　3.

（2）清楚安装尺寸及接线方式

与学习小组成员讨论所选各种传感器的接线方式及安装方法，并分别记录安装时应注意和考虑的事项。

① 光电传感器的安装。

1. _____

2. _____

3. _____

_____

_____

② 电感式金属接近传感器的安装。

1. _____

2. _____

3. _____

_____

_____

③ 颜色传感器的安装。

1. _____

2. _____

3. _____

_____

_____

图 2-31　光电传感器安装位置

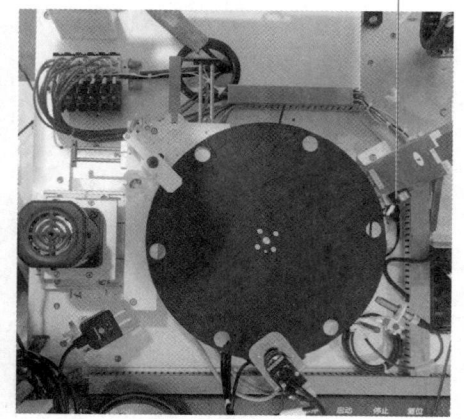

光电传感器

（3）传感器的功能验证

① 光电传感器的功能验证。

a. 查阅产品手册，完成光电传感器的接线和机械安装。光电传感器安装位置如图 2-31 所示。

b. 在光电传感器的感应范围内遮挡光线，并观察光电传感器的输出变化，完成其检测功能的验证。

光电传感器感应（检测）距离符合实际需求，其工作灯变化如图 2-32 所示。光电传感器工作状态不符合实际需求时，应重新示教设定合适的感应距离。

(a) 有物料　　　　　　　　　　(b) 无物料

② 电感式金属接近传感器的功能验证。

a. 查阅产品手册，完成电感式金属接近传感器的接线和机械安装。电感式金属接近传感器安装位置如图 2-33 所示。

电感式金属接近传感器安装位置　图 2-33

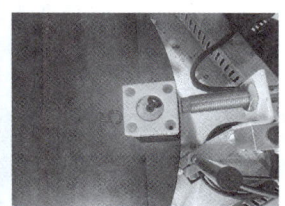

电感式金属接近传感器

b. 电感式金属接近传感器的数据采用图 2-34 所示通信网络进行采集。

电感式金属接近传感器通信关系示意图　图 2-34

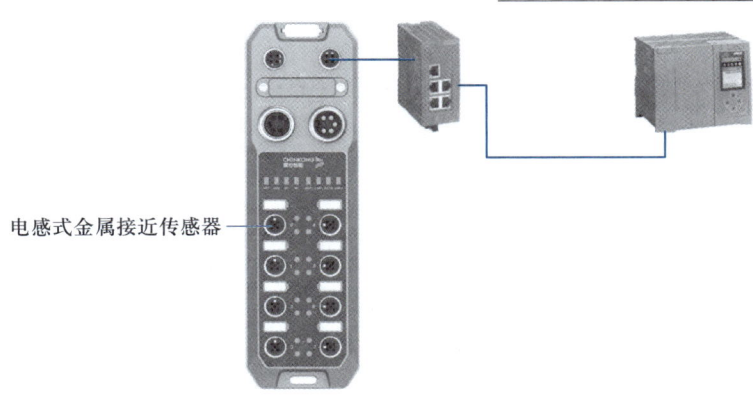

电感式金属接近传感器

c. 进入生产线生产物料信息管理系统的信息监控界面，触发并监控电感式金属接近传感器输出值，完成传感器检测结果的验证，如图 2-35 所示。

图 2-35 电感式金属接近传感器检测结果的验证

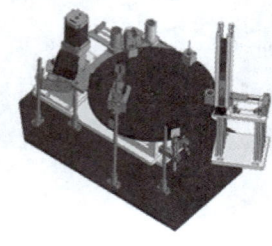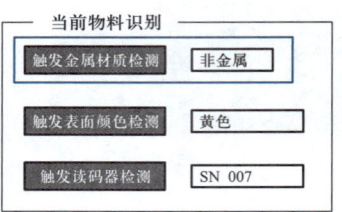

③ 颜色传感器的功能验证。

a. 查阅产品手册，完成颜色传感器的接线和机械安装。颜色传感器安装位置如图 2-36 所示。

b. 标定传感器基准颜色，操作按钮及指示灯分布如图 2-37 所示。

图 2-36 颜色传感器安装位置

图 2-37 颜色传感器操作按钮及指示灯分布

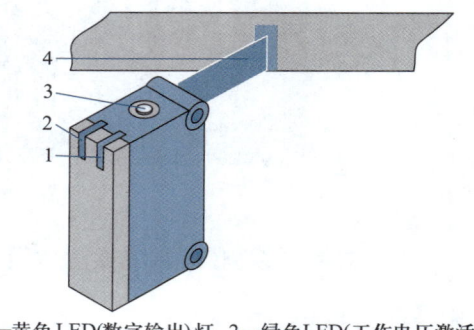

1—黄色 LED(数字输出)灯；2—绿色 LED(工作电压激活)灯；3—示教按键；4—发射光

将光点定位在目标颜色上，短按颜色传感器上的示教按键直到黄色 LED 灯熄灭后松开。黄色 LED 灯闪烁，颜色传感器的发射光将从白色变为绿色，然后又变回到白色，到此完成目标颜色（检测对象）的示教。

c. 颜色传感器的数据采用图 2-38 所示通信网络进行采集。

d. 进入生产线生产物料信息管理系统的信息监控面，触发并监控颜色传感器输出值，完成传感器检测结果的验证，如图 2-39 所示。

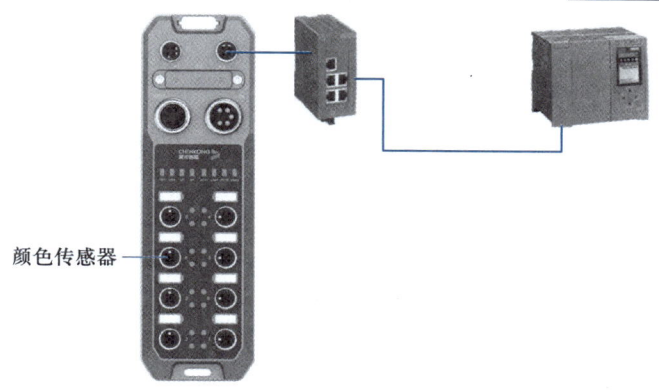

颜色传感器通信关系示意图 图 2-38

颜色传感器

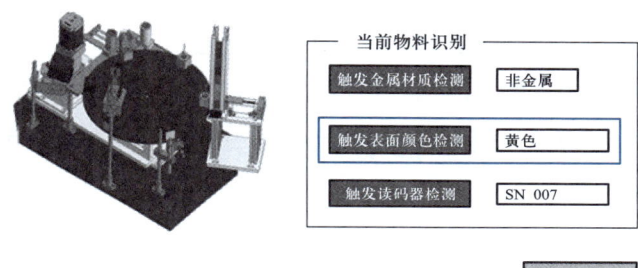

颜色传感器检测结果的验证 图 2-39

当前物料识别

触发金属材质检测　非金属

触发表面颜色检测　黄色

触发读码器检测　SN 007

返回登录页

任务评价

任务评价表					
评价项目	配分	序号	评分标准	自评	师评
知识掌握	40分	1	了解智能读码器的工作原理、类型、选型方法及应用		
		2	了解光电传感器的工作原理、类型、选型方法、接线方式及应用		
		3	了解电感式金属接近传感器的工作原理、类型、选型方法及应用		
		4	了解颜色传感器的工作原理、类型、选型方法及应用		
技能掌握	50分	5	能正确完成智能读码器的安装与功能测试		
		6	能正确完成光电传感器的安装与功能测试		
		7	能正确完成电感式金属接近传感器的安装与功能测试		
		8	能正确完成颜色传感器的安装与功能测试		
职业素养	10分	9	积极参与团队任务，分工明确，团队协作高效		
		10	责任心强，不推卸问题，对执行结果负责		
		11	任务完成后，主动按照"6S"管理要求对现场进行管理		
合计					

任务 2.2　写入物料的信息

任务描述　　　　智能生产线运输工作站收入一批物料，需对其称重记录后入库。物料均通过伺服搬运机械手进行运载，在不同工位完成称重和信息写入。

　　　　　　　　　　在本任务中，我们将学习如何根据生产线需求，选用合适的传感器来识别物料指定信息并录入。

任务目标　　　　了解 RFID 系统的结构组成、工作原理及应用。

　　　　　　　　　　了解力传感器的类型、工作原理及应用。

　　　　　　　　　　了解力传感器的选型方法。

　　　　　　　　　　能选择合适的传感器进行安装，并完成物料信息的录入。

知识储备

2.2.1　无线射频识别

无线射频识别（Radio Frequency Identification，RFID）技术，是一种通信技术。它可以通过无线电信号识别特定目标并读写相关数据，而识别系统与特定目标之间无须建立机械或光学接触。射频通常是微波（1～100GHz），适用于短距离识别通信。

1. RFID 系统的结构

典型的 RFID 系统主要由读写器（又称为阅读器）、电子标签、RFID 中间件和应用系统软件 4 部分构成，一般把中间件和应用软件统称为应用系统（见图 2-40）。

在实际 RFID 解决方案中，RFID 系统都包含一些基本组件，包括硬件组件和软件组件。

从功能实现的角度观察，可将 RFID 系统（见图 2-41）分为边沿系统和软件系统两大部分，边沿系统主要是完成信息感知，属于硬件组件部分；软件系统完成信息的处理和应用；通信设施负责整个 RFID 系统的信息传递。

（1）电子标签

电子标签（electronic tag）也称为应答器或智能标签（smart label），如图 2-42所示，是一个微型的无线收发装置，主要由线圈和芯片等组成，如图 2-43 所示。

典型的 RFID 系统　图 2-40

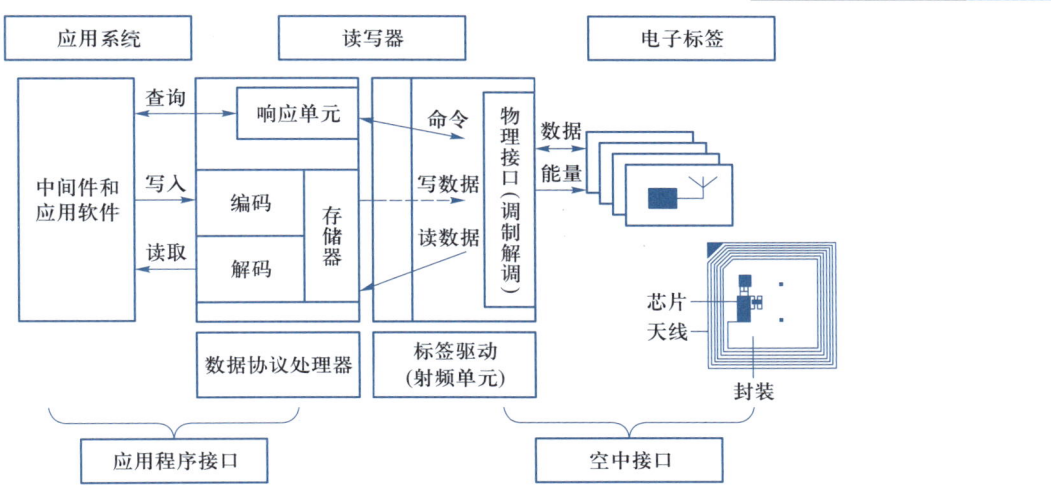

RFID 系统的结构　图 2-41

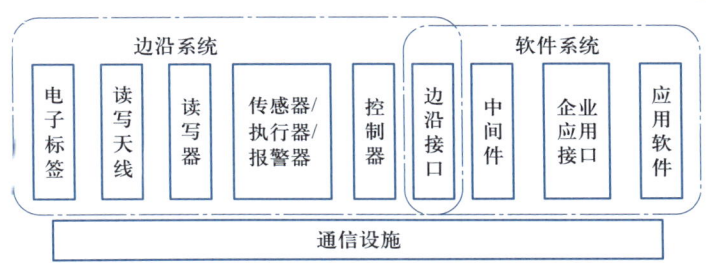

电子标签　图 2-42

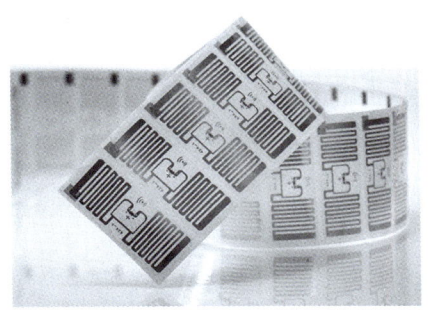

电子标签的组成　图 2-43

每个电子标签都有独一无二的电子编码，一般贴附于被标识的物体表面。电子标签按照数据调制方式的不同，一般分为被动式、半主动式和主动式。

电子标签的特点及能量来源见表 2-8。

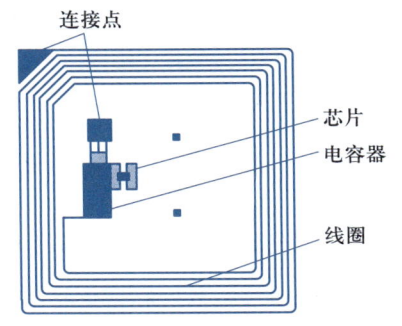

表 2-8　电子标签的特点及能量来源

形式	能量来源	特点
被动式	电磁感应	价格低廉，体积小，工作寿命长，工作距离短（20～40cm），容量小
半主动式	电磁感应、电池	比被动式反应速度更快、容量更大、工作距离更远；寿命比主动式长
主动式	电池	读取距离可达100m，容量大，对信号强度要求低，寿命为2～4年

（2）读写器

读写器是一个捕捉和处理 RFID 电子标签数据的设备，它可以是单独的个体，也可以嵌入到其他系统之中。读写器也是构成 RFID 系统的重要部件之一，由于它能够将数据写到 RFID 电子标签中，因此称为读写器。

读写器的硬件部分通常由读写器天线、收发机、微处理器、存储器、外部传感器 / 执行器和报警器的 I/O 接口、通信接口及电源等部件组成，如图 2-44 所示。读写器一般分为固定式 [见图 2-45（a）] 和手动式 [见图 2-45（b）]。

图 2-44　读写器组成示意图

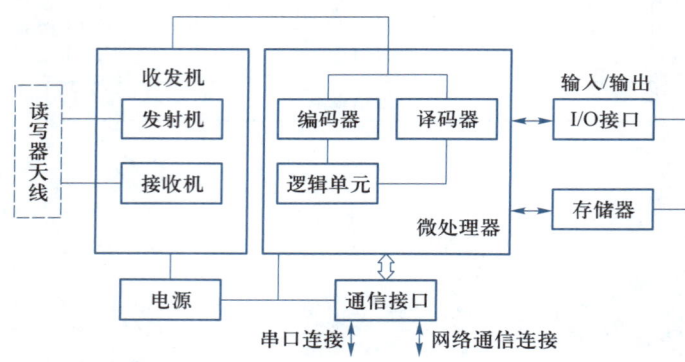

图 2-45　读写器

(a) 固定式　　　　(b) 手动式

（3）微处理器

微处理器是读写器有序工作的指挥中心，其主要功能如下：

① 与应用系统软件进行通信。

② 执行从应用系统软件发来的动作指令。

③ 控制与电子标签的通信过程。

④ 基带信号的编码与解码。

⑤ 执行防碰撞算法。

⑥ 对读写器和电子标签之间传送的数据进行加密和解密。

⑦ 进行读写器与电子标签之间的身份认证。

⑧ 对键盘、显示设备等其他外部设备的控制。

⑨ 对读写器的控制操作。

（4）读写器天线

天线是一种以电磁波形式把前端射频信号功率接收或辐射出去的设备，是电路与空间的界面器件，用来实现导行波与自由空间波能量的转化。在 RFID 系统中，天线分为电子标签天线和读写器天线两大类，分别承担接收能量和发射能量的作用。

RFID 系统读写器天线的特点：足够小以至于能够贴到需要的物品上；有全向或半球覆盖的方向性；能够给电子标签芯片提供最大可能的信号；无论物品什么朝向，天线的极化都能与读卡器的询问信号相匹配；具有鲁棒性；价格便宜。

选择读写器天线时应考虑的主要因素：天线的类型；天线的阻抗；应用到物品上的无线射频的性能；在有其他物品围绕电子标签时无线射频的性能。

（5）通信设施

通信设施为不同的 RFID 系统管理提供安全通信连接，是 RFID 系统的重要组成部分。通信设施包括有线或无线网络和读写器或微处理器与计算机连接的串行通信接口。无线网络可以是个域网（如蓝牙技术）、局域网（如 802.11x、Wi-Fi），也可以是广域网（如 GPRS、3G 技术）或卫星通信网络（如同步轨道卫星 L 波段的 RFID 系统）。

2. RFID 的工作原理

RFID 的工作原理并不复杂：电子标签进入磁场后，接收读写器发出的射频信号，凭借感应电流所获得的能量发送出存储在电子标签芯片中的产品信息（无源电子标签或被动电子标签），或者由电子标签主动发送某一频率的信号（有源电子标签或主动电子标签），读写器读取信息并解码后，送至中央信息系统进行有关数据处理。

RFID 系统工作原理是读写器发射一特定频率的无线电波能量，用以驱动电路将内部的数据送出，此时读写器便依序接收解读数据，送给应用程序做相应的处理。

3. RFID 的应用

在万物互联的时代，RFID 技术在现实中离我们并不遥远，也给各行业都带来了新的挑战和机遇，RFID 技术能让每一个物品都拥有自己的身份 ID，被普遍应用在物品识别和追踪场景中。下面列举一些典型的 RFID 技术应用实例。

① 资产管理。利用 RFID 技术，对固定资产进行标签式管理，通过加装 RFID 电子标签，在出入口等位置安装 RFID 识别设备，实现资产全面可视和信息实时更新，监控资产的使用和流动情况。将 RFID 技术用于智能仓库货物管理，可以有效解决仓库里与货物流动相关的信息的管理，监控货物信息，实时了解库存情况，自动识别盘点货物，确定货物的位置。探感物联在资产管理领域的典型应用有 RFID 仓库管理系统、RFID 固定资产管理系统、透明保洁智能监管系统、垃圾收运智慧监管系统、电子标签亮灯拣货系统、RFID 图书管理系统、RFID 巡线管理系统和 RFID 档案管理系统等。

② 智能制造。RFID 技术因其具有抗恶劣环境能力强、非接触识别等特点，在生产过程控制中有很多应用。通过在大型工厂的自动化生产线上使用 RFID 技术，实现物料跟踪和生产过程自动控制、监视，提高了生产效率，改进了生产方式，降低了成本。探感物联在智能制造领域的典型应用有 RFID 生产报工系统、RFID 生产跟踪及追溯系统、AGV（自动导引小车）无人搬运站点识别系统、巡检机器人路径识别系统和混凝土预制构件质量追溯系统等。

③ 智慧交通。通过采用 RFID 技术对车辆进行识别能够随时了解车辆的运行情况，实现车辆的自动跟踪管理。探感物联在车辆识别领域的典型应用有公交优先通行系统、无人值守自动称重系统、土石方车辆自动计数管理系统、无人驾驶车辆路线预警系统、远距离车辆自动识别系统和巷道车辆优先通行系统等。

④ 智慧畜牧。RFID 技术可以用于动物的识别跟踪与管理，可以标识牲畜，监测动物健康状况等重要信息，为牧场的现代化管理提供了可靠的技术手段。在大型养殖场，可以通过采用 RFID 技术建立饲养档案、预防接种档案等，达到高效、自动化管理牲畜的目的，同时为食品安全提供保障。探感物联在动物识别领域的典型应用有牛羊出入栏自动计数系统、犬只电子标识信息化管理系统、生猪养殖追溯系统、畜牧保险标的身份识别系统、动物身份识别与追溯系统、实验动物身份识别系统和母猪自动化精准饲喂系统等。

⑤ 人员管理。使用 RFID 技术可以有效地识别人员身份，进行安全管理，简化了出入手续，提高了工作效率。人员出入时系统会自动识别身份，非法闯入时会有报警。探感物联在人员管理领域的典型应用有中长跑计时计圈系统、人员定位及轨迹管理系统和远距离人员自动识别系统。

⑥ 智慧医疗。利用 RFID 技术实现患者与医务人员、医疗机构、医疗设备之间的互动，逐步达到信息化，使医疗服务走向真正意义的智能化。探感物联在智慧医疗领域的典型应用有医疗废物管理系统和内镜清洗消毒追溯系统等。

⑦ 防伪溯源。伪造问题在世界各地都是令人头疼的问题，将 RFID 技术应用在防伪

领域有它自身的技术优势，它具有成本低而又很难伪造的优点。电子标签本身具有内存，可以储存、修改与产品有关的数据，利于进行真伪的鉴别。利用这种技术不用改变现行的数据管理体制，唯一的产品标识号完全可以做到与已有数据库体系兼容。

⑧ 零售管理。零售业中的 RFID 技术应用主要集中在供应链管理、库存管理、店内商品管理、客户关系管理及安全管理五个方面。RFID 技术独有的识别方式和技术特性，能为零售商和供应商及顾客带来巨大的益处。它以一种高效的方式，使供应链系统能够更简易、自动地追踪商品动态，让商品实现真正的自动化管理。此外，RFID 技术还为零售业提供了先进便捷的数据采集方式、便利的交易方式和高效的运营方式等条码技术无法取代的技术优势。

2.2.2 力传感器

在工业生产、科学研究等领域中，力和压力是需要检测的主要参数之一，它直接影响产品的质量，又是生产过程中一个重要的安全指标。因此正确测量和控制力与压力是保证生产过程良好运行，达到优质高产、低消耗和安全生产的主要环节。如在钢铁工业生产中，可以测量轧制力，并提供进轧与自动控制钢板厚度的信号；在运输行业中，安装在滑车和大型吊车上的力传感器，一方面可以实现称重，另一方面可以在超重时发出警报，避免事故的发生。

力传感器分为电阻应变式传感器、压电式传感器和电感式压力传感器等。

1. 电阻应变式传感器

电阻应变式传感器由弹性敏感元件和电阻应变片组成。它是将电阻应变片粘贴在各种弹性敏感元件上，当弹性敏感元件受到外力产生应变时，通过电阻应变片将其转换成电阻的变化。

（1）弹性敏感元件

弹性敏感元件是指在外力作用下产生形变，当外力去掉后又能恢复其原来尺寸或状态的元件。弹性敏感元件具有良好的弹性、机械特性、精度、稳定性和耐腐蚀性，可将力、力矩、压力等参量转换成应变量或位移量，再通过电阻应变片转换成电量。

波纹管 图 2-46

弹性敏感元件可以是实心或空心的圆柱体、等截面圆环、等截面或等强度悬臂梁和扭管等，也可以是弹簧管、膜片、膜盒、波纹管（见图 2-46）、薄壁圆筒和薄壁半球等。

弹性敏感元件在传感器技术中占有重要的地位，其品质的优劣直接影响传感器的性能和精度。

（2）电阻应变片

① 电阻应变片的类型与结构。

电阻应变片为电阻应变式传感器的转换元件，根据敏感栅的材料与结构不同，电阻应变片可分为金属电阻应变片和半导体电阻应变片，见表2-9。

表2-9　电阻应变片的分类

类型	形式
金属电阻应变片	金属丝式
	金属箔式
	金属薄膜式
半导体电阻应变片	体型
	薄膜型
	扩散型
	外延型

金属电阻应变片的结构包括敏感栅、基底、盖片、引出线等。敏感栅用黏合剂固定于基底上，盖片与基底粘贴在一起。金属电阻应变片根据敏感栅不同有丝式、箔式和薄膜式。

金属丝式电阻应变片的敏感栅由金属电阻丝制成，是应变片的转换元件；基底是将传感器弹性敏感元件的应变传递到敏感栅的中间介质，起到金属电阻丝和弹性敏感元件之间的绝缘作用；盖片既可保持敏感栅和引出线的形状及相对位置，还可保护敏感栅；引出线起到连接测量导线的作用，如图2-47所示。金属丝式电阻应变片的应用最早，价格便宜，广泛应用于低精度测量。

金属箔式电阻应变片（见图2-48）是采用光刻、腐蚀等工艺制成的一种箔栅，其箔栅厚度为0.003～0.01mm，可以根据需要制成任意形状。金属箔式电阻应变片表面积大、

图2-47　金属丝式电阻应变片的结构示意图

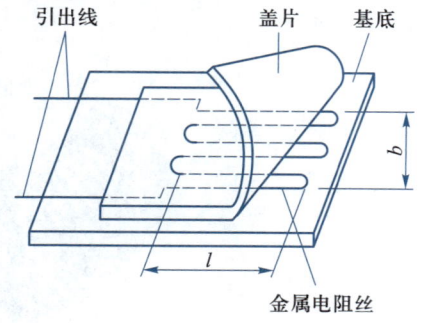

图2-48　金属箔式电阻应变片的结构示意图

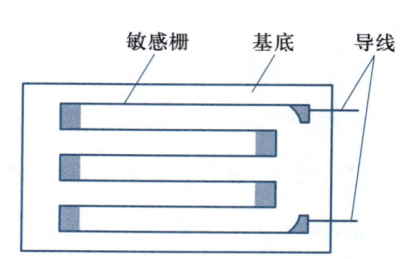

散热好、允许通过电流较大、绝缘性好、寿命长、传递形变性能好，适于批量生产，因此应用普遍。

金属薄膜式电阻应变片主要采用真空蒸镀技术，在薄的绝缘基底上蒸镀金属材料薄膜，最后加保护层形成。由于金属薄膜式电阻应变片厚度很薄，很容易散热，因此可以在大电流密度下工作。

半导体电阻应变片（见图2-49）是用半导体材料做敏感栅制成的。半导体电阻应变片的响应范围广、输出幅值大、易集成，与计算机接口方便，它的灵敏度比金属丝式电阻应变片、金属箔式电阻应变片高几十倍，因而应用日趋广泛。半导体电阻应变片的主要缺点是灵敏度的热稳定性差、电阻与应变之间的非线性严重，需要温度补偿和非线性补偿措施。

半导体电阻应变片的结构示意图　图2-49

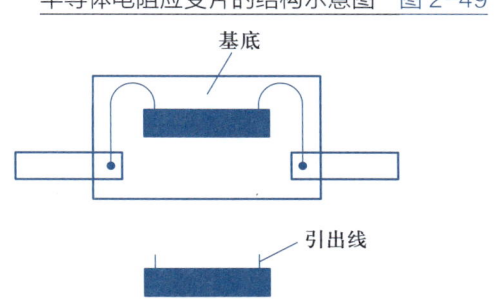

动画：电阻
应变片的工
作原理

② 电阻应变片的工作原理。

a. 金属丝式电阻应变片。金属导体或半导体材料在外力作用下产生应变的同时其阻值也会发生相应改变（即电阻应变效应）。以圆截面的金属电阻丝为例，其静态原始电阻值为 R。金属电阻丝在受到拉伸应变时，长度 l 变大，半径 r 变小，电阻值增大；受到压缩应变时，长度 l 变小，半径 r 变大，电阻值减小。其关系用公式表示为

$$R = \rho \frac{l}{A} = \rho \frac{l}{\pi r^2} \qquad (2-2)$$

式中：ρ 为电阻率（Ω·m）；l 为金属电阻丝的长度（m）；A 为金属电阻丝的横截面积（m^2）；r 为金属电阻丝的横截面半径（m）。

电阻值的变化率与其轴向应变成正比，即

$$\frac{\Delta R}{R} = K \cdot \varepsilon \qquad (2-3)$$

式中：$\frac{\Delta R}{R}$ 为金属丝式电阻应变片的电阻变化率；K 为金属丝式电阻应变片的灵敏系数（一般在2左右）；ε 为轴向相对变形。

如图2-50所示，两种不同材料的金属电阻丝的电阻值变化率与轴向应变均呈线性关系，这就是电阻应变片测量应变的理论基础。将电阻应变片粘贴在各种弹性敏感元件上，当弹性敏感元件受到外力、位移、加速度等参数的作用产生应变时，电阻应变片将其转换成电阻值的变化。

金属电阻丝的电阻值变化率与轴向应变关系　图2-50

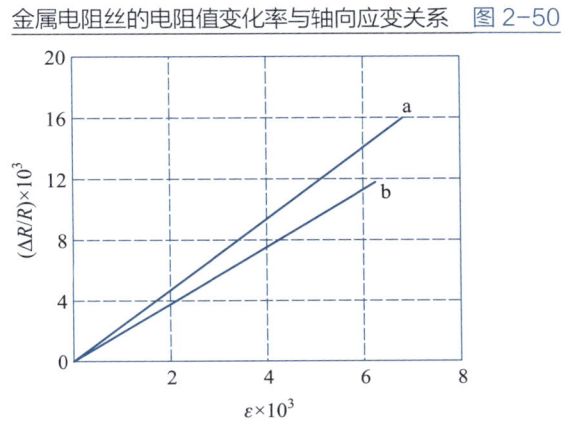

a—镍铬；b—康铜

b. 半导体电阻应变片。半导体电阻应变片的工作原理是基于半导体材料的压阻效应。压阻效应是指半导体材料在某一轴向受外力作用时其电阻变化率发生变化的现象。

（3）电阻应变式传感器的分类

① 柱（筒）式力传感器。柱式力传感器的弹性敏感元件为实心柱，筒式力传感器的弹性敏感元件为空心柱，应变片粘贴在弹性敏感元件外壁应力分布均匀的中间部分，如图2-51所示。测量时可在轴向和圆周方向布置相同数目的应变片，应变符号相反，从而构成桥式差动电路（见图2-52）。

图 2-51 应变片分布示意图

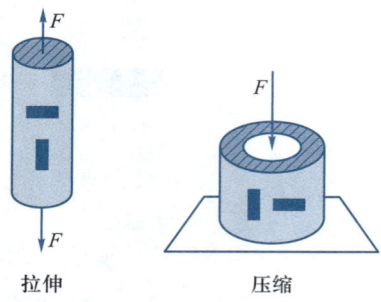

拉伸　　　　压缩

图 2-52 桥式差动电路

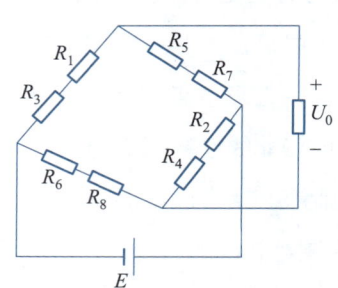

② 梁式力传感器。梁式力传感器分为等截面梁式传感器和等强度梁式传感器两种类型，结构如图2-53所示。等截面悬臂梁的横截面积处处相等，当外力作用在梁的自由端时，固定端产生的应变最大；等强度梁是一种特殊形式的悬臂梁，长度方向的截面积按一定规律变化，当力作用在自由端时，力矩作用点任何截面积上应力相等。

图 2-53 梁式力传感器示意图

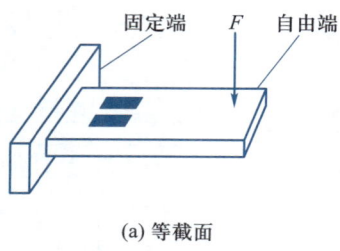
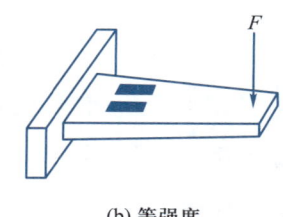

(a) 等截面　　　　　　　　　(b) 等强度

2. 压电式传感器

（1）压电效应

某些物质受到沿某一方向的外力作用时，会产生形变，同时其内部产生极化现象，此时在这种材料的两个表面产生符号相反的电荷；当外力去掉后，物质又恢复到不带电的状态，这种现象称为压电效应。当作用力方向发生变化，电荷极性也随之变化。这种机械能转换为电能的现象称为正压电效应；反之，如果对晶体施加一外电场使之形变，撤掉外电场，其形变随之消失。这种电能转换为机械能的现象称为逆压电效应。

（2）压电式传感器的电路

① 压电式传感器的等效电路。当压电元件承受应力作用时，两表面产生等量的正负电荷，压电元件的开路电压 U 为

$$U = \frac{q}{C} \tag{2-4}$$

压电元件可等效为一个电荷源 q 和一个电容器 C 并联的等效电路；同时也可等效为一个电压源 U 和一个电容器 C 串联的等效电路。

压电式传感器实际使用时，通过导线与测量仪器连接，连接导线的等效电容 C_c、前置放大器的输入电阻 R_i、输入电容 C_i 及压电元件的绝缘电阻 R 对电路的影响应一起考虑进去。压电式传感器完整的等效电路便可表示成图 2-54 所示的电压源等效电路和电荷源等效电路。

压电式传感器完整等效电路　图 2-54

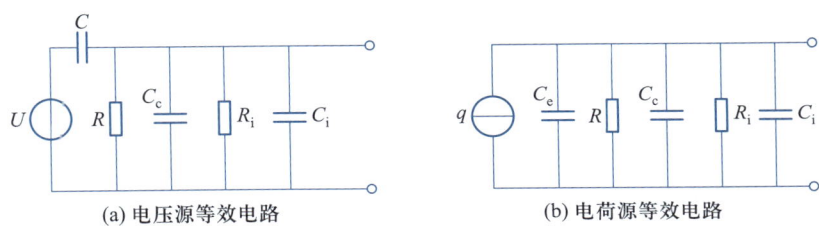

(a) 电压源等效电路　　　　　　　　(b) 电荷源等效电路

② 压电式传感器的测量电路。压电式传感器测量静态或准静态量时，应采取措施使电荷经测量电路的漏失减小到足够小的程度。电荷在动态力作用下，不断得到补充，可供给测量电路一定的电流，故压电式传感器适合动态测量。

压电式传感器的信号通常先输入到高输入阻抗的前置放大器中，经过阻抗交换后，再用放大检波电路将信号输入到指示仪表或记录器中。高输入阻抗的前置放大器是压电式传感器测量电路的关键部分，其作用是将传感器的高输出阻抗变换为低输出阻抗，并放大传感器输出的微弱电信号。前置放大器分为带电阻反馈的电压放大器和带电容反馈的电荷放大器，由于电压放大器配接的压电式传感器的电压灵敏度随电缆分布电容及传感器自身电容变化而变化，而电荷放大器受电缆长度影响小，便于远距离测量，因此电荷放大器应用相较广泛。

压电式传感器的测量电路如图 2-55 所示。R_i、C_i、C_e 分别为放大器的输入电阻、输入电容和电缆线电容，C_f 为电荷放大器的反馈电容。

图 2-55　压电式传感器的测量电路

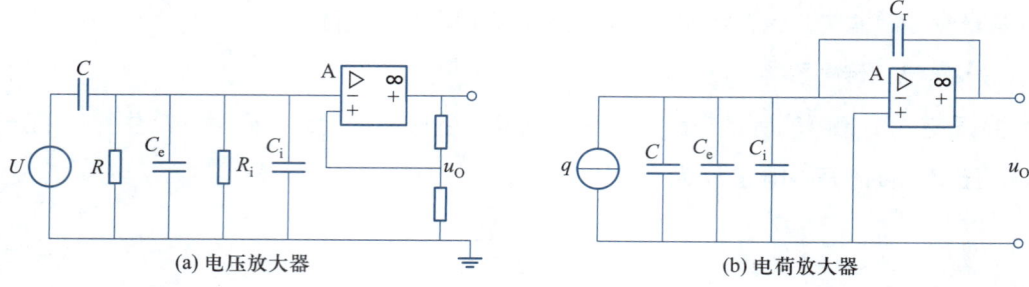

（a）电压放大器　　　　　　　　　　（b）电荷放大器

（3）压电材料及压电式传感器的应用

① 压电材料。压电式传感器是一种有源的双向机电传感器，其工作原理是基于压电材料的压电效应。压电材料可以分为压电晶体、压电陶瓷和高分子压电薄膜。

压电陶瓷主要有以下几种类型：

a. 钛酸钡压电陶瓷。钛酸钡压电陶瓷是由碳酸钡和二氧化钛在高温下按 1 : 1 分子比例合成的压电陶瓷。它具有很高的介电常数和压电系数，但温度稳定性和机械强度不如压电晶体。

b. 锆钛酸铅系压电陶瓷。锆钛酸铅是由锆酸铅和钛酸铅组成的固态溶体，与钛酸钡相比，压电系数更大，各项机电参数受温度影响小，时间稳定性好。此外在锆钛酸铅中可添加一种或两种微量元素（如铌、锑、锰等），因此锆钛酸铅系压电陶瓷是压电式传感器中应用最广泛的压电材料。

高分子压电薄膜是由某些合成高分子聚合物薄膜经延展拉伸和电场极化后形成，具有一定的压电性能。高分子压电薄膜由聚二氟乙烯、聚氟乙烯、聚氯乙烯或片聚氟乙烯等材料制成。其特点是材质柔韧、不易破碎、密度低、阻抗小，其中聚二氟乙烯是目前压电效应较强的高分子聚合物薄膜。

② 压电式传感器的应用。

a. 压电式超声传感器。在压电式传感器中，当一定频率的音频信号加在换能器上时，换能器上的压电陶瓷片受外力作用发生压缩形变，由于正压电效应，压电陶瓷上将出现充、放电现象，从而将音频信号转换成了交变信号，如果换能器中压电陶瓷的振荡频率在超声波范围，则其发射或接收的音频信号为超声波，这样的换能器称为压电式超声传感器。

b. 产能人行道。产能人行道采用压电技术，将行走、跑步动能转换为电能，使道路成为发电机为电网输入电力。

c. 共振型压电式爆炸传感器。共振型压电式爆炸传感器主要由基座、振荡片、插头、插接器和压电元件等组成，其中压电元件贴合在固定于传感器基座的振荡片上。振荡片随发动机的振荡而振荡，压电元件随振荡片的振荡发生变形，进而在其上产生一个电压信号。当发动机爆燃时，气缸的振动频率与传感器振荡片的固有频率相符，振荡片产生共振，压电元件将产生最大的电压信号。

3. 电感式压力传感器

（1）电感式压力传感器的工作原理

电感式压力传感器利用电磁感应原理将被测非电信号转换成线圈自感系数或互感系数的变化，再由测量电路转换为电压或电流的变化量输出。其工作原理是由于磁性材料的磁导率不同，当压力作用于膜片时，气隙大小发生变化，从而影响线圈的电感，处理电路将线圈的电感变化转化成相应信号输出，达到测量压力的目的。

（2）电感式压力传感器的分类及结构

电感式压力传感器大多采用结构简单、分辨率高的变隙式电感作为检测元件。常用的电感式压力传感器有自感式和互感式两大类。

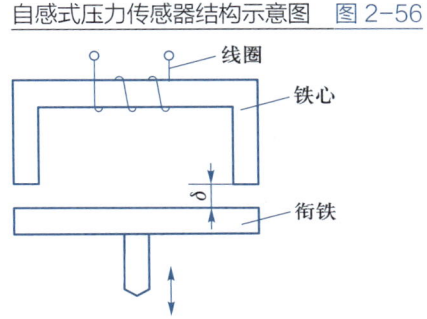

自感式压力传感器结构示意图　图 2-56

① 自感式压力传感器。自感式压力传感器（见图 2-56）分为变隙式、变面积式和螺管式，每种均由线圈、铁心和衔铁三部分组成。按磁路变化，自感式压力传感器可分为变磁阻式和变磁导式。

a. 变磁阻式压力传感器的铁心和衔铁由导磁材料制成，在铁心和衔铁之间有气隙，传感器的运动部分与衔铁相连。当衔铁移动时，气隙大小发生变化而引起磁阻变化，从而导致线圈电感值变化。

b. 变磁导式压力传感器利用一个可移动的磁性元件作为铁心，压力的变化导致磁性元件磁导率发生变化，由此测出压力值。变磁导式压力传感器适合在磁通密度高的场合使用。

② 互感式压力传感器。互感式压力传感器将被测的非电信号变化变换为线圈互感变化，这类传感器根据变压器的基本原理制成，并且二次绕组采用差动形式连接，故也称为差动变压器式传感器。

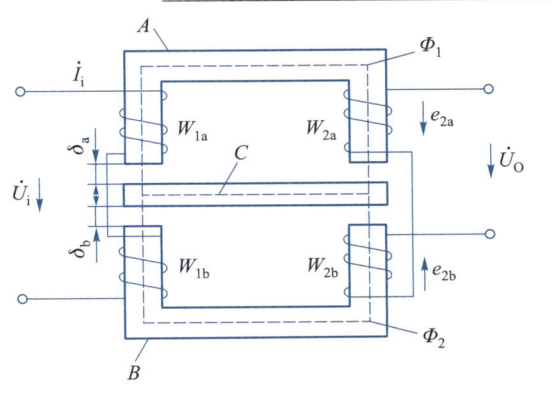

互感式压力传感器的结构示意图　图 2-57

互感式压力传感器（见图 2-57）是把被测位移量转换为一次绕组和二次绕组间的互感量的变化装置，结构形式有变隙式、变面积式和螺线管式等。在非电信号测量中，螺线管式应用最多，具有准确度高、灵敏度高等优点。

（3）电感式压力传感器的应用

电感式压力传感器因其具有高灵敏度、宽测量范围、快速响应、耐用可靠及多功能性等特点，在许多领域中广泛应用。例如：

① 工业自动化：在工业自动化领域，电感式压力传感器广泛用于监测、控制流体和气体的压力。它们可以用于液体管道、气体系统及制造过程中的压力监测。通过实时测量压力变化，可以确保工艺过程的稳定性和可靠性，提高生产效率。

② 汽车制造：电感式压力传感器在汽车制造中有着重要的应用。它们常用于测量发动机油压、轮胎气压、刹车系统压力等参数。这些数据对于确保汽车的安全性和性能至关重要。电感式压力传感器能够提供准确的压力测量结果，帮助驾驶员和汽车系统对车辆状况进行实时监测和控制。

③ 医疗设备：在医疗设备领域，电感式压力传感器广泛应用于血液透析、呼吸机和人工心脏等设备中。它们用于监测患者的血压、呼吸压力和心脏压力等重要生理参数。准确的压力测量结果对于医疗诊断和治疗非常关键，电感式压力传感器在这方面发挥了重要作用。

④ 气体分析仪：电感式压力传感器在气体分析仪器中也有着广泛应用。这些仪器通常用于进行环境监测、质量控制、气体检测和分析等任务。电感式压力传感器能够提供准确的气体压力测量结果，帮助用户获得有关气体成分、浓度和性质的重要信息。

4. 力传感器的选型

力传感器在现代社会的工业中已经获得普遍的应用。同时，生产力传感器的厂家数量也在不断增多，为了使其在系统中具有较高的性价比，在选型中应从以下两方面考虑。

选型依据一：量程与适用环境。力传感器的量程是指测量范围上限和下限之间的差。当力传感器测量下限数值为零的情况下所能测得的物理量极限就是该传感器的量程，如若某款力传感器长期在超量程范围的状态下运行就会导致输出信号饱和或者仪器本身受损。因此，在对力传感器选型时要考虑量程是否能够测得后期测量对象的要求，同时，需要将力传感器后期使用的环境因素考虑在内，针对工作环境相对恶劣的场所要尽量选用温漂较小的力传感器。

选型依据二：测量准确度与灵敏度。力传感器的测量准确度与灵敏度是成正比的，在力传感器的线性范围内，其灵敏度越高，测量出来的结果准确度也就越高，而呈现出来信号值的变化就给应用场景的信号处理提供了更多参考依据。因此，力传感器的准确度越高，其价格就越昂贵，需要选购一款能够满足测量系统精度要求的力传感器即可。

任务实施

1. 任务准备

姓名		实训地点	
班级		学号	
实训日期		指导教师	
实训课时		实训方式	
小组成员		组号	
工作任务	写入物料的信息	教学模式	理实一体化
建议学时	4	设备、器材	称重传感器、RFID、读写器、电工工具套装
任务要求	选取合适的传感器，安装在物料称重工位处，完成物料质量的检测。物料质量信息将通过RFID技术写入电子标签		

2. 信息搜集

（1）分析并总结传感器的功能需求

分析工作站生产要求，可知需配备传感器检测获取的信息为物料的质量。从检测需求考虑，可选择称重传感器（力传感器中的一种）获取物料的质量。

最后将物料质量信息通过 RFID 技术写入 RFID 芯片（见图 2-58）中，完成信息的记录。

RFID 芯片　图 2-58

芯片

（2）称重传感器的技术参数

称重传感器的技术参数见表 2-10。

称重传感器的技术参数　表 2-10

量程	0～2000kg	材质	不锈钢
输出灵敏度	（2.0+0.05）mV/V	阻抗	350Ω
零点输出	±2%F.S.	绝缘电阻	≥5000MΩ/100V DC
非线性	0.05%F.S.	使用电压	5～10V
滞后	0.03%F.S.	工作温度范围	−20～80℃
重复性	0.03%F.S.	安全过载	150%
蠕变（30min）	0.03%F.S.	极限过载	200%
温度灵敏度漂移	0.03%F.S./10℃	电缆线规格	3m², 2m
零点温度漂移	0.05%F.S./10℃	响应频率	10kHz

（3）称重传感器的安装尺寸及接线示意图

① 安装尺寸。称重传感器的安装尺寸如图2-59所示。

图2-59　称重传感器的安装尺寸

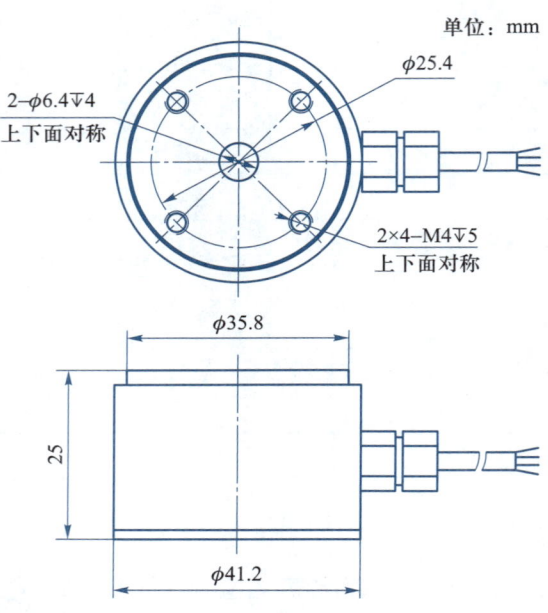

② 接线示意图。称重传感器检测对象为压力时，接线如图2-60所示。若检测对象为拉力，则将绿色和白色接线极性反接。

（4）变送器

称重传感器将被检测对象的质量（重力）信号转变为可测量的电信号输出，经由变送器反馈处理成标准信号输出后，可进行显示，便于调节。变送器的尺寸如图2-61所示。

图2-60　称重传感器检测（压力）接线示意图

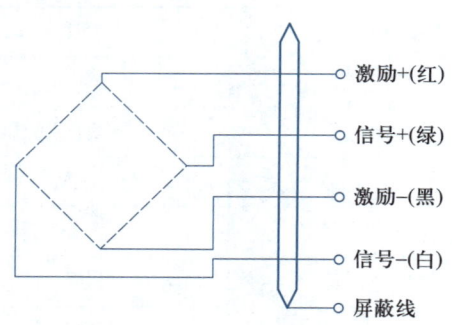

图2-61　变送器的尺寸

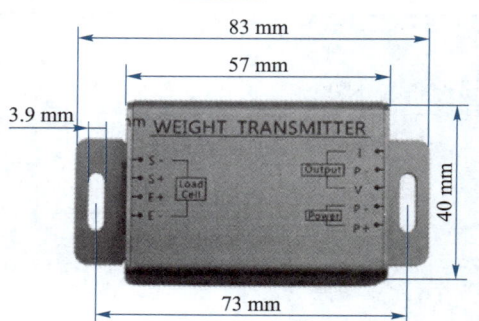

① 变送器的技术参数。变送器的技术参数见表2-11。

供电电压	DC 15～30V
采样频率	≥10kHz
输入信号	0.5～4mV
综合精度	0.05%
工作温度	-30～80℃
输出信号	（0±5）V/（0±10）V
	0～20mA/4～20mA

② 变送器的接线定义。变送器的接线定义如图 2-62 所示。

变送器的接线定义　图 2-62

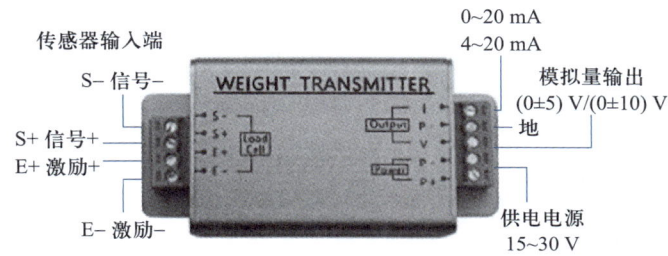

③ 零点 / 增益的调整。变送器的校准方法：先校零点，后调增益。变送器的校准方法如图 2-63 所示。

变送器的校准方法　图 2-63

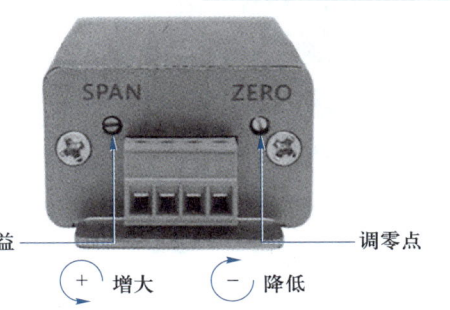

3. 实施步骤

（1）查询传感器的技术参数

① 与学习小组成员讨论任务需求，了解传感器各项参数的含义，选择并判断规格参数是否满足任务要求。

② 讨论并记录称重传感器选型依据。

1. _____

2. _____

3. _____

_____

_____

（2）了解安装尺寸及接线方式

与学习小组成员讨论所选称重传感器的接线方式及安装方法，并分别记录安装时应注意和考虑的事项。

1. _____

2. _____

3. _____

_____

_____

（3）传感器的功能验证

① 查阅产品手册，完成称重传感器的接线和机械安装。称重传感器及变送器的安装位置如图 2-64 所示。

图 2-64　称重传感器及变送器的安装位置

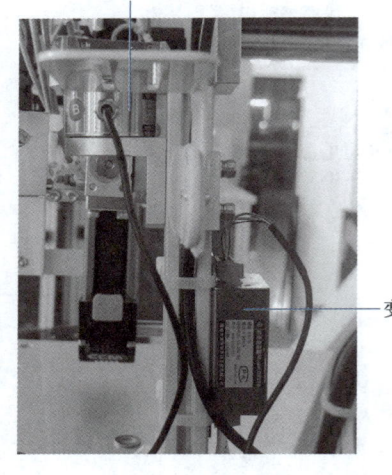

称重传感器

变送器

② 在校准变送器参数后，在称重传感器上放置不同质量（在称重传感器量程范围内）的砝码并观察称重传感器的输出变化，完成其检测功能的验证。

a. 校准变送器（电流输出型校准）。

已知砝码质量为 0.1kg，称重传感器总量程为 1kg，电流输出为 4～20mA。

步骤 1：称重传感器安装后，在空载状态下，用万用表电流挡（直流）测 I 端和 P- 端电流并调整 ZERO 电位器为 4.00mA。

步骤 2：加载 0.1kg 的物体保持稳定后，用万用表电流挡测 I 端和 P- 端电流并调整 SPAN 电位器为 5.60mA。

步骤 3：取下砝码后，测 I 端和 P- 端电流应为 4.00mA；再次加载 0.1kg 的砝码保持稳定后，测 I 端和 P- 端电流为 5.60mA（注：若首次调试电流输出不是 5.60mA，按步骤重新操作即可）。

步骤 4：反复测试电流输出，直到输出无误差即完成校准。

b. 在表 2-12 中记录放置不同质量砝码后，传感器输出参数的值。

视频：调试
称重传感器

表 2-12

序号	砝码质量（实际）	传感器输出参数
1		

序号	砝码质量（实际）	传感器输出参数
2		
3		
…		

任务评价

任务评价表					
评价项目	配分	序号	评分标准	自评	师评
知识掌握	30分	1	了解RFID的系统结构组成、工作原理及应用		
		2	了解力传感器的类型、工作原理及应用		
		3	了解力传感器的选型方法		
技能掌握	60分	4	能正确完成称重传感器的安装和接线		
		5	能正确校准称重传感器的参数		
		6	能完成物料信息的录入的功能验证		
职业素养	10分	7	积极参与团队任务，分工明确，团队协作高效		
		8	勇于承担，不推卸问题和责任，对执行结果负责		
		9	任务完成后，主动按照"6S"管理要求对现场进行管理		
合计					

项目测评

一、单选题

1. 在智能生产线上，用于检测物料是否存在的传感器通常是（   ）。

A. 读码器　　　　　B. 颜色传感器　　　　C. 接近传感器　　　　D. 光电传感器

2. 物料的材质检测，如区分铝和铁，最适合使用（   ）。

A. 光电传感器　　　B. 读码器　　　　　　C. 颜色传感器　　　　D. 接近传感器

3. 在智能生产线上，用于读取物料上的二维码信息的设备称为（   ）。

A. 颜色传感器　　　B. 接近传感器　　　　C. 读码器　　　　　　D. 光电传感器

4. 以下（   ）不是读码器的选型时需要考虑的因素。

A. 条码类型和宽度　B. 流水线速度　　　　C. 条码的材质　　　　D. 扫描距离

5. 智能读码器（MV-ID2013EM-05-WBN）的最大读取速度是（　　）。

A. 50 个码 /s　　　　B. 30 个码 /s　　　　C. 1280×1024　　　D. 50 fps

6. 颜色传感器的检测原理依赖于（　　）。

A. 物体的反射光波长　　　　　　　　B. 物体的质量

C. 物体的形状　　　　　　　　　　　D. 物体的材质

7. 在智能生产线中，（　　）系统负责收集并管理物料信息。

A. SCADA　　　　　B. ERP　　　　　C. CRM　　　　　D. MES

8. 以下（　　）不适合检测物料的颜色。

A. 颜色传感器　　　　B. 视觉传感器　　　C. 接近传感器　　　D. 光电传感器

9. 用于检测物料编码信息的传感器是（　　）。

A. 读码器　　　　　B. 光电传感器　　　C. 接近传感器　　　D. 颜色传感器

10. RFID 技术在智能生产线上的主要应用是（　　）。

A. 材质检测　　　　　　　　　　　　B. 颜色检测

C. 物料信息的非接触读写　　　　　　D. 尺寸检测

二、多选题

1. 读码器的类型有（　　）。

A. 固定式　　　　　B. 手持式　　　　C. 影像式　　　　D. CCD

E. 激光类型　　　　F. 相机类型　　　G. 线性相机类型

2. 颜色传感器的应用领域包括（　　）。

A. 印刷设备　　　　　　　　　　　　B. 包装行业

C. 光色温测量　　　　　　　　　　　D. RGB LED 一致性控制

E. 安全系统

3. 选择读码器时需要考虑的因素有（　　）。

A. 条码类型和条码宽度　　　　　　　B. 条码粘贴的方向和位置

C. 流水线的速度　　　　　　　　　　D. 扫描距离

E. 支架的安装　　　　　　　　　　　F. 传感器及报警装置

G. 接口类型　　　　　　　　　　　　H. 与后台应用系统的接口

I. 高速扫描能力

4. 读码器的应用场景包括（　　）。

A. 流水线移动读码　　　　　　　　　B. 组装流水线拣料 / 装配读码

C. 自动化设备集成　　　　　　　　　D. 材质检测

E. 颜色检测

5. RFID 系统主要由（　　　　）组成。

A. 读码器　　　　　　　　　　　　B. 电子标签

C. RFID 中间件　　　　　　　　　D. 应用系统软件

E. 条码打印机

三、判断题

1. 读码器不能用于读取二维码信息。　　　　　　　　　　　　　（　　　）

2. 光电传感器只能用于检测金属物体。　　　　　　　　　　　　（　　　）

3. 接近传感器无法区分不同材质的金属。　　　　　　　　　　　（　　　）

4. 颜色传感器的工作原理依赖于光电效应。　　　　　　　　　　（　　　）

5. RFID 技术需要与目标物体直接接触才能读写信息。　　　　　（　　　）

四、问答题

1. 描述智能读码器（MV-ID2013EM-05-WBN）的主要性能参数。

2. 说明颜色传感器的两种类型及其工作原理。

项目三

智能生产线设备健康管理与故障检测

项目导言

提到智能生产线，首先联想的是大量的机械、智能设备，要使这些机械和设备协同生产，涉及的工作不只是简单的安装和设备调试。在智能生产线的使用过程中，尤为需要关注的是设备的使用性能和状态。如果没有设置合适的监测系统，极有可能错过那些即将发生重大事故的迹象和提示。

状态监测系统是用于更好地了解设备当前运行状况和性能的健康管理系统，它通过对设备运行过程中的关键指标进行测量并监测其运行状态，确保整套设备能够有效运行并且避免发生故障。状态监测系统针对不同设备，测量的关键指标也不同。例如，工业生产中常见的旋转类机械，常规指标为振动监测，在其他情况下，也会对关键组件进行润滑状态监测。维修工程师或设备经理通过这些测量的参数，能够快速地了解设备的健康状况。将测量获得的数据转化为可执行的措施，能更全面地为设备维护保养策略提供依据。

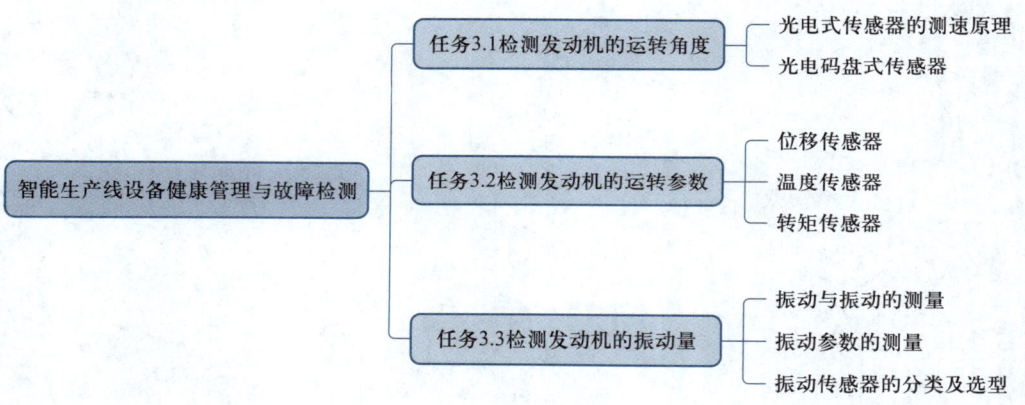

任务 3.1　检测发动机的运转角度

任务描述　　发动机（engine）是一种能够把其他形式的能转换为机械能的机器，既可指动力发生装置，也可指包括动力发生装置的整个机器（如汽油发动机、航空发动机）。

发动机是汽车的重要部件之一，一般包括曲轴和凸轮轴。其中，曲轴和凸轮轴通过具有固定传动比的齿轮实现传动。曲轴用于驱动发动机活塞工作，凸轮轴用于控制发动机气门工作。发动机控制系统可以利用曲轴转速传感器和凸轮轴转速传感器分别检测曲轴转速和凸轮轴转速，以此来识别曲轴的转动角度和凸轮轴的转动角度，进而确定发动机的运转角度，实现对发动机的控制。

本任务学习通过安装传感器检测发动机曲轴的转速，进而识别出曲轴的运转角度。

任务目标

知识目标

理解光电式传感器的测速原理。

掌握光电码盘式传感器的结构与工作原理。

了解编码器分类与功能。

能力目标

能够根据需求选择合适的光电码盘式传感器，并正确安装。

运用安装好的传感器，实现对发动机曲轴转动角度的精确测量。

能够结合 PLC（可编程逻辑控制器），通过实验验证编码器的测速功能。

素养目标

与学习小组成员有效沟通，共同完成传感器的选择、安装与验证。

对学习任务完成的质量和进度负责，确保测量结果的准确性。

遵循"6S"管理原则，保持工作区域的整洁和安全，确保所有工具和设备妥善归位。

知识储备

3.1.1　光电式传感器的测速原理

用于测速的光电式传感器包括速度传感器和转速传感器。

1. 光电式速度传感器的基本工作原理

光电式速度传感器的工作原理如图 3-1 所示。被测物体以速度 v 通过带有两孔的光电池遮挡板时，光电池输出阶跃电压信号，经微分电路形成两个脉冲输出，测出两个脉冲之间的时间间隔 Δt，则可测得速度为

$$v = \frac{\Delta x}{\Delta t} \qquad\qquad (3-1)$$

式中：Δx 为光电池遮挡板上两孔间距，m。

图 3-1　光电式速度传感器的工作原理

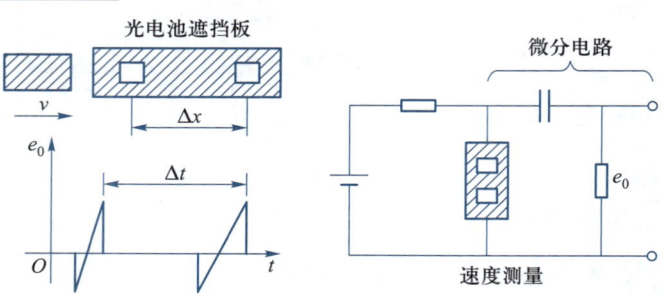

2. 光电式转速传感器的工作原理

图 3-2　光电式转速传感器的结构

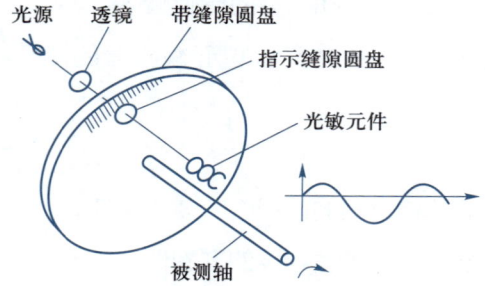

光电式转速传感器由装在被测轴（或与被测轴相连接的输入轴）上的带缝隙圆盘、光源、光敏元件和指示缝隙圆盘组成，如图 3-2 所示。光源发出的光通过带缝隙圆盘和指示缝隙圆盘照射到光敏元件上，当带缝隙圆盘随被测轴转动时，由于圆盘上的缝隙间距与指示缝隙的间距相同，因此圆盘每转一周，光敏元件输出与圆盘缝隙数相等的电脉冲，根据测量时间 t 内测得的脉冲数 N，可得被测轴的转速为

$$n = \frac{60N}{Z \cdot t} \qquad\qquad (3-2)$$

式中：Z 为圆盘上的缝隙数；n 为转速，r/min；t 为测量时间，s。

一般取 $Z = 60 \times 10^{m}$（$m = 0$，1，2，…）。利用两组缝隙间距 W 相同，以及位置相差（$i/2 + 1/4$）（i 为正整数）的指示缝隙和光敏元件，则可辨别出圆盘的旋转方向。

3.1.2　光电码盘式传感器

1. 光电码盘式传感器的结构及工作原理

光电码盘式传感器的结构如图 3-3 所示。光电码盘式传感器的码盘通常是一块光学玻璃，玻璃上刻有透光和不透光的图形。光源产生的光经柱面镜形成一束平行光投射在码盘上，位于码盘的另一面排列有光敏元件接收透过码盘和狭缝的光束，对应每一码道有一个光敏元件。当码盘于不同位置时，各光敏元件根据受光照与否转换输出相应的电平信号。

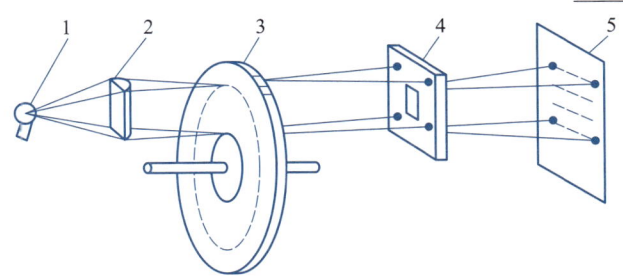

1—光源；2—柱面镜；3—码盘；4—狭缝；5—光敏元件

按照工作原理，光电码盘式传感器可分为增量式光电编码器和绝对式光电编码器两类。

（1）增量式光电编码器

增量式光电编码器的结构如图 3-4 所示。它主要由安装在旋转轴上的编码圆盘、固定的指示标度盘及安装在编码圆盘两边的发光二极管和光敏晶体管组成。在编码圆盘上刻有均匀分布的主信号窗口和零位信号窗口，主信号窗口用来产生角度分割的脉冲信号，而零位信号窗口则在旋转轴每旋转一周时产生一个脉冲信号。在指示标度盘上有三个窗口，除了一个作为零位信号使用，其余两个窗口可以获得 0° 和 90° 相位的主信号输出。

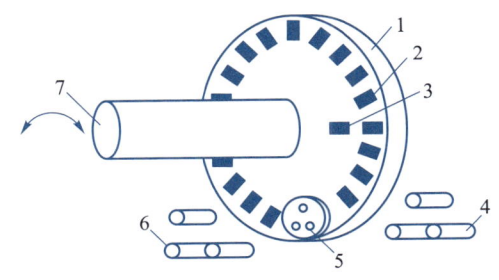

视频：增量式光电编码器的工作原理

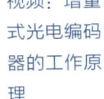

1—编码圆盘；2—主信号窗口；3—零位信号窗口；4—发光二极管；
5—指示标度盘；6—光敏晶体管；7—旋转轴

（2）绝对式光电编码器

绝对式光电编码器由光源、码盘、光电检测器件和转换电路组成。绝对式光电编码器是用光线扫描旋转码盘上的专用编码码道，以确定被测物体的绝对位置，然后将检测到的编码数据转换为电信号，以脉冲的形式输出测量的位移量。

绝对式光电编码器的码盘上有许多道码道刻线，每道刻线依次以 2 线、4 线、8 线、16 线等进行编排，这样，在编码器的每一个位置，通过读取每道刻线的亮、暗，获得一组从 2 的零次方到 2 的 $n-1$ 次方的唯一的二进制编码（格雷码），这就称为 n 位绝对编码器。这样的编码器是由码盘的机械位置决定的，它不受停电、干扰的影响。8 线制绝对式光电编码器的结构如图 3-5 所示，最大的分辨率为 8 位，这就意味着最大可区分 255 个位置。

图 3-5　8 线制绝对式光电编码器的结构

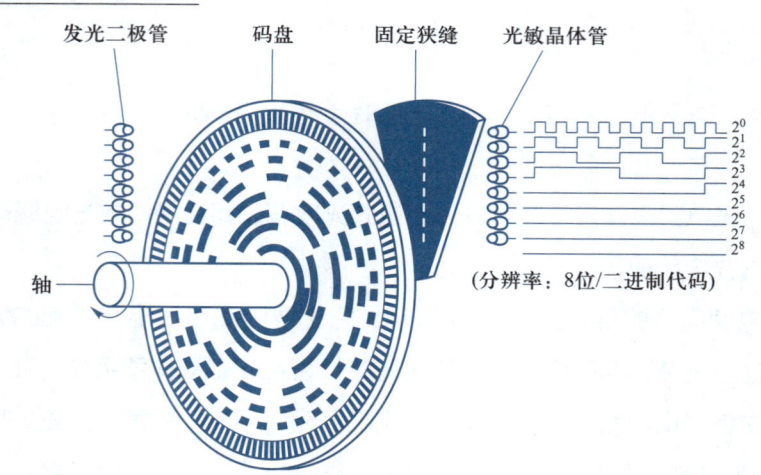

视频：绝对式光电编码器的工作原理

绝对式光电编码器一般做成二进制编码，码盘的图案由若干个同心圆环构成。从编码器角度来说，这称为码道，码道的道数与二进制的位数（bit）相同。靠近圆心的码道代表高位数码，越往外，位数越低，最外面的是最低位。绝对式光电编码器的码盘黑色扇形区表示遮光区，白色扇形区表示透光区。绝对式光电编码器的码盘形式分为标准二进制码盘 [图 3-6（a）] 和循环二进制码盘 [图 3-6（b）] 两种。

图 3-6　绝对式光电编码器的码盘形式

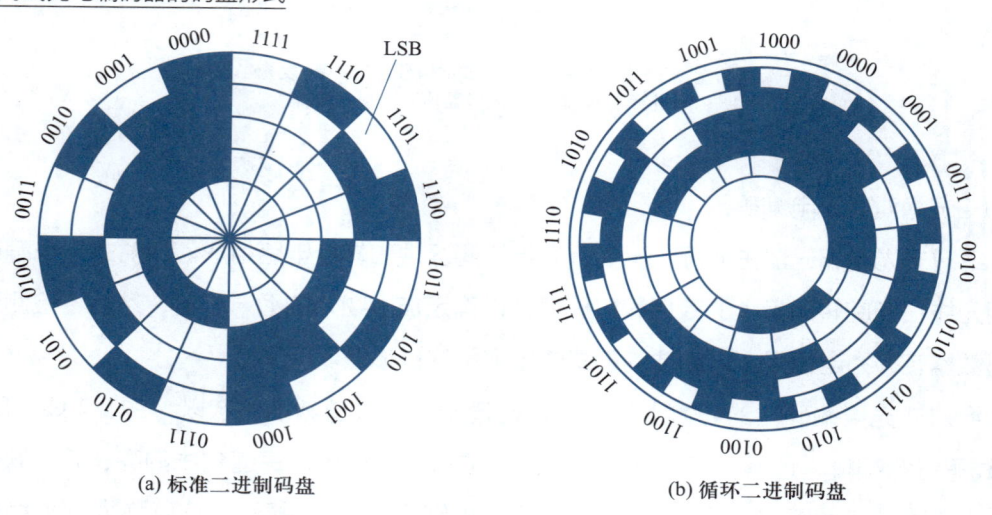

(a) 标准二进制码盘　　　　(b) 循环二进制码盘

标准二进制码盘存在读数模糊问题。由于刻线的不精确问题，扇形的宽度不可能没有误差，这样在扇形边界读数处于临界位置时，会造成很大的误差，出现两个以上的不同数字输出，称为模糊现象。模糊现象的出现是由于在某些进位点（如 111111～00000、000111～001000），有两位以上的数码同时改变状态。

为了克服模糊现象，可采用循环二进制码。循环二进制码是一种单位间隔编码。在这种编码方式中，任意两个相邻的数字量之间只有一位数码发生变化，这样，当读数头处于任意两个相邻扇形区的交界线上时，最多只有 ±1 LSB（最低有效位）的误差，因而没有模糊现象。

标准二进制码和循环二进制码的对比见表 3-1。

标准二进制码和循环二进制码的对比　表 3-1

十进制	标准二进制码	循环二进制码	十进制	标准二进制码	循环二进制码
0	0000	0000	8	1000	1100
1	0001	0001	9	1001	1101
2	0010	0011	10	1010	1111
3	0011	0010	11	1011	1110
4	0100	0110	12	1100	1010
5	0101	0111	13	1101	1011
6	0110	0101	14	1110	1001
7	0111	0100	15	1111	1000

2. 光电码盘式传感器的选型

光电码盘式传感器有着各种不同的规格与性能，为了使其在系统中具有高的性价比，在选型时应从以下方面考虑。

① 应用的目的：根据开机是否需要知道绝对位置，选择增量式还是绝对式。根据实际运行过程中可能的旋转圈数，选择多圈还是单圈编码器。

② 精度要求：精度要求，决定编码器的分辨率选择。

③ 最大速度：分辨率选定，需要结合最大速度计算编码器产生信号的频率。编码器输出的频率，需要比控制器或者计数器能够接收的最大输入频率低，否则需要重新选择编码器，重新匹配。另外编码器本身也有最大转速要求。

④ 安装方式：轴孔安装，空间大小评估，安装公差要求，出线的方向等。

⑤ 外围环境：灰尘、湿度、温度、振动、电磁环境等，决定编码器的选择类型和信号线是否需要屏蔽等。

⑥ 预算限制：选用性价比最高的传感器。

3. 光电码盘式传感器的应用

光电码盘式传感器的优点是没有触点磨损、转速高、频率响应高、稳定可靠、坚固耐用、精度高。同时具有结构较复杂、价格较贵等缺点。目前已在数控机床、伺服电动机、机器人、回转机械、传动机械、仪器仪表及办公设备、自动控制技术和检测传感技术领域得到广泛应用，且应用领域不断扩大。

（1）位置测量

把输出的脉冲 f 和 g 分别输入到可逆计数器的正、反计数端进行计数，可检测到输出脉冲的数量，把这个数量乘以脉冲当量（转角/脉冲），就可测出码盘转过的角度。为了能够得到绝对转角，在起始位置时，对可逆计数器清零。

在进行直线距离测量时，通常把光电码盘式传感器装到伺服电动机轴上，伺服电动机又与滚珠丝杠相连。当伺服电动机转动时，由滚珠丝杠带动工作台或刀具移动，这时码盘的转角对应直线移动部件的位移，因此可根据伺服电动机和滚珠丝杠的传动及滚珠丝杠的导程来计算移动部件的位移。

图 3-7　轴环式数显表的外形

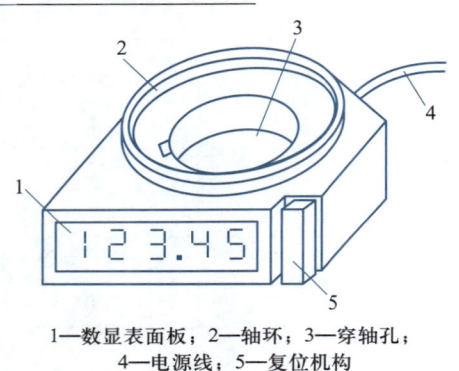

1—数显表面板；2—轴环；3—穿轴孔；
4—电源线；5—复位机构

光电码盘式传感器的典型应用产品是轴环式数显表，它是一个将光电码盘式传感器与数字电路装在一起的数字式转角测量仪表，其外形如图 3-7 所示。轴环式数显表由于设置有复零功能，可在任意进给、位移过程中设置机械零位，适用于车床、铣床等中小型机床的进给量和位移量的显示。

例如，将轴环式数显表安装在车床进给刻度轮的位置，就可直接读出进给量，从而可以避免人为的读数误差，提高切削加工精度。特别是在加工无法直接测量的内台阶孔和制作多头螺纹的分头时，更显出其优势。它是用数显技术改造老式设备的一种简单易行手段。

（2）转速测量

由光电码盘式传感器发出的脉冲频率（或脉冲周期）来测量转速。

利用脉冲频率测量是在给定的时间内对编码器发出的脉冲计数，求出其转速 n（单位为 r/min）。光电码盘式传感器每转脉冲数与所用光电码盘式传感器型号有关，数控机床上常用 LF 型光电码盘式传感器，每转脉冲数一般采用 1024P/r、2000P/r、2500P/r 和 3000P/r 等几挡。

$$n = \frac{N_1}{N} \times \frac{60}{T} \qquad\qquad （3-3）$$

式中：N_1 为采样时间内测得脉冲个数；N 为光电码盘式传感器每转脉冲数；T 为测速采

样时间。

利用脉冲周期测量转速，是通过累计光电码盘式传感器一个脉冲间隔内（脉冲周期）标准时钟脉冲数来计算其转速。当光电码盘式传感器输出脉冲正半周时选通门电路，标准时钟脉冲通过控制门进入计数器计数，计数器输出 N_2，其转速为

$$n = \frac{60}{2N_2NT} \qquad (3-4)$$

式中：N 为光电码盘式传感器每转脉冲数；N_2 为光电码盘式传感器一个脉冲间隔内标准时钟脉冲输出个数；T 为标准时钟脉冲周期（s）。

任务实施

1. 任务准备

姓名		实训地点	
班级		学号	
实训日期		指导教师	
实训课时		实训方式	
小组成员		组号	
工作任务	检测发动机的运转角度	教学模式	理实一体化
建议学时	4	设备、器材	增量式光电编码器，电工工具套装
任务要求	将增量式光电编码器（E6B2-CWZ5B）安装到发动机曲轴处，检测其转速来识别曲轴转动角度		

2. 信息搜集

（1）增量式光电编码器的技术参数

增量式光电编码器（E6B2-CWZ5B）的技术参数见表 3-2。

增量式光电编码器（E6B2-CWZ5B）的技术参数　表 3-2

E6B2-CWZ5B				
电源电压	DC 12V（−10%）～24V（+15%）纹波（p-p）5%以下	起动转矩	0.98mN·m	
分辨率（脉冲/旋转）	1000	最大负载	轴向	20N
输出相位差	A相、B相的相位差 90°±45°（（1/4±1/8）T）		径向	30N
最高响应频率	50kHz	保护电路	负载短路保护 电源反接保护	

E6B2-CWZ5B				
湿度范围	工作时、保存时：35%～85%RH（无结露）	允许最高转速	6000r/min	
连接方式	导线引出型（标准导线长500mm）	温度范围	工作时：-10～70℃	
			保存时：-25～85℃（无结冰）	
消耗电流	100mA以下	绝缘电阻	20MΩ以上（DC 500V）	
输出相	A、B、Z相	材料	外壳	ABS
输出形式	PNP集电极开路输出		本体	铝
输出上升、下降时间	1μs以下（导线长2m，负载电流为10mA）		轴	SUS420J2
惯性力矩	$1×10^{-6}kg·m^2$以下			

（2）增量式光电编码器的输出回路及端子定义

增量式光电编码器的输出回路示意图如图3-8所示。

图3-8 增量式光电编码器的输出回路示意图

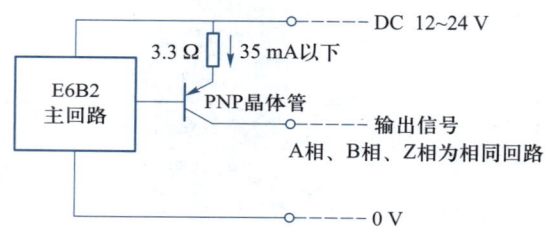

增量式光电编码器的端子定义见表3-3。

表3-3 增量式光电编码器的端子定义

端子名	线色
电源（$+V_{CC}$）	褐色
A相	黑色
B相	白色
Z相	橙色
0V（COMMON）	蓝色

（3）增量式光电编码器的安装方法

① 安全注意事项。

a. 使用时不应超过额定电压范围。如施加额定电压以上的电压时，会引起增量式光电编码器破裂和烧损。

b. 高压线和动力线并行连线时，会因感应而发生误动作或破损，所以应分开连线。

c. 当电源易发生浪涌时，应在电源间接上浪涌吸收器。为了避免干扰，应尽量在短距离之内连线。

d. 在接通电源或切断电源时，容易发生错误脉冲，所以应在接通电源1s后及切断电源1s前使用。

e. 需注意电源极性等，不能错误连线，以免引起其破裂和烧损。

f. 注意不能让负载短路，以免引起其破裂和烧损。

g. 不应在可燃性、爆炸性的环境下进行使用。

h. 不应拆卸、修理、改造本产品。

② 正确使用方法。

a. 增量式光电编码器是由紧密部件构成的，因此使用时要非常小心，不能跌落，以免损伤其功能。

b. 使用时不应让水和油滴落在主体上。

c. 连线时应在电源切断的状态下进行。电源接通时，输出线如接触电源，会引起输出回路破损。

d. 固定主体并进行导线连线时，需注意导线的拉伸力度不应超过29.4N。

e. 不应往轴上施加过大的载荷，以免引起产品破损。用链条、传送带及齿轮连接时，先通过其他轴承，再用耦合器与编码器结合。

f. 如果安装误差大（偏心、偏角），就会有过大的负载加在轴上，从而造成损坏或者缩短其使用年限。

g. 当耦合器插入轴时，不能用锤子敲击等增加撞击力。

h. 安装、拆卸耦合器时，勿进行不必要的弯曲、压缩和拉伸。

3. 实施步骤

（1）查询增量式光电编码器的技术参数

① 与学习小组成员讨论所选增量式光电编码器的参数，见表3-4。

增量式光电编码器的参数　表3-4

分辨率	1000	电源电压	DC 12～24V
外径	ϕ40mm	输出形式	PNP输出
最大轴负载	轴向：20N；径向：30N	运行温度	−10～70℃
连接类型	导线引出型 （标准导线长500mm）	最高响应频率	50kHz

② 讨论并记录增量式光电编码器的选型依据。

1. _____
2. _____
3. _____
......
_____
_____

（2）清楚安装方法及接线方式

与小组成员讨论所选增量式光电编码器应选择的安装方法和接线方式，并分别记录安装时应注意的事项。

1. _____
2. _____
3. _____
......
_____
_____

（3）传感器的功能验证

① 完成增量式光电编码器的接线和机械安装。增量式光电编码器的接线和机械安装如图 3-9 所示。

图 3-9　增量式光电编码器的接线和机械安装

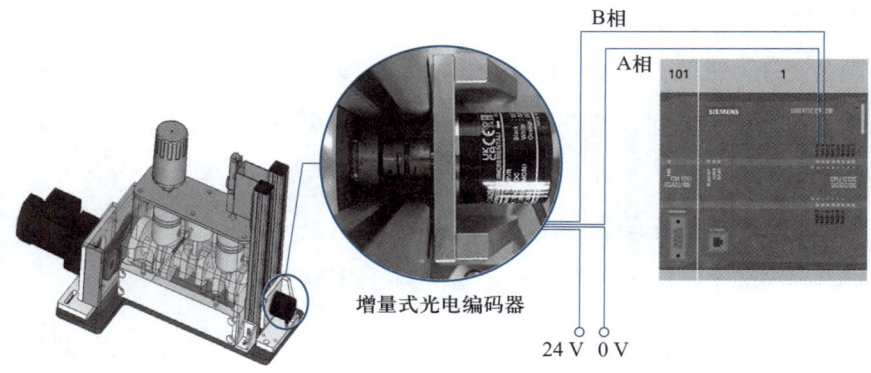

② 使用增量式光电编码器检测发动机运转速度，有测频率（M 法）和测周期（T 法）及两种结合的 M/T 法（高速 M 法，低速 T 法）。

M 法测速：记取一个采样周期 T_c 内增量式光电编码器发出的脉冲个数 N_c 来算出转速 n。在不考虑减速比的情况下，n 为

$$n = \frac{60N_c}{ZT_c} \ (\text{r/min}) \qquad\qquad (3\text{--}5)$$

式中：n 为转速，r/min；T_c 为采样周期，s；N_c 为时间 T_c 内的脉冲个数；Z 为增量式光电编码器每转输出的脉冲个数。

利用 30s 脉冲测量的 PLC 程序验证增量式光电编码器功能，如图 3-10 所示。程序原理如下：通过一个 30s 的脉冲输出，脉冲的上升沿截取增量式光电编码器脉冲初始值，脉冲的下降沿截取增量式光电编码器脉冲结束值，通过增量式光电编码器脉冲结束值与初始值相减，得到 30s 内的增量式光电编码器脉冲输出个数，由于增量式光电编码器的分辨率为 1000 线，带入公式即可得出转速。

PLC 30s 脉冲测量程序　图 3-10

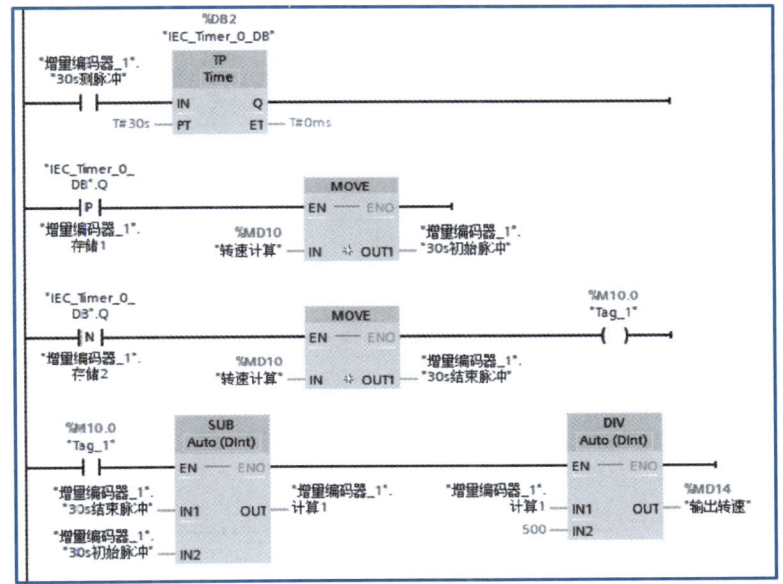

视频：调试
光电编码器

③ 打开设备监控管理与故障检测系统，在发动机转速与增量式光电编码器采样画面中单击"30s 增量式光电编码器采样启动"，如图 3-11 所示，可知在采样周期 $T_c = 30\text{s}$ 内增量式光电编码器的输出值为 22106（即 N_c），根据曲轴转角计算公式（不考虑减速比）

$$\omega = \frac{\Delta\theta}{\Delta t} = 2\pi n = 2\pi \frac{60N_c}{ZT_c} \qquad\qquad (3\text{--}6)$$

其中，$N_c = 22106$，$Z = 1000$，$T_c = 30\text{s}$，得出 $\omega = 88.424\pi$（rad/min），即发动机的运转角度为 88.424π（rad/min）。

图 3-11 发动机转速与增量式光电编码器采样画面

设备健康管理与故障检测系统

发动机转速与编码器采样

测量转速(r/min)　　44

30s编码器输出数值　　22106

30s编码器采样启动

电动机控制

启动

停止

复位

任务评价

任务评价表					
评价项目	配分	序号	评分标准	自评	师评
知识掌握	30分	1	了解光电式传感器的测速原理		
		2	了解光电码盘式传感器的结构、工作原理、选型方法及应用		
技能掌握	60分	3	能正确选择增量式光电编码器的型号		
		4	能正确完成增量式光电编码器的安装与接线		
		5	能完成检测发动机曲轴的运转角度的功能验证		
职业素养	10分	6	积极参与团队任务，分工明确，团队协作高效		
		7	勇于承担，不推卸责任，对执行结果负责		
		8	任务完成后，主动按照"6S"管理标准的要求对现场进行管理		
合计					

任务 3.2　检测发动机的运转参数

任务描述　　　　发动机的工作行程分为进气行程、压缩行程、做功行程和排气行程，其中除做功行程外均属于无效行程。发动机行程参数，是指活塞从上止点运动到下止点的距离。

发动机正常运转时需要一定的工作温度，过高或过低都不利于发动机的正常运转及性能发挥。发动机温度过高会加速机械磨损，增加油耗，导致活塞环拉缸或水箱爆裂等，甚至造成发动机永久伤害。

本任务将学习选用合适的传感器及适当的安装方法，完成发动机行程及内部温度的检测。

任务目标

知识目标

掌握不同类型的位移传感器及其在机械加工和测量中的作用。

理解热电偶等温度传感器的工作机制，学会根据不同环境选择适合的温度传感器。

熟悉转矩传感器测量发动机内部的扭矩变化的原理。

能力目标

能够正确安装位移传感器，并通过 WinCC 监控系统验证其功能。

能够完成热电偶传感器的安装，并通过通信网络采集数据，验证其测量发动机温度的准确性。

素养目标

在学习小组中主动承担任务，发挥团队合作，确保所有操作符合安全规范，确保任务高效完成。

任务完成后，按照"6S"管理标准的要求整理现场，保持工作区域清洁有序。

知识储备

3.2.1 位移传感器

机械量检测中重要的位移参数，不仅为机械加工、设计、安全生产及提高产品质量提供了重要的数据，也为其他参数检测，如机械手旋转位置、速度检测等提供了基础。

位移可以分为角位移和线位移。线位移是指物体沿某一直线移动的距离，一般将线位移的检测称为长度检测。角位移是指物体绕着某一点转动的角度，一般将角位移的检测称为角度检测。

根据转换结果，位移传感器可分为两种。一种是位移量转换成模拟量，如差分变压式位移传感器、电涡流位移传感器、电感式位移传感器和霍尔式位移传感器等；另一种是将位移量转换成数字量，如光栅式位移传感器、光电码盘和感应同步器等。

1. 电感式位移传感器

（1）电感式位移传感器的基本原理

将被测量转换成电感变化的传感器称为电感式传感器。电感式位移传感器是建立在电磁感应定律基础上的，它把被测位移转换成自感系数 L 的变化，然后将 L 接入一定的转换电路，位移的变化可以变成电信号。

（2）电感式位移传感器的应用

① 电感式测厚仪。电感式测厚仪测量电路为带有半波电压输出型相敏整流电路的交流电桥。如图 3-12 所示，将变隙式差动传感器的两个自感线圈作为电桥的两个桥臂，另外两个桥臂由固定电感构成。当被测物体的厚度发生变化时，引起测杆上下移动，带动可动铁心产生位移，从而改变了气隙的厚度，使自感线圈的电感量发生相应的变化。此电感变化量经过带相敏整流的交流电桥测量后，送到测量仪表显示，其大小与被测物体的厚度成正比。

图 3-12　电感式测厚仪的原理

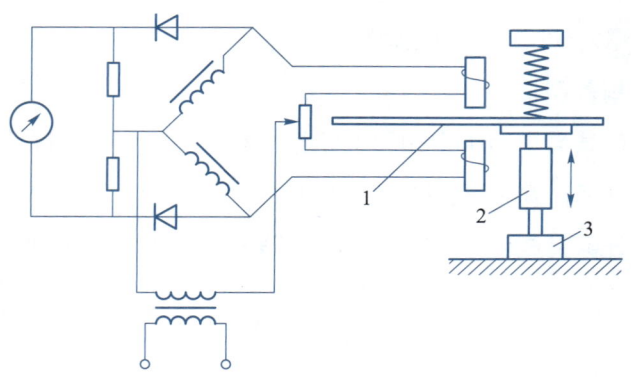

1—可动铁心；2—测杆；3—被测物体

② 电感式位移传感器测量产品的长度。在生产漆包线、钢丝、钢带、布匹时，可使用如图 3-13 所示的工作原理进行长度的测量。

图 3-13　电感式位移传感器测量产品长度的工作原理

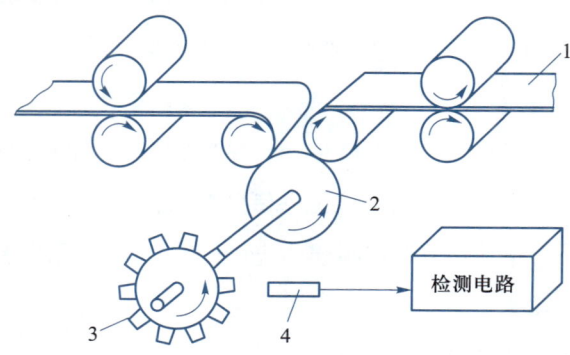

1—被测物体；2—测长辊子；3—齿形盘；4—接近传感器

2. 感应同步器

感应同步器是利用两个平面印刷电路绕组的互感随其位置变化的原理制成的。按其用途可分为直线感应同步器和圆感应同步器两类，前者用于直线位移的测量，后者用于转角位移的测量。

感应同步器具有精度和分辨力高、抗干扰能力强、使用寿命长、工作可靠等优点，广泛应用于大位移静态与动态测量。

（1）感应同步器的工作原理

当励磁绕组用正弦电压励磁时，会产生同频率的交变磁通。这个交变磁通与感应绕组耦合，在感应绕组上产生同频率的交变电势。这个电势的幅值除与励磁频率、感应绕组耦合的导体组、耦合长度、励磁电流、两绕组间隙有关外，还与两绕组的相对位置有关。下面说明感应电势和两绕组相对位置的关系：当滑尺上的正弦绕组 s 和定尺上的绕组位置重合（ A 点）时，耦合磁通最大，感应电势最大；当继续平行移动滑尺时，感应电势慢慢减小，当移动到 1/4 节距位置处（ B 点），在感应绕组内的感应电势相抵消，总电势为零；继续移动到半个节距时（ C 点），可得到与初始位置极性相反的最大感应电势；在 3/4 节距处（ D 点）又变为零。移动到下一个节距时，又回到与初始位置完全相同的耦合状态，感应电势为最大。这样感应电势随着滑尺相对定尺的移动而呈周期性变化。同理可以得到定尺绕组与滑尺上余弦绕组 c 之间的感应电势周期变化图像，如图 3-14 所示。

感应电势与两绕组相对位置的关系　图 3-14

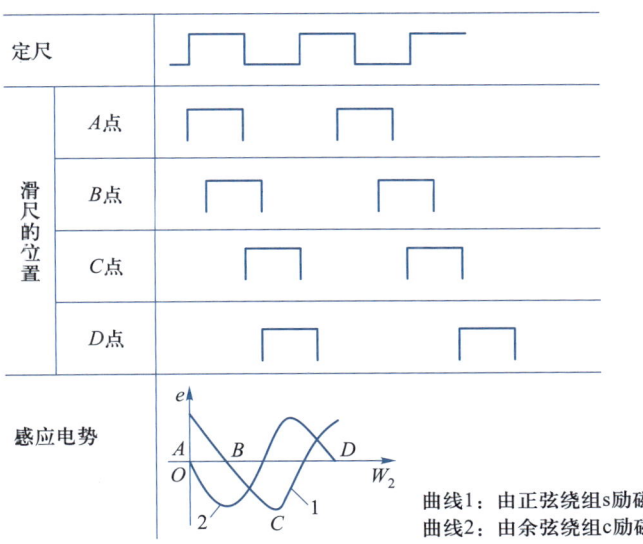

曲线1：由正弦绕组s励磁的感应
曲线2：由余弦绕组c励磁的感应

适当加大励磁电压，将获得较大的感应电势，但过大的励磁电压将引起过大的励磁电流，致使温升过高而不能正常工作，一般选用 1~2V。当励磁频率（ f ）等一些参数选定之后，通过信号处理电路，就能得到被测位移与感应电势的对应关系，从而达到测量位移的目的。

（2）直线感应同步器的结构

直线感应同步器由定尺和滑尺组成，如图 3-15 所示。

图 3-15　直线感应同步器

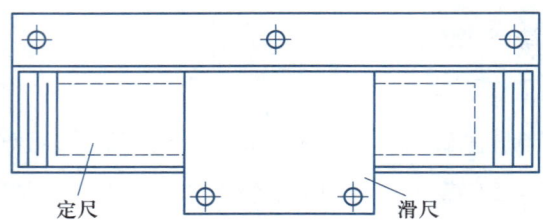

定尺和滑尺上均有印刷电路绕组，是一组均匀分布的连续绕组，如图 3-16 所示，节距 $W_2 = 2 (a_2 + b_2)$，其中 a_2 为导电片片宽，b_2 为片间间隔。

图 3-16　定尺的印刷电路绕组示意图

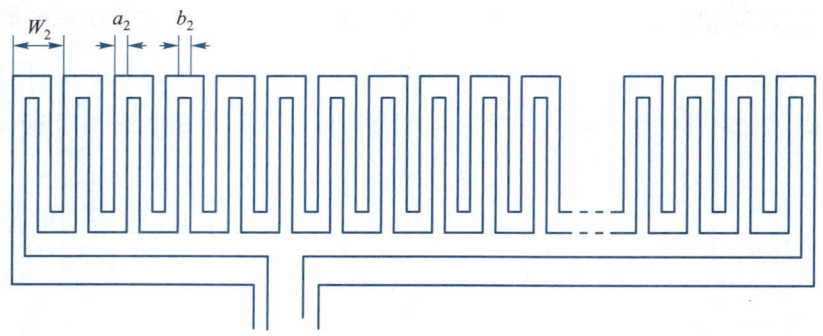

滑尺包括两组节距相等、相差 90° 电角交替排列的正弦绕组和余弦绕组。两相绕组中心线距 $L_1 = (n/2 + 1/4) W_1$，其中 n 为正整数。两相绕组节距相等，都为 $W_1 = 2 (a_1 + b_1)$，其中 a_1 为导电片片宽，b_1 为片间间隔。目前一般取 $W_1 = 2$mm。滑尺绕组有 U 形和 W 形两种结构，分别如图 3-17 和图 3-18 所示。

（3）直线感应同步器滑尺接线方式

为了减小由于定尺和滑尺工作面不平行或气隙不均匀带来的误差，正弦和余弦绕组交替排列。为了消除 U 形滑尺绕组各横向段导线部分产生的环流电势，两同名（正弦或余弦）相邻绕组要反串接线，如图 3-19 所示。

（4）直线感应同步器的应用

直线感应同步器的应用很广泛，它与数字位移显示装置（简称感应同步器数显表）配

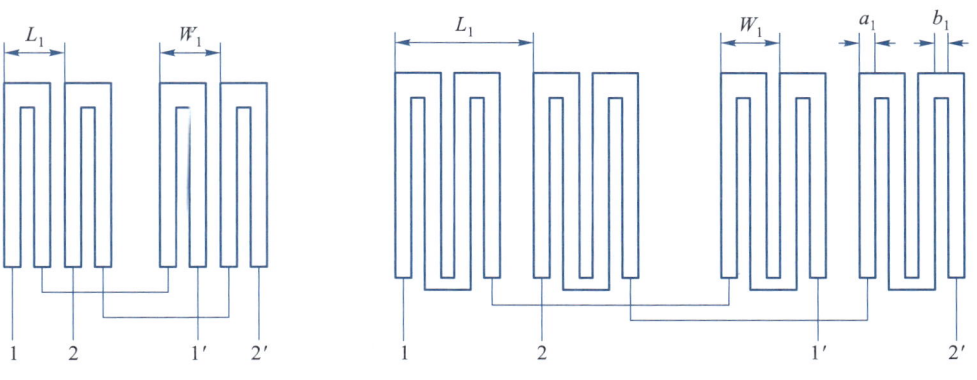

U 形滑尺绕组　图 3-17　　　　　　　　　　　W 形滑尺绕组　图 3-18

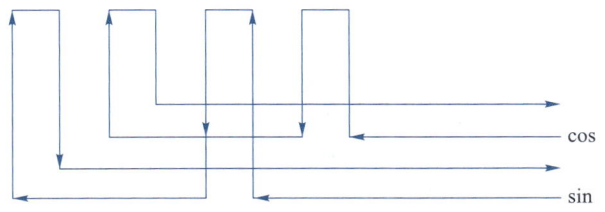

消除环流电势接线示意图　图 3-19

合，能进行各种位移的精密测量，并能实现数字显示，实现整个测量系统的自动化。

在直线感应同步器鉴相型系统中，供给滑尺的正、余弦绕组的励磁信号是频率、幅值相同的交流电压，并根据定尺的感应电压的相位来测定滑尺和定尺之间的相对位移量，即鉴别定尺上感应电压的相位。

数控切割机（见图 3-20）闭环系统采用直线感应同步器鉴相型系统，当切割机工作时，由于定尺和滑尺之间产生了相对位移，则定尺上感应电压的相位发生了变化，其值与指令信号的相位角度不同时，鉴相器有信号输出，使切割机伺服驱动机构带动主传动机构移动。当滑尺和定尺的相对位移达到指令要求值时，鉴相器输出电压为零，达到位置检测的目的，并定位切割。

数控切割机　图 3-20

（5）圆感应同步器

圆感应同步器又称为旋转式感应同步器，其转子相当于直线感应同步器的定尺，定子相当于滑尺。按圆感应同步器的直径，大致可分成 302mm、178mm、76mm 和 50mm 四种。其径向导体数又称为极数，有 360 极、720 极、1080 极和 512 极。一般来说，在极数相同的情况下，圆感应同步器的直径做得越大，越容易做得准确，精度也就越高。

其结构示意图如图 3-21 所示。

图 3-21　圆感应同步器的结构示意图

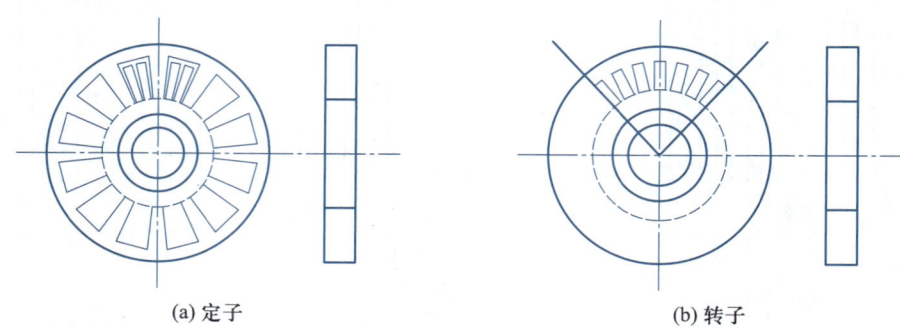

(a) 定子　　　　　　　　　　　　　(b) 转子

3. 光栅位移传感器

很早以前，人们就将光栅的衍射现象应用于光谱分析和测量光波波长等方面，但直到 20 世纪 50 年代，才开始利用光栅的莫尔条纹现象把光栅作为测量长度的计量元件，从而出现了光栅位移传感器。现在人们把这种光栅称为计量光栅。由于它的原理简单，装置也不复杂，测量精度高，可实现动态测量，具有较强的抗干扰能力，被广泛应用于长度和角度的精密测量。

（1）光栅位移传感器的工作原理

光栅位移传感器的基本工作原理是利用光栅的莫尔条纹现象来进行测量。所谓莫尔条纹是指当指示光栅与主光栅的线纹相交一个微小的夹角，由于挡光效应或衍射作用，这时在与光栅线纹大致垂直的方向上产生明暗相间的条纹，如图 3-22 所示。在刻线重合处，光从缝隙透过形成亮带，两块光栅的线纹彼此错开，由于挡光作用而形成黑带。莫尔条纹的方向与刻线的方向相垂直，故又称横向条纹。

图 3-22　光栅的莫尔条纹

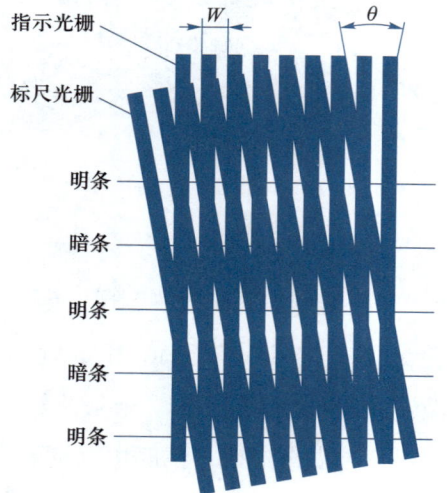

（2）光栅位移传感器的结构

光栅位移传感器通常由光源、聚光镜、主光栅、指示光栅和光敏元件构成，如图 3-23 所示。

主光栅是光栅测量装置中的主要部件，整个测量装置的精度主要由主光栅的精度来决定。光源和聚光镜组成照明系统，光源放在聚光镜的聚焦平面上，光线经聚光镜成平行光投向光栅。光源主要有白炽灯等普通光源和砷化镓为主的固态光源。白炽灯有较大的输出功率，较高的工作范围，且价格便宜；但存在辐射热量大、体积大和不易小型化等缺点而应用越来越少。砷化镓发光二极管有很高的转换效率，而且功耗低，散热少，体积小，近年来应用较为普遍。光敏元件主要有光电池和光敏晶体管，它把由光栅形成的莫尔条纹的明暗变化转换为电量输出。光敏元件最好选用敏感波长与光源相接近的，以获得较大的输出。一般情况下，光敏元件的输出都不是很大，要通过放大器、整形器将信号变为要求的输出波形。

光栅位移传感器的结构示意图　图 3-23

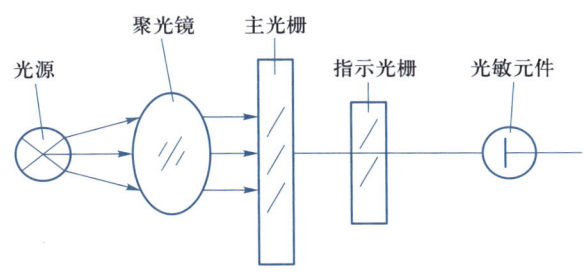

（3）光栅的分类

刻画在玻璃尺上的光栅称为长光栅，也称光栅尺，用于测量长度或几何位移。根据栅线形式的不同，长光栅分为黑白光栅和闪烁光栅。黑白光栅是指只对入射光波的振幅或光强进行调制的光栅。闪烁光栅是指对入射光波的相位进行调制的光栅，也称相位光栅。根据光线的走向，长光栅还分为透射光栅和反射光栅。透射光栅的栅线刻画在透明材料上，常用光学玻璃和制版玻璃。反射光栅的栅线一般刻画在具有强反射能力的金属上，如不锈钢或玻璃镀金属膜（如铝膜），栅线也可刻画在钢带上，再黏结在尺基上。

刻画在玻璃盘上的光栅称为圆光栅，也称光栅盘，用来测量角度或角位移。根据栅线刻画的方向，圆光栅分为两种：一种是径向光栅，其栅线的延长线全部通过光栅盘的圆心；另一种是切向光栅，其全部栅线与一个和光栅盘同心的小圆相切。按光线的走向，圆光栅只能是透射光栅。计量光栅的分类如图 3-24 所示。

光栅的分类　图 3-24

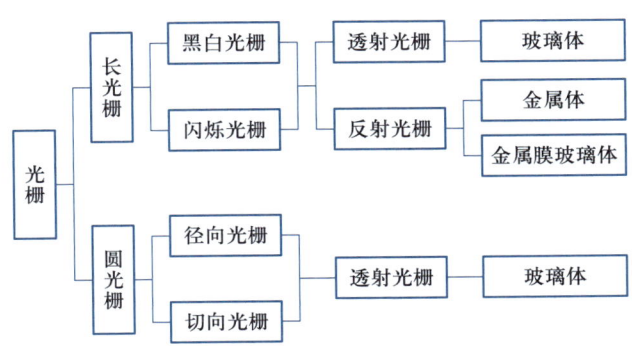

4. 位移传感器的选型

位移是和物体的位置在运动过程中的移动有关的量，位移的测量方式所涉及的范围十分广泛。为了使位移传感器在系统中具有高的性价比，在选型时应从以下方面考虑。

① 要求的准确度、线性度。

② 期望的量程范围。

③ 可重复性／分辨率。

④ 要求的扭矩。

⑤ 环境条件，如振动、粉尘、温度和湿度等。

⑥ 电气行程。

⑦ 要求的速度及期望的价格和使用寿命。

⑧ 考虑自身机械预留的安装空间。

⑨ PLC 或控制系统要求的信号类型。

⑩ 安装位置的对中性。

5. 位移传感器的应用

位移传感器是一种用于测量物体位置或位移的设备，它们在各种工业和科学应用中发挥着重要作用。位移传感器的应用实例如下。

① 汽车工业：位移传感器用于汽车的悬挂系统、转向系统和刹车系统中，以监测车轮的位置和运动。这有助于改善车辆的性能和安全性。

② 机械制造：位移传感器可用于测量机器零件的位置和运动，从而监控和控制机器的运行。它们也可以用于机器人技术中，用于控制机器人臂的位置和移动。

③ 航空航天业：位移传感器被用于飞行控制系统中，以测量飞机部件的位置和姿态。它们还可以用于航天器的姿态控制和导航。

④ 建筑工程：位移传感器可用于监测建筑结构的变形和位移，以确保建筑物的安全性和稳定性。它们还可以用于地震监测和结构健康监测。

⑤ 医疗设备：位移传感器可用于医疗设备中，例如 X 射线机器和超声波设备，以帮助医生定位和诊断问题。

⑥ 消费电子产品：位移传感器也广泛用于消费电子产品中，例如智能手机和便携式计算机，用于检测屏幕上的触摸和手势。

⑦ 能源行业：位移传感器可用于监测和控制发电设备、输电线路和能源基础设施的运行状态。

⑧ 实验室科学：在科学研究和实验室中，位移传感器常用于测量实验装置的移动和变形，以及材料的力学性质。

3.2.2 温度传感器

1. 热电偶温度传感器（计）

热电偶温度传感器（计）是将温度量转换为热电动势信号输出的传感器，简称热电偶。自 19 世纪发现热电效应以来，热电偶便广泛用来测量 100～1300℃ 范围的温度，根据需要还可以用来测量更高或更低的温度。它具有结构简单、使用方便、精度高、热惯性小、可测局部温度、便于远距离传送、集中检测、自动记录等优点。

（1）热电偶的工作原理

动画：热电效应

热电偶的工作原理是热电效应。

1823 年，德国物理学家塞贝克发现将两种不同的导体（金属或合金）A 和 B 组成一个闭合回路 [见图 3-25（a）]，若两接触点温度（T，T_0）不同，则回路中有一定大小电流，表明回路中有电势产生，该现象称为热电动势效应或塞贝克效应，通常称为热电效应。回路中的电势称为热电势或塞贝克电势，用 E_{AB}（T，T_0）表示。两种不同的导体 A 和 B 称为热电极。测量温度时，两个热电极的一个接点置于被测温度场 T 中，该点称为测量端，也称为工作端或热端；另一个接点置于某一恒定温度 T_0 的位置，称为参考端，也称为自由端或冷端。T 与 T_0 的温差越大，热电偶的热电势越大，因此，可以用热电势的大小衡量温度的高低。

热电偶闭合回路的热电效应示意图　图 3-25

(a) 闭合回路　　　　(b) 接点处电场

后研究发现，热电效应产生的热电势 E_{AB}（T，T_0）是由两部分组成的，一部分是两种不同导体间的接触电势，又称珀尔贴（Peltier）电势；另一部分是单一导体的温差电势，又称汤姆逊（Thomson）电势。

① 接触电势。当自由电子密度不同的 A、B 两种导体接触时，在两种导体接触处会产生自由电子的扩散现象，自由电子将从密度大的导体 A 扩散到密度小的导体 B，使 A 失去电子带正电，B 得到电子带负电，从而在接点处形成一个电场 [见图 3-25（b）]。该电场将使电子反向转移，当电场作用和扩散作用动态平衡时，A、B 两种不同金属的接点处就产生接触电势，它由接点温度和两种金属的特性所决定。在温度分别为 T 和 T_0 的两

接点处的接触电势 $E_{AB}(T)$ 和 $E_{AB}(T_0)$ 分别为

$$E_{AB}(T)=\frac{kT}{e}\ln\frac{n_A}{n_B} \tag{3-7}$$

$$E_{AB}(T_0)=\frac{kT_0}{e}\ln\frac{n_A}{n_B} \tag{3-8}$$

式中：n_A、n_B 分别为导体 A、B 材料的自由电子密度；k 为玻尔兹曼常数，$k=1.38\times10^{-23}$J/K；e 为电子电荷量（1.6×10^{-19}C）。

总接触电势为

$$E_{AB}(T)-E_{AB}(T_0)=\frac{k(T-T_0)}{e}\ln\frac{n_A}{n_B} \tag{3-9}$$

② 温差电势。同一均匀金属电极，当其两端温度 $T\neq T_0$ 时，且设 $T>T_0$，导体内形成一温度梯度，由于热端电子具有较大动能，致使导体内自由电子从热端向冷端扩散，并在冷端积聚起来，使导体内建立起一电场。当此电场对电子的作用力与热扩散力平衡时，扩散作用停止。电场产生的电势称为温差电势或汤姆逊电势，此现象称为汤姆逊效应。导体 A、B 的温差电势分别为

$$E_A(T,T_0)=\int_{T_0}^{T}\sigma_A dT$$
$$E_B(T,T_0)=\int_{T_0}^{T}\sigma_B dT$$

其中，σ_A、σ_B 分别为导体 A、B 中的温差系数，回路中总的温差电势为

$$E_A(T,T_0)-E_B(T,T_0)=\int_{T_0}^{T}(\sigma_A-\sigma_B)dT$$

综上所述，由导体 A、B 组成的热电偶回路，当接点温度 $T>T_0$ 时，其总热电势为

$$E_{AB}(T,T_0)=\frac{k(T-T_0)}{e}\ln\frac{n_A}{n_B}+\int_{T_0}^{T}(\sigma_A-\sigma_B)dT$$

分析接触电势和温差电势的公式，可得出如下结论：

a. 如果热电偶两电极材料相同（$n_A=n_B$，$\sigma_A=\sigma_B$），两接点温度不同，不会产生热电势；如果两电极材料不同，但两接点温度相同（$T=T_0$），也不会产生热电势。所以，热电偶工作产生热电势的基本条件：两电极材料不同，两接点温度不同。

b. 热电势大小与热电极的几何形状和尺寸无关。

c. 当两热电极材料不同，且 A、B 固定（即 n_A、n_B、σ_A、σ_B 为常数），热电势 $E_{AB}(T,T_0)$ 为两接点温度（T，T_0）的函数，即

$$E_{AB}(T,T_0)=E(T)-E(T_0) \tag{3-10}$$

当 T_0 保持不变，即 $E(T_0)$ 为常数时，热电势 $E_{AB}(T,T_0)$ 便仅为热电偶热端温度 T 的函数：

$$E_{AB}(T,T_0)=E(T)-C=f(T) \tag{3-11}$$

这就是热电偶测温的基本原理。

d. 热电势的极性：测量端失去电子的热电极为正极，得到电子的热电极为负极。对热电势符号 $E_{AB}(T，T_0)$，规定写在前面的 A、T 分别为正极和高温，写在后面的 B、T_0 分别为负极和低温。如果它们的前后位置倒换，则热电势极性相反，即 $E_{AB}(T，T_0)=-E_{AB}(T_0，T)$。实验判别热电势极性的方法是将测量端稍加热，在参考端用直流电表辨别。

各种热电偶热电势与温度的一一对应关系都可以从标准数据表中查到，这种表称为热电偶的分度表。分度表中的数据是参考端为 0℃时的热电偶电势，注意热电势与温度一般不呈线性关系。

（2）热电偶的基本定律

① 均质导体定律。两种均质金属组成的热电偶，其热电势大小与热电极直径、长度及沿热电极长度上的温度分布无关，只与热电极材质和两端温度差有关。如果热电极材质不均匀，则当热电极上各处温度不同时，将产生附加热电势，造成无法估计的测量误差。因此，热电极材质的均匀性是衡量热电偶质量的重要指标之一。

② 中间导体定律。热电偶回路断开接入第三种导体 C（见图 3-26），若导体 C 两端温度相同，则回路热电势不变。

中间导体定律示意图　图 3-26

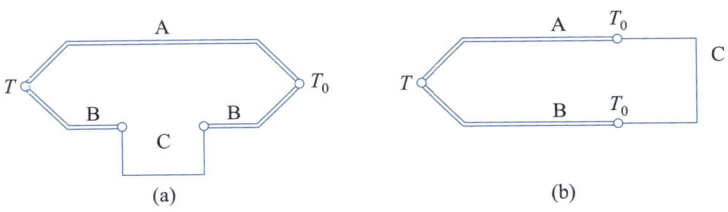

③ 标准电极定律。如果两种导体 A、B 分别与第三种导体 C 组合成热电偶的热电势已知，则由这两种导体 A、B 组成的热电偶的热电势也就已知，这就是标准电极定律（见图 3-27）。根据标准电极定律，可以方便地选取一种或几种热电极作为标准（参考）电极，确定各种材料的热电特性，从而大大简化热电偶的选配工作。一般选取纯度高的铂丝 $\left(\dfrac{R_{100}}{R_0}\geqslant 1.3920\right)$ 作为标准电极，确定出其他各种电极对铂电极的热电特性，便可知这些电极相互组成热电偶的热电势大小。

标准电极定律示意图　图 3-27

④ 中间温度定律。热电偶回路中，接点温度为 T、T_0 时的热电势等于该热电偶在接点温度为 T、T_n 和 T_n、T_0 时相应热电势的代数和。

$$E_{AB}(T, T_0)=E_{AB}(T, T_n)+E_{AB}(T_n, T_0) \qquad (3-12)$$

式中：T_n 为中间温度，$T_0<T_n<T$。

若 $T_0=0℃$，则有

$$E_{AB}(T, 0)=E_{AB}(T, T_n)+E_{AB}(T_n, 0) \qquad (3-13)$$

（3）热电偶的种类

① 热电极材质的基本要求。热电极是热电偶的主要元件，作为实用测温元件的热电偶，对其热电极材质的基本要求如下：

a. 热电势足够大，测温范围宽、线性好；

b. 热电特性稳定；

c. 理化性能稳定，不易氧化、变形和腐蚀；

d. 电阻温度系数和电阻率要小；

e. 易加工、复制性好；

f. 价格低廉。

② 热电偶类型。根据热电极不同的材质，可以制成适用不同温度范围、不同精度的各类热电偶。此外，还有非标准化的用于极值测量的热电偶。

工业用热电偶的材料及特点见表 3-5。

表 3-5　工业用热电偶的材料及特点

名称	分度号	热电极材料			测量范围/℃		特点
		极性	识别	成分（质量分数）/%	长期	短期	
铂铑10-铂	S	正	亮白较硬	Pt：90 Rn：10	0～1300	1600	测量精度高，物理化学性能稳定，测温上限高，抗氧化性能好，不宜在还原介质中使用，热电动势较小，价格昂贵
		负	亮白柔软	Pt：100			
铂铑13-铂	R	正	较硬	Pt：87 Rn：13	0～1300	1600	其性能与使用范围与铂铑10-铂热电偶基本相同，但热电动势要稍大些，灵敏度也稍高些
		负	柔软	Pt：100			
铂铑13-铂铑6	B	正	较硬	Pt：70 Rn：30	0～1600	1800	比较理想的测高温热电偶，测温上限短时可达1800℃，测量精度高；宜在氧化或中性介质中使用，灵敏度低，热电动势极小，价格昂贵
		负	稍软	Pt：94 Rn：6			

名称	分度号	热电极材料			测量范围/℃		特点
		极性	识别	成分（质量分数）/%	长期	短期	
镍镉-镍硅	K	正	不亲磁	Ni：90 Cr：10	0～1200	1300	价格低廉，热电动势大，线形度好，灵敏度高，复现性好，高温下抗氧化能力强；不宜在还原介质或含硫化物气氛中使用
		负	稍亲磁	Ni：97 Si：3			
镍镉硅-镍硅	N	正	不亲磁	Ni：84 Cr：14 Si：2	200～1200	1300	其性能与镍镉-镍硅相似，但相比镍镉-镍硅热电偶，是更廉价的金属热电偶
		负	稍亲磁	Ni：95 Si：5			
镍镉-康铜	E	正	暗绿	Ni：90 Cr：10	200～760	850	稳定性好，热电动势大，测量低温精度很高；宜在氧化性或中性介质中使用，价格低廉
		负	亮黄	Cu：55 Ni：45			
铜-康铜	T	正	红色	Cu：100	200～350	400	稳定性好，热电动势大，材料质地均匀，价格低廉；在低温段测量精度很高，可作为标准热电偶使用；可在真空、氧化、还原及中性介质中使用，铜在高温时容易氧化
		负	银白色	Cu：55 Ni：45			
铁-康铜	J	正	亲磁	Fe：100	−40～600	750	热电动势大，线性关系好，价格低廉；可在真空、氧化、还原及中性介质中使用；铁易于氧化，不能在高温或含硫的介质中使用
		负	不亲磁	Cu：55 Ni：45			

高温热电偶，如钨铼系热电偶，测温上限可达 2450℃；钛铑系热电偶测温上限约 2100℃。低温热电偶，如铜–铜锡 $_{0.005}$ 热电偶可测量 −271～−243℃ 的低温；镍铬–铁金 $_{0.03}$ 热电偶在 −269～0℃ 之间有 13.7～20μV/℃ 的灵敏度。

非标准热电偶材料及特点见表 3-6。

非标准热电偶材料及特点　表 3-6

名称	推荐测温范围	特点	适用场合
钨铼3-钨铼25 钨铼5-钨铼26	0～3000℃	在高温热电偶中是最好的，低温时可塑性较好，稳定性较好，但复现性差，须单独分度	真空、还原或中性
钨-钨铼26	0～3000℃	测温上限高，热电动势较大，但复现性差，须单独分度，暴露在空气中，钨易发脆	真空、还原或中性

名称	推荐测温范围	特点	适用场合
铂铑20-铂铑5	500～1700℃	测温上限比铂铑10-铂高，稳定性好，不需参考端补偿，但易受金属蒸气玷污，低温时热电动势小	氧化、真空或中性
铂铑40-铂铑20	1000～1850℃	测温上限较高，稳定性和复现性好，可忽略参考端影响，但易受金属蒸气玷污，热电动势小	氧化、真空或中性
铱铑-铱	1000～2200℃	唯一能在1850℃以上的氧化气体环境使用的热电偶，稳定性和复现性一般，寿命短，易发脆，易受铁玷污，热电动势小	氧化、真空或中性
钨-钼	1200～2400℃	价格不贵，可用于还原性气体环境中，热电动势小，在1200℃热电动势的极性转向，能被C、O_2、Si的蒸气玷污	真空、还原或中性
碳化硼-石墨	上限2200℃	热电动势大，物理化学性能稳定，价格低廉，结构简单，适宜于石墨炉测温	含碳或中性

（4）热电极的绝缘方法

将两热电极的一个端点紧密地焊接在一起组成接点就构成热电偶。焊接时要求焊点具有金属光泽、表面圆滑、无玷污变质、夹渣和裂纹；焊点的形状通常有对焊、点焊、绞纹焊等；焊点尺寸应尽量小，一般为热电极直径的 2 倍。焊接方法主要有直流电弧焊、直流氧弧焊、交流电弧焊、乙炔焊、盐水焊和激光焊等。在热电偶的两热电极之间通常用耐高温材料绝缘，如图 3-28 所示。

图 3-28　热电极的绝缘方法

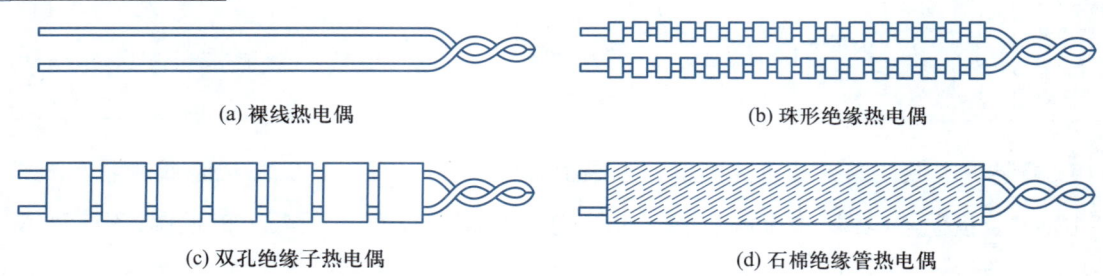

(a) 裸线热电偶　　　　　　　　　(b) 珠形绝缘热电偶

(c) 双孔绝缘子热电偶　　　　　　(d) 石棉绝缘管热电偶

（5）热电偶的典型结构

工业用热电偶长期工作在恶劣环境下，根据测量对象的不同，热电偶的结构形式有多种。

① 普通型热电偶。普通型热电偶由热电极、绝缘子、保护套管和接线盒等部分组成，其结构如图 3-29 所示。这种热电偶在测量时将测量端插入被测对象内部，主要用于测量容器或管道内部气体、液体等流体介质的温度。

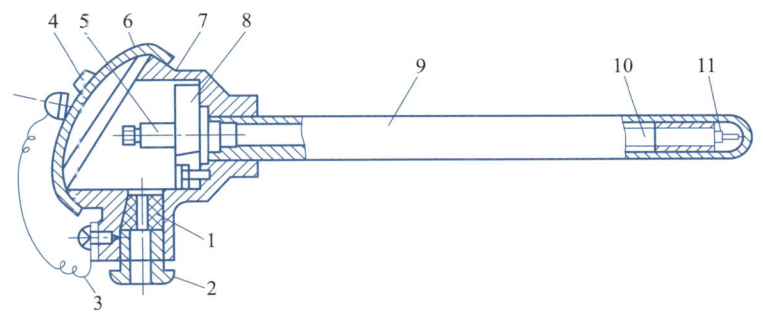

1—出线孔密封圈；2—出线孔螺母；3—链条；4—面盖；5—接线柱；6—密封圈；
7—接线盒；8—接线座；9—保护套管；10—绝缘子；11—热电极

② 铠装热电偶。铠装热电偶是把保护套管（材料为不锈钢或镍基高温合金）、绝缘材料（高纯脱水氧化镁或氧化铝）与热电极组合在一起拉制而成的，也称套管热电偶或缆式热电偶。图 3-30 所示为铠装热电偶工作端结构的几种形式，其中图 3-30（a）为单芯结构，其外套管亦为一电极，因此中心电极在顶端应与套管直接焊接在一起；图 3-30（b）为双芯碰底型，测量端和套管焊接在一起；图 3-30（c）为双芯不碰底型，热电极与套管间互相绝缘；图 3-30（d）为双芯露头型，测量端露出套管外面；图 3-30（e）为双芯帽型，把双芯露头型的测量端套上一个套管材料作为保护帽，再用银焊密封起来。

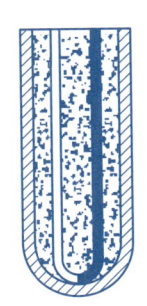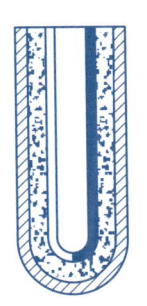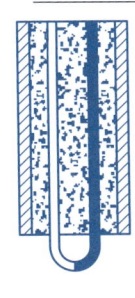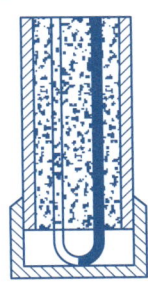

(a) 单芯结构　　(b) 双芯碰底型　　(c) 双芯不碰底型　　(d) 双芯露头型　　(e) 双芯帽型

铠装热电偶有其独特的优点，如小型化（外径可小到 1～3mm，内部热电极直径常为 0.2～0.8mm，而套管外壁厚度一般为 0.12～0.6mm），对被测温度反应快，时间常数小，很细的整体组合结构使其柔性大，可以弯曲成各种形状，适用于结构复杂的被测对象。同时，机械性能好，结实牢固，耐振动和耐冲击。

③ 薄膜热电偶。用真空镀膜的方法，将热电极材料沉积在绝缘基板上而制成的热电偶称为薄膜热电偶，其结构如图 3-31 所示。由于热电极是一层金属薄膜，其厚度为

图 3-31　薄膜热电偶（铁－镍）的结构

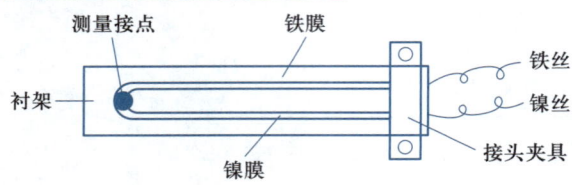

$0.01\sim0.1\mu m$，所以测量端的热惯性很小，反应快，可以用来测量瞬变的表面温度和微小面积上的温度。

当测量温度范围为 $-200\sim500℃$ 时，热电极采用的材料有铜－康铜、镍铬－锰白铜、镍铬－镍硅等，绝缘基板材料用云母，薄膜热电阻适用各种表面温度测量及汽轮机叶片等温度测量。当测量温度范围为 $500\sim1800℃$ 时，热电极材料用镍铬－镍硅、铂铑－铂等，绝缘基片材料采用陶瓷，薄膜热电阻常用于火箭、飞机喷嘴的温度测量，以及钢锭、轧辊等表面温度测量等。

④ 隔爆热电偶。在化工厂，生产现场常伴有各种易燃、易爆等化学气体、蒸气，使用普通的热电偶非常不安全，极易引起环境气体爆炸。在这些场合，必须使用隔爆热电偶为温度传感器。

隔爆热电偶的隔爆外壳能承受内部爆炸性气体混合物的爆炸压力，并阻止内部的爆炸性混合物向外壳周围传播。隔爆热电偶与普通热电偶的结构区别在于：隔爆热电偶的接线盒（见图 3-32）用高强度铝合金压铸而成，并具有足够的内部空间、壁厚和机械强度，密封圈的热稳定性符合防爆国家标准。因此，当采用特殊防爆结构的接线盒内部的爆炸

图 3-32　隔爆热电偶接线盒结构示意图

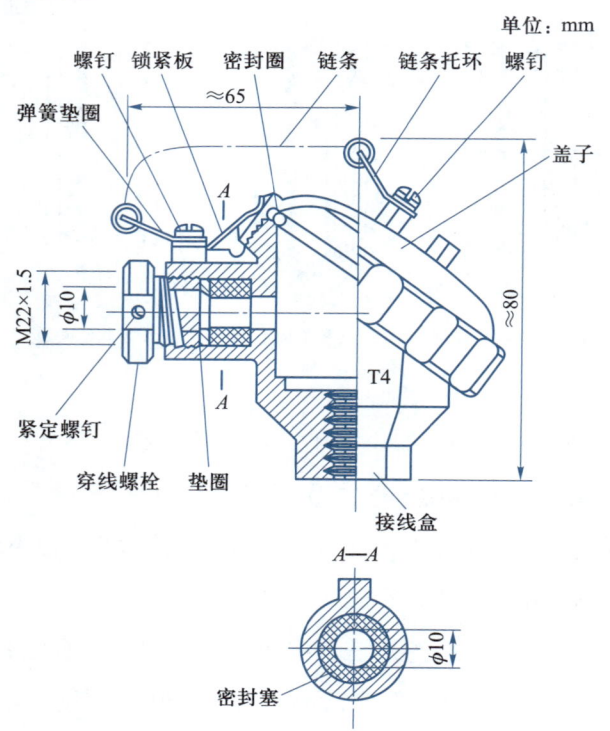

性混合气体发生爆炸时，其内压不会破坏接线盒，产生的热量也不会向外扩散。

　　除以上各种结构外，还有测量圆弧表面温度的表面热电偶，测量气流温度的热电偶，多点式热电偶和串、并联用热电偶等。

　　热电偶按接线盒结构形式的不同，可分为普通型、防溅型、防水型和防爆型，其特点及用途见表 3-7；按保护管形式的不同，可分为直形、锥形和角形，其特点及用途见表 3-8。

不同结构形式热电偶接线盒的结构特点及用途　表 3-7

形式	结构特点	用途	示意图
普通型	保证有良好的电接触性能，结构简单，接线方便	用于环境条件良好，无腐蚀性气氛	
防溅型	能承受降雨量为5mm/s与水平成45°的人工雨，历时5min（同时保护管绕纵轴旋转）不得有水渗入接线盒内部	适用于雨水和水滴能经常溅到的现场	
防水型	能承受距离为5m、喷嘴直径为25mm的喷水（喷嘴出口前水压低于0.196Pa，历时5min）不得有水渗入接线盒内部	适用于雨露天的生产设备或管道，以及有腐蚀性气氛的环境	
防爆型	防爆型接线盒的热电偶应符合国家标准《防爆电气设备制造检验规程》的规定，并经国家指定的检验单位检验合格	适用于生产现场常伴有各种易燃、易爆等化学气体、蒸气的场合	

保护管和固定装置形式的结构特点及用途　表 3-8

保护管形式	固定装置形式	特点及用途	示意图
直形	无固定装置	保护管材料为金属和非金属两种，适用于常压、温度测量点经常移动或临时需要测温的设备上	l_0　l

保护管形式	固定装置形式	特点及用途	示意图
直形	带加固管的无固定装置	保护管的插入部分为非金属材料，不插入部分加装金属加固管，适用场合同直形无固定装置	
	活动法兰	保护管为金属材料，带活动法兰，适用于常压、插入深度经常需要变化的设备上	
	固定法兰	保护管为金属材料，带固定法兰，适用于压力为3.8MPa以下的设备上测温	
	固定螺纹	保护管为金属材料，带固定螺纹，适用于压力为6.3MPa以下的设备上测温	
锥形	固定螺纹	保护管为金属材料，带固定螺纹的锥形高强度结构，适用于压力为19.6MPa以下，液体、气体或蒸汽流速为80m/s以下的设备上测温	
	焊接	保护管为金属材料，用附加套管将热电偶焊接在设备上，适用场合同锥形固定螺纹	
角形	活动法兰	保护管为金属材料，活动法兰使插入深度能根据需要变化；适用于无法从侧面开孔及顶上辐射热很高的设备上测温	

2. 金属热电阻温度传感器

（1）金属热电阻温度传感器的工作原理、结构和材料

热电阻温度传感器是利用物质的电阻率随温度变化的特性制成的电阻式测温系统。由

纯金属热敏元件制作的热电阻温度传感器称为金属热电阻温度传感器，由半导体材料制作的热电阻称为半导体热电阻温度传感器。

大多数金属导体的电阻值都随温度而变化（电阻–温度效应），其电阻–温度特性方程为

$$R_t = R_0 \left(1 + \alpha t + \beta t^2 + \cdots \right) \tag{3-14}$$

其中，R_t、R_0 分别为金属导体在 $t℃$ 和 0℃时的电阻值；α、β 为金属导体的电阻温度系数。对于绝大多数金属导体，α、β 等并不是一个常数，而是温度的函数。但在一定的温度范围内，α、β 等可近似地视为一个常数。不同的金属导体，α、β 等保持常数所对应的温度范围不同。

感温元件的材料应满足如下要求。

① 材料的电阻温度系数 α 要大。α 越大，热电阻的灵敏度越高，纯金属的 α 比合金的高，所以一般均采用纯金属材料作为热电阻感温元件。

② 在测温范围内，材料的物理、化学性质稳定。

③ 在测温范围内，α 保持常数，便于实现温度表的线性刻度特性。

④ 具有比较大的电阻率 ρ，以利于减小元件尺寸，从而减小热惯性。

⑤ 特性复现性好，容易复制。

比较适合以上条件的材料有铂、铜、铁和镍等。

（2）铂热电阻（WZP）

铂的物理、化学性质非常稳定，是目前制造热电阻的最好材料。铂热电阻除用作一般工业测量温度外，主要作为标准电阻温度计，广泛应用于温度的基准、标准的传递。它长时间稳定的复现性可达 10^{-4}K，是目前测温复现性最好的一种温度计，其结构如图 3-33 所示。在国际实用温标中，铂热电阻作为 −259.34～630.74℃温度范围内的温度基准。

铂热电阻一般由直径为 0.02～0.07mm 的铂丝绕在片形云母骨架上且采用无感绕法，然后装入玻璃或瓷绝缘套管等保护管内，铂丝的引线采用银线，引线用双孔瓷绝缘导管绝缘。目前，也有采用丝网印刷方法来制作铂膜电阻，或采用真空镀膜方法制作铂膜电阻。

铂热电阻的结构　图 3-33

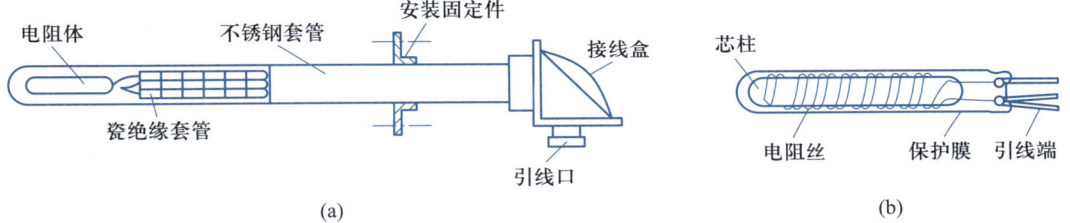

(a)　　　　　　　　　　　　　　　　(b)

铂热电阻的测温精度与铂的纯度有关，通常用百度电阻比 W（100）表示铂的纯度，即 100℃时的电阻值与 0℃时的电阻值的比值。W（100）越大，表示铂电阻丝纯度越高，测温精度也越高。国际实用温标规定：作为基准器的铂热电阻，其百度电阻比 W（100）≥1.39256，与之相应的铂纯度为 99.9995%，测温精度可达 ±0.001℃（最高可达 ±0.0001℃）；作为工业用标准铂热电阻，W（100）≥1.391，在 −200~0℃之间其测温精度为 ±1℃，在 0~100℃之间为 ±0.5℃，在 100~650℃之间为 ±（0.5%）t。

铂丝的电阻值 R_t 与温度 t 之间关系（电阻−温度特性）可表示为

$$R_t = R_0(1 + At + Bt^2),\ 0℃ \leqslant t \leqslant 650℃$$

$$R_t = R_0[1 + At + Bt^2 + C(t-100)t^3],\ -200℃ \leqslant t \leqslant 0℃$$

式中：R_t、R_0 为温度分别在 t℃和 0℃时铂热电阻的电阻值；A、B、C 为由实验测得的系数，与 W（100）有关，在测温范围不大时，基本呈线性。

对于常用的工业铂热电阻，[W（100）=1.391]，$A = 3.96847 \times 10^{-3}/℃$，$B = -5.847 \times 10^{-7}/℃$，$C = -4.22 \times 10^{-12}/℃$。我国铂热电阻的分度号主要为 Pt_{100} 和 Pt_{50} 两种，其 0℃时的电阻值 R_0 分别为 100Ω 和 50Ω。此外，还有 $R_0 = 1000Ω$ 的 Pt_{1000} 铂热电阻。

（3）铜热电阻（WZC）

铜丝可用于制作 −50~150℃范围内的工业用热电阻温度计。在此温度范围内，铜的电阻值与温度关系接近线性，灵敏度比铂电阻高 [$\alpha_{铜} = (4.25~4.28) \times 10^{-3}/℃$]，容易提纯得到高纯度材料，复制性能好，价格便宜。但铜易于氧化，一般只用于 150℃ 以下的低温测量和没有水分及无腐蚀性介质中的温度测量，铜的电阻率低（$\rho_{铜} = 0.017 \times 10^{-6}Ω \cdot m$，而 $\rho_{铂} = 0.0981 \times 10^{-6}Ω \cdot m$），所以铜电阻的体积较大。

标准化铜热电阻的 R_0（0℃时铜热电阻的电阻值）一般设计为 100Ω 和 50Ω 两种，对应的分度号分别为 Cu_{100} 和 Cu_{50}。

另外，铁和镍两种金属也有较高的电阻率和电阻温度系数，也可制作成体积小、灵敏度高的热电阻温度计。但铁容易氧化，性能不太稳定，故尚未使用。镍的稳定性较好，已被定型生产，用符号 WZN 表示，可测温度范围为 −60~180℃，电阻值 R_0 有 100Ω、300Ω 和 500Ω 三种。

普通型热电阻的结构及其接线盒的结构特点、隔爆热电阻接线盒的结构特点、铠装热电阻常用安装形式及接线盒的结构特点与热电偶的相同。

与热电偶类似，热电阻的电阻值与温度的对应关系可以从热电阻的分度表中查到。

（4）热电阻测量电路

热电阻温度传感器的测量最常用的是电桥电路。因为热电阻的电阻值较小，所以连接导线的电阻值不能忽视，对于 50Ω 的测温电桥，1Ω 的导线电阻就会产生约 5℃ 的误差。为了消除导线电阻的影响，一般采用三线或四线电桥连接法。

图 3-34 所示为热电阻测温电桥电路（三线连接法）。G 为检流计，R_1、R_2、R_3 为固定电阻，R_a 为零位调节电阻。热电阻 R_t 通过电阻为 r_1、r_2、r_3 的三根导线和电桥连接，r_1 和 r_2 分别接在相邻的两桥臂内，当温度变化时，只要它们的长度和电阻温度系数 α 相同，它们的电阻变化就不会影响电桥的状态。电桥在零位调整时，使 $R_4 = R_a + R_{t0}$，R_{t0} 为热电阻在参考温度（如 0℃）时的电阻值。r_3 不在桥臂上，对电桥平衡状态无影响。三线连接法中可调电阻 R_a 触点的接触电阻和电桥桥臂的电阻相连，可能导致电桥的零点不稳定。

热电阻测温电桥电路（三线连接法） 图 3-34

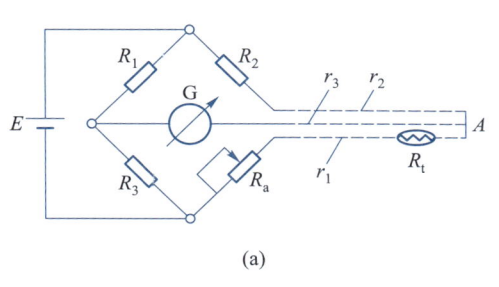

(a)

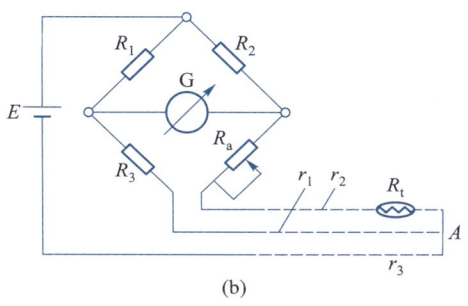

(b)

图 3-35 所示为热电阻测温电桥电路（四线连接法）。调零电位器 R_a 的接触电阻和检流计串联，接触电阻不稳定不会破坏电桥的平衡和正常工作状态。

热电阻测温电桥电路（四线连接法） 图 3-35

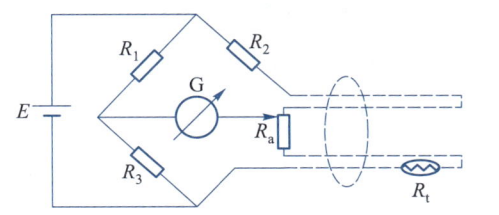

热电阻温度传感器性能最稳定，测量范围广、精度也高，特别是在低温测量中得到广泛的应用。其缺点是需要辅助电源，且热容量大，限制了它在动态测量中的应用。为了避免在测量过程中流过热电阻的电流的加热效应，在设计测温电桥时，要使流过热电阻的电流尽量小，一般小于 10mA。

3. 温度传感器的选型

无论在加工工业应用还是在实验室环境中，准确测量温度是成功的关键。为了使温度传感器在系统中具有较高的性价比，在选型时应根据其优缺点，结合工况选择合适的温度传感器。常见的温度传感器特性区别见表 3-9。

表 3-9　常见的温度传感器特性区别

特性	温度传感器			
	热电偶	热电阻	RTD	芯片型
温度范围（大约）	−270~1800℃	0~100℃	−250~900℃	−55~150℃
线性	较差	最差	好	最好
准确性	好	依赖校准	最好	好
优点	自供电，坚固耐用	快速响应温度变化灵敏度高	最准确，最稳定	线性表现良好，可以支持数字接口
缺点	非线性，需要参考数值，最不稳定，最不敏感	非线性，有限的温度范围需要电流源	需要电流源，电阻变化小，响应慢	需要电源，自加热范围有限
典型应用	极端温度测量，如烤箱、测试设备	低精度，中等温度范围，如吹风机、保护电路	高精度，延长温度范围，如气体和流体流动	计算机，可穿戴设备和数据记录

3.2.3　转矩传感器

转矩传感器主要依靠弹性体的变形来实现转矩测量。在扭转作用下，传感器内的弹性体会因为受到扭转力矩而产生变形，这个变形程度与输入的扭矩大小成正比。同时，传感器内部设有若干个电子应变计来检测弹性体变形时沿不同方向的应变量，将应变量转换为电信号输出，经过运算处理得到扭转力矩。

1. 转矩的基本概念

使机械元件转动的力矩称为转动力矩，简称转矩。机械元件在转矩作用下都会产生一定程度的扭转变形，故转矩有时又称为扭矩。在国际单位制（SI）中，转矩的计量单位为牛·米（N·m）。转矩是各种工作机械传动轴的基本载荷形式，与动力机械的工作能力、能源消耗、效率、运转寿命及安全性能等因素紧密联系。

转矩可分为静态转矩和动态转矩，静态转矩不随时间变化或变化很小；动态转矩随时间变化很大。

静态转矩包括静止转矩、恒定转矩、缓变转矩和微脉动转矩。静止转矩的值为常数，传动轴不旋转；恒定转矩的值为常数，但传动轴以匀速旋转，如电动机稳定工作时的转矩；缓变转矩的值随时间缓慢变化，但在短时间内可认为转矩值是不变的；微脉动转矩的瞬时值有幅度不大的脉动变化。

动态转矩包括振动转矩、过渡转矩和随机转矩。振动转矩的值是周期性波动的；过渡转矩是机械从一种工况转换到另一种工况时的转矩变化过程；随机转矩是一种不确定、变化无规律的转矩。

2. 转矩的测量方法

转矩的测量对传动轴载荷的确定与控制、传动系统工作零件的强度设计及原动机容量的选择等都具有重要的意义。转矩的测量方法可以分为平衡力法、能量转换法和传递法。其中，传递法涉及的转矩测量仪器种类最多，应用最广泛。

（1）平衡力法

平衡力法是通过测量机体上的平衡力矩来确定动力机械主轴上工作转矩的方法，实际上是通过测量力和力臂得出转矩值。

平衡力法是直接从机体上测转矩，仅适合测量静态转矩（如恒定转矩），不能测动态转矩。

（2）能量转换法

能量转换法依据能量守恒定律，通过测量其他形式能量如电能、热能参数来测量旋转机械的机械能进而求得转矩。本质上就是测量功率和转速。能量转换法一般只在电动机测转矩方面有较多的应用。

（3）传递法

传递法是指利用弹性元件在传递转矩时物理参数的变化与转矩的对应关系来测量转矩的一类方法。下面介绍几种利用传递法测量转矩的方法。

① 应变式转矩测量。在转轴上可沿正负主应力的方向贴应变片，通过测量由转矩作用在转轴上产生的应变来测量转矩。其中，应变片可以直接贴在需要测量转矩的转轴上，也可以贴在一根特制的轴上制成应变式转矩传感器，用于各种需要测量转矩的场合。

应变式转矩传感器结构简单，精度较高，贴在转轴上的应变片与测量电路一般通过集流环连接。集流环有电刷－滑环式、水银式和感应式等。集流环存在触点磨损和信号不稳定等问题，不适于测量高速转轴的转矩。

② 扭转角式转矩测量。当转轴受转矩作用时，其上两截面间的相对扭转角与转矩成比例，故可通过测量扭转角来达到测量转矩的目的。根据这一原理，可以制成光电式、相位差式、振弦式转矩传感器等。

③ 光电式转矩测量。在转轴上安装两个光栅盘，两个光栅盘外侧设有光源和光敏元件，则制成一个简易的光电式转矩传感器（见图3-36）。

无转矩作用时，两光栅盘的明暗条纹相互错开，完全遮挡住光线，放置于光栅一侧的光敏元件接收不到来自光源的光信号，无电信号输出；当有转矩作用时，转轴扭转变形，光栅盘处的两截面产生相对转角，两光栅盘的暗条纹逐渐重合，部分光线透射到光敏元件上，输出电信号。转矩越大，扭转角越大，照射到光敏元件上的光越多，输出的电信号越大。

④ 相位差式转矩测量。在被测转轴相距 L 的两端各安装一个齿形转轮，靠近转轮沿径向各放置一个感应式脉冲发生器（在永久磁铁上绕一固定线圈而成），则制成相位差式转矩传感器（见图 3-37）。

图 3-36　光电式转矩传感器

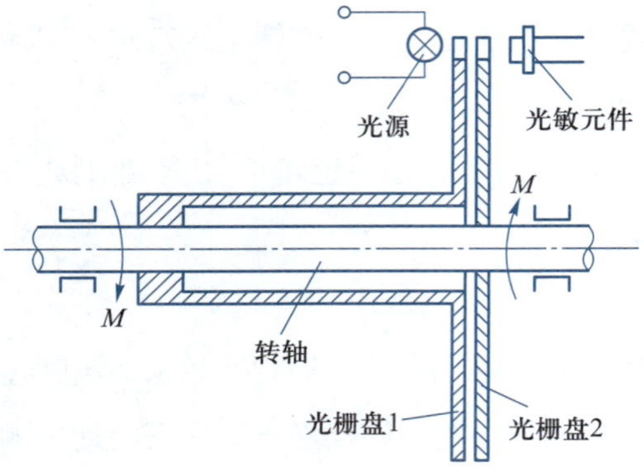

图 3-37　相位差式转矩传感器

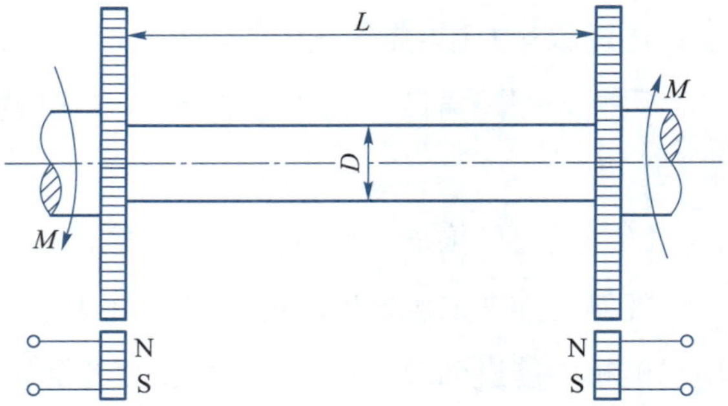

当转轮的齿顶对准永久磁铁的磁极时，磁路气隙减小，磁阻减小，磁通增大；当转轮转动至齿谷对准磁极时，气隙增大，磁通减小，变化的磁通在感应线圈中产生感应电势。无转矩作用时，转轴上安装转轮的两处无相对角位移，两个脉冲发生器的输出信号相位相同。

3. 转矩传感器的选型

选择符合工况需求的转矩传感器是非常重要的。在选型时应考虑以下几个方面。

① 测量方法：转矩传感器有传递法、平衡力法和能量转换法三种测量方法，传递法运用最为广泛。

② 安装方式：适用传递法的转矩传感器又根据其弹性元件的物理参数分为变形型、应力型和应变型三种。应变型安装较为简单方便，价格低廉，产品成熟。尽量选择体积小、质量轻、安装简单方便的转矩传感器。

③ 性能特点：精度、量程、灵敏度和稳定性符合工况需要。

④ 输出信号类型：输出信号类型有频率、电压和电流等，应根据实际需要选择。

4. 转矩传感器的应用

机器人手腕用力矩传感器（见图 3-38）是检测机器人终端环节（如小臂）与手部之间力矩的传感器。目前，国内外研制的腕力传感器种类较多，但使用的敏感元件几乎全都是应变片，不同的只是弹性结构。驱动轴通过装有应变片的腕部与手部连接，当驱动轴回转并带动手部回转而拧紧螺钉时，手部所受力矩的大小可通过应变片电压的输出测得。

图 3-39 所示为无触点测量力矩示意图。传动轴的两端安装上磁分度圆盘 A，分别用磁头检测两圆盘之间的转角差，利用转角差与负载成比例的关系，即可测量负载力矩的大小。

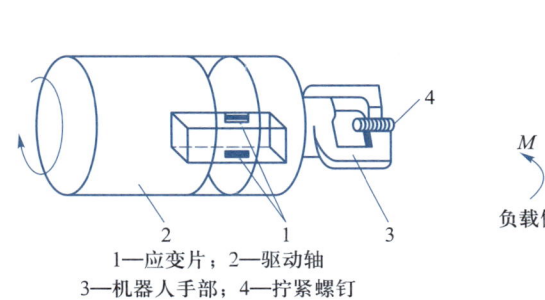

机器人手腕用力矩传感器　图 3-38

1—应变片；2—驱动轴
3—机器人手部；4—拧紧螺钉

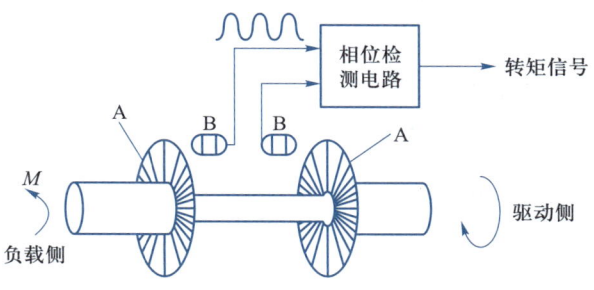

无触点测量力矩示意图　图 3-39

任务实施

1. 任务准备

姓名		实训地点	
班级		学号	
实训日期		指导教师	
实训课时		实训方式	
小组成员		组号	
工作任务	检测发动机的运转参数	教学模式	理实一体化
建议学时	4	设备、器材	位移传感器、热电偶传感器、电工工具套装
任务要求	智慧生产线需实现对发动机运行状态的健康监测，要求在发动机上安装传感器，能分别检测发动机的行程及内部温度等运转参数		

2. 信息搜集

（1）检测发动机行程

在发动机缸盖上安装测量位移的传感器，以实现对发动机行程的检测。

① 位移传感器（KTR3-50）的技术参数（见表 3-10）。

② 位移传感器（KTR3-50）的安装尺寸（见图 3-40）及接线定义（见表 3-11）。

表 3-10　位移传感器（KTR3-50）技术参数

可选量程	10～25mm		50～300mm
重复性精度	0.01mm	线性精度	0.1%
阻值（±10%）	1kΩ		5kΩ
机械行程	量程+3mm	分辨率	无限
最大允许工作电压	DC 24V	输出信号	0～100%给定输入工作电压（随位移变化而变化）
建议使用电流	≤10mA	使用寿命	大于100×10⁶次（或大于25×10⁶m）
最大工作速度	10m/s	冲击系数	IEC68-2-29：1968　50g
使用温度范围	−60～150℃	振动系数	IEC68-2-6：1982　20g
温漂系数		1.5PPM/℃	

图 3-40　位移传感器（KTR3-50）的安装尺寸

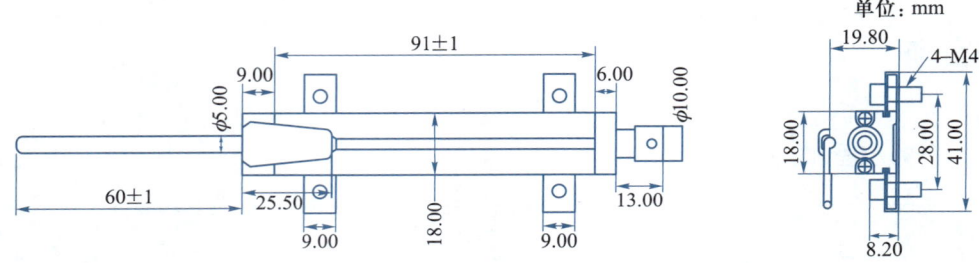

表 3-11　位移传感器（KTR3-50）的接线定义

序号	线型颜色	说明
1	棕色	+24V
2	黑色	信号线
3	蓝色	−24V

（2）检测发动机内部温度

① 热电偶传感器的技术参数。热电偶传感器的技术参数见表 3-12。

表 3-12　热电偶传感器的技术参数

序号	参数	参数值
1	分度号	K
2	螺钉头规格	M6
3	尾线长度	1～5m
4	测温范围	0～600℃

② 热电偶传感器的安装尺寸及接线定义。热电偶传感器的安装尺寸如图 3-41 所示。热电偶传感器的接线端子及说明见表 3-13。

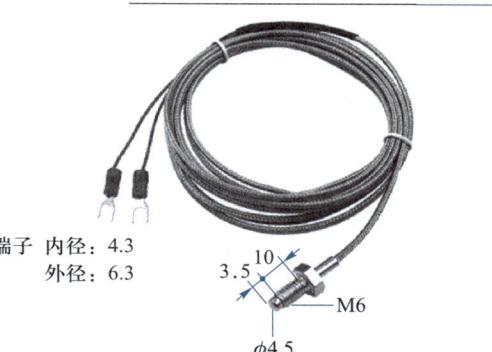

热电偶传感器的安装尺寸　图 3-41

端子　内径：4.3
　　　外径：6.3

10
3.5
M6
φ4.5

3. 实施步骤

（1）查询传感器的技术参数

① 与学习小组成员讨论任务需求，传感器各项参数的含义，选择并判断位移传感器（KTR3-50）的规格参数是否满足任务要求。

热电偶传感器的接线端子及说明　表 3-13

端子颜色	说明
红色	正极
蓝色	负极

② 讨论并记录位移传感器选型依据。

1. _____
2. _____
3. _____
......

③ 与学习小组成员讨论任务需求，选择并判断热电偶传感器的规格参数是否满足任务要求。

1. _____
2. _____
3. _____
......

④ 讨论并记录热电偶式传感器选型依据。

1. _____
2. _____
3. _____
......

（2）清楚安装方法及接线方式

① 与学习小组成员讨论所选位移传感器的安装方法和接线方式，并分别记录安装时应注意和考虑的事项。

1. _____
2. _____
3. _____
    ......
_____
_____

② 与学习小组成员讨论所选热电偶传感器的安装方法和接线方式，并分别记录安装时应注意和考虑的事项。

1. _____
2. _____
3. _____
    ......
_____
_____

（3）传感器的功能验证

① 位移传感器功能验证。

a. 查阅产品手册，完成位移传感器（电流型）的接线和机械安装，如图 3-42 所示。

图 3-42　位移传感器（电流型）的接线和机械安装

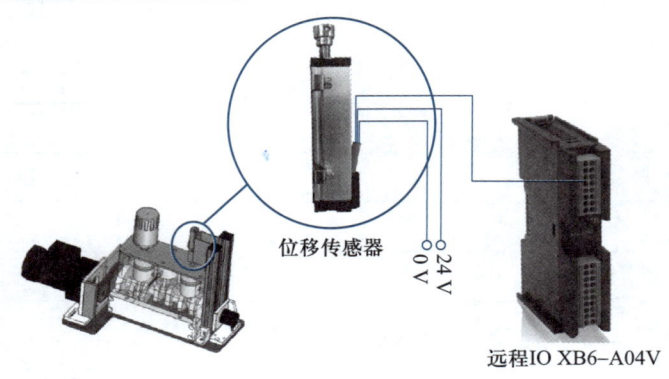

位移传感器　24 V　0 V

远程IO XB6-A04V

b. 位移传感器的数据采用图 3-43 所示通信网络进行采集。

c. 在 WinCC 监控页面查看位移传感器（位移计）检测数据，如图 3-44 所示。

② 热电偶传感器功能验证。

a. 查阅产品手册，完成热电偶传感器的接线和机械安装。其中，图 3-45 中的序号

（②、③、⑦、⑩、⑪、⑫）是接口引脚编号。

视频：调试
位移传感器
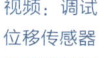

b. 热电偶传感器的数据采用图 3-46 所示通信网络进行采集。

c. 在 WinCC 监控页面查看热电偶传感器（热电偶）检测数据，如图 3-44 所示。

位移传感器的通信网络　图 3-43

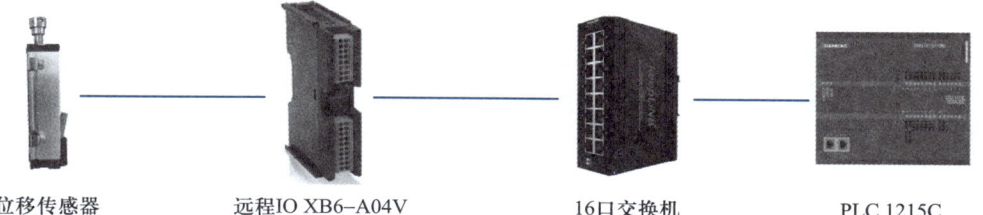

位移传感器　　　　远程IO XB6-A04V　　　　16口交换机　　　　PLC 1215C

WinCC 监控画面　图 3-44

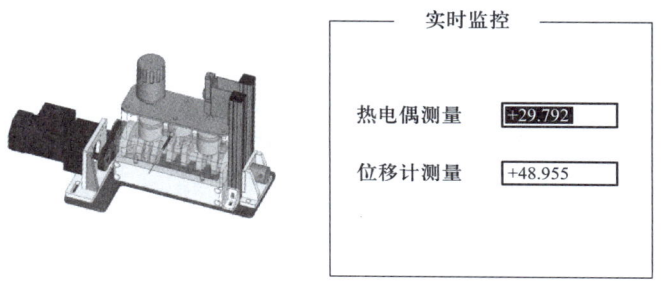

热电偶传感器的安装位置　图 3-45

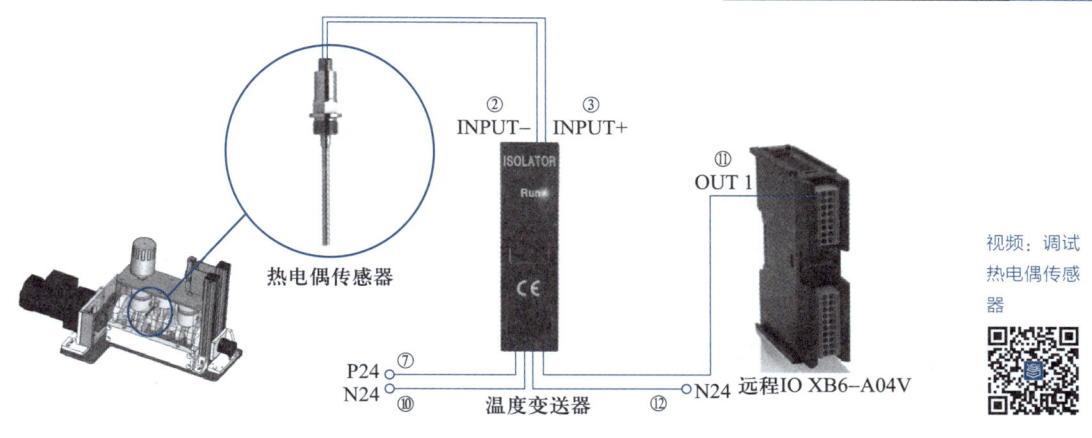

视频：调试
热电偶传感
器

热电偶传感器的通信网络　图 3-46

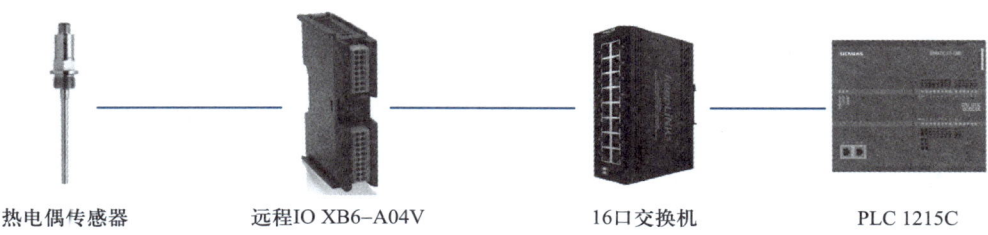

热电偶传感器　　　　远程IO XB6-A04V　　　　16口交换机　　　　PLC 1215C

任务评价

<table>
<tr><td colspan="7" align="center">任务评价表</td></tr>
<tr><td>评价项目</td><td>配分</td><td>序号</td><td>评分标准</td><td>自评</td><td>教师评价</td></tr>
<tr><td rowspan="3">知识掌握</td><td rowspan="3">30分</td><td>1</td><td>了解位移传感器类型、工作原理、选型方法及应用</td><td></td><td></td></tr>
<tr><td>2</td><td>了解温度传感器类型、工作原理、选型方法及应用</td><td></td><td></td></tr>
<tr><td>3</td><td>了解转矩传感器类型、工作原理、选型方法及应用</td><td></td><td></td></tr>
<tr><td rowspan="2">技能掌握</td><td rowspan="2">60分</td><td>4</td><td>能正确安装温度传感器并完成功能验证</td><td></td><td></td></tr>
<tr><td>5</td><td>能正确安装位移传感器并完成功能验证</td><td></td><td></td></tr>
<tr><td rowspan="3">职业素养</td><td rowspan="3">10分</td><td>6</td><td>积极参与团队任务，分工明确，团队协作高效</td><td></td><td></td></tr>
<tr><td>7</td><td>勇于承担，不推卸责任，对执行结果负责</td><td></td><td></td></tr>
<tr><td>8</td><td>任务完成后，主动按照"6S"管理标准的要求对现场进行管理</td><td></td><td></td></tr>
<tr><td colspan="4" align="center">合计</td><td></td><td></td></tr>
</table>

任务 3.3　检测发动机的振动量

任务描述　　发动机运转时产生振动是不可避免的，振动有发动机作为整体的刚体振动，以及气缸燃气压力变化造成的扭转振动和弯曲振动等。这些振动会对发动机的性能和寿命产生负面影响，因此，制造厂家须对发动机振动进行测量和试验，保证发动机的稳定性和可靠性。

智能生产线某工作站对发动机的运行状态实现健康管理，需在发动机曲轴径向上安装传感器检测其振动量。

本任务学习选型及安装传感器，并完成发动机运行振动量的检测。

任务目标　　**知识目标**

了解振动信号的确定性和随机性分类，以及简谐、复杂周期和随机振动的区别。

掌握电测法、机械法和光学法的原理及优缺点，重点理解电测法在振动测量中的应用。

学会测量振幅、频率和相位角，理解这些参数在振动分析中的意义。

能力目标

能够根据发动机的检测需求，正确安装振动传感器。

能够利用安装的振动传感器，实时监测并记录发动机的振动量，以评估其运行状态。

能够基于收集的振动数据进行分析，以预测潜在的设备故障，采取预防措施。

素养目标

在实践操作中不断提升专业知识水平，培养对设备健康管理的专业敏感度。

与团队成员有效沟通，确保对任务目标和操作流程有清晰的理解，发挥团队合作精神。

在任务执行过程中，注重反思与总结，寻找优化操作流程和提高设备监测效率的方法。

知识储备

3.3.1 振动与振动测量

振动是工程技术和日常生活中常见的物理现象，在大多数情况下，振动是有害的，它对仪器设备的精度、寿命和可靠性都会产生影响。然而，振动也有有利的一面，如用于清洗、检测等。无论是利用振动，还是防止振动都应确定其量值。在长期的科学研究和工程实践中，已逐步形成了一门较完整的振动工程学科。随着现代工业和现代科学技术的发展，对各种仪器设备提出了低振级和低噪声的要求，以及对主要生产过程或重要设备进行监测、诊断，对工作环境进行控制等。这些都离不开对振动的测量。

1. 振动信号的分类

振动信号按时间历程的分类如图 3-47 所示，振动可分为确定性振动和随机性振动两大类。

确定性振动可分为周期振动和非周期振动。周期振动包括简谐振动和复杂周期振动。非周期振动包括准周期振动和瞬态与冲击振动。准周期振动由一些不同频率的简谐振动合成，在这些不同频率的简谐分量中，总会有一个分量与另一个分量的频率的比值为无理数，因而是非周期振动。

随机性振动是一种非确定性振动，它只服从一定的统计规律，可分为平稳随机振动和非平稳随机振动。平稳随机振动又包括各态历经的平稳随机振动和非各态历经的平稳随机振动。

图 3-47　振动信号按时间历程的分类

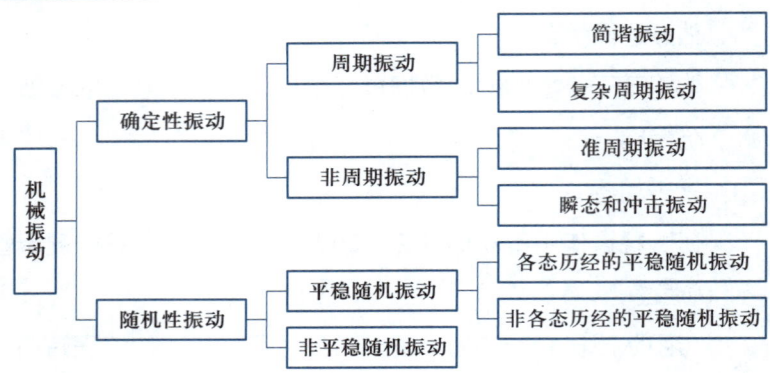

一般来说，仪器设备的振动信号中既包含确定性振动，又包含随机性振动。但对一个线性振动系统来说，振动信号可用谱分析技术化作许多简谐振动的叠加。因此，简谐振动是最基本、最简单的振动。

2. 振动的测量方法

按振动信号转换的方式，振动的测量方法可分为电测法、机械法和光学法，见表 3-14。下面主要介绍目前广泛应用的电测法。

表 3-14　振动的测量方法

名称	原理	优缺点及应用
电测法	将被测对象的振动量转成电量，然后用电量测试仪器进行测量	灵敏度高，频率范围及动态、线性范围宽，便于分析和遥测，但易受电磁场干扰，是目前最广泛应用的方法
机械法	利用杠杆原理将振动放大后直接记录下来	抗干扰能力强，频率范围及动态、线性范围窄，测量时会给工件加上一定的负荷，影响测量结果，适用于低频大振幅振动及扭振的测量
光学法	利用光杠杆原理、读数显微镜、光波干涉原理及激光多普勒效应等进行测量	不受电磁场干扰，测量精度高，适用于对质量小、不宜安装传感器的试件做非接触测量，在精密测量和传感器、测振仪标定中用得较多

对于电测法振动测量系统，由于振动的复杂性，在用电测法测量振动时，其测量系统是多种多样的。由图 3-48 可知，一个一般的振动测量系统通常由激振、测振传感器、中间转换电路、振动分析仪器及显示记录等环节所组成。

3.3.2　振动参数的测量

振动参数是指振幅、频率、相位差和阻尼比等物理量。

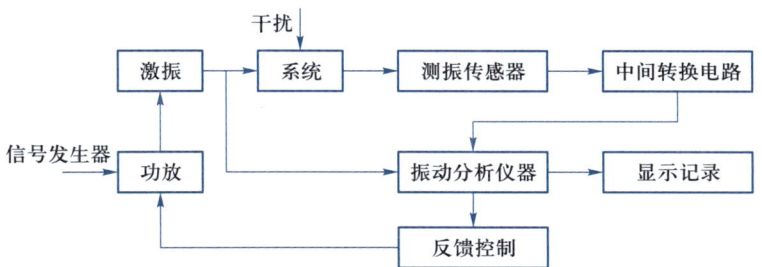

1. 振幅的测量

振动量的幅值是时间的函数，常用峰值、峰-峰值、有效值和平均绝对值来表示。峰值是从振动波形的基线位置到波峰的距离，峰-峰值是正峰值到负峰值之间的距离。在考虑时间过程时，常用有效（均方根）值和平均绝对值表示。有效值和平均绝对值分别定义为

$$Z_{rms} = \sqrt{\frac{1}{T}\int_0^T Z^2(t)\,dt} \qquad (3-15)$$

$$\bar{z} = \frac{1}{T}\int_0^T |z(t)|\,dt \qquad (3-16)$$

对简谐振动而言，峰值、有效值和平均绝对值之间的关系为

$$Z_{rms} = \frac{\pi}{2\sqrt{2}}\bar{z} = \frac{1}{\sqrt{2}}z_f \qquad (3-17)$$

式中：z_f 为振动峰值。

2. 频率的测量

简谐振动的频率是单一频率，测量方法分直接法和比较法两种。直接法是将拾振器的输出信号送到各种频率计或频谱分析仪，直接读出被测简谐振动的频率。比较法是在缺少直接测量频率仪器的条件下，用示波器通过比较测得频率。

3. 相位差的测量

相位差只有在频率相同的振动之间才有意义。测定两个同频振动之间的相位差常用直读法和比较法。直读法是利用各种相位计直接测定。比较法常用录波比较法，它是利用记录在同一坐标纸上的被测信号与参考信号之间的时间差 τ 求出相位差。

$$\varphi = \frac{\tau}{T}\times 360° \qquad (3-18)$$

4. 阻尼比的测量

阻尼比导出的参数，可以通过测量振动的一些基本参数后，由公式计算得出。常用的方法有振动波形图法、共振法和半功率点法等。

3.3.3 振动传感器的分类及选型

振动传感器是将被测对象的机械振动量（位移、速度或加速度）转换为与之有确定关系的电量（如电流、电压或电荷）的装置。

1. 振动传感器的类型

按振动测量方法的力学原理，振动传感器可分为绝对式（惯性式）和相对式；按照测量时是否和被测物体接触，振动传感器可分为接触式和非接触式；按工作原理不同，振动传感器可分为压电式、磁电式、电动式、电容式、电感式、电涡流式、电阻式和光电式等。

2. 振动传感器的选型

振动传感器是一种广泛应用于工业生产、机械设备、交通运输等领域的设备，用于测量物体振动状态。为了使其在系统中具有高的性价比，在选型时应从以下方面考虑。

① 测量范围：不同的应用场景需要不同的测量范围。例如，在机械设备中，需要选择能够测量设备正常运行时的振动范围，以便及时发现异常情况。如果选用的传感器测量范围过小，可能无法检测到异常振动；而如果测量范围过大，可能会导致测量误差增大。

② 频率响应：不同的应用场景需要不同的频率响应范围。例如，在汽车行驶过程中，需要选择能够测量车辆振动频率的传感器，以便及时发现车辆的故障。如果传感器的频率响应范围不够广，可能会漏掉一些重要的振动信号。

③ 精度：精度越高，测量结果越准确，但同时价格也会相应提高。根据实际需求，选择适当的精度，以平衡成本和准确性。在一些对振动测量要求较高的场景，如航空航天领域，需要选择高精度的传感器，以确保测量结果的准确性。

④ 稳定性：稳定性越好，传感器在长时间使用过程中的性能变化越小。在工业生产等需要长时间稳定运行的场景中，选择具有较好稳定性的振动传感器，能够提高生产效率和产品质量。如果传感器的稳定性较差，可能会导致测量结果的偏差增大，影响生产过程的控制和调整。

⑤ 耐久性：在一些恶劣环境中，如高温、高湿度、强振动等条件下，传感器需要具备较好的耐久性，能够正常工作并保持良好的测量性能。例如，在船舶领域，需要选择能够耐受海水侵蚀和强风浪冲击的传感器，以确保测量结果的可靠性和稳定性。

⑥ 安装方式和接口类型：不同的应用场景需要不同的安装方式和接口类型。例如，在机械设备中，需要选择便于安装和接口兼容的传感器，以便快速部署和集成。如果传感器的安装方式和接口类型与现有设备不匹配，可能需要进行额外的改造和调整，会增加成本和工作量。

任务实施

1. 任务准备

姓名		实训地点	
班级		学号	
实训日期		指导教师	
实训课时		实训方式	
小组成员		组号	
工作任务	检测发动机的振动量	教学模式	理实一体化
建议学时	4	设备、器材	振动传感器、电工工具套装
任务要求	在发动机曲轴径向上安装传感器以实时检测其振动量，实现对发动机运行状态的健康监测		

2. 信息搜集

无线温振一体传感器（见图3-49）可以摆脱有线束缚，避免环境限制，适用于造纸、钢铁、化工、能源、建材、水泥等行业的在线监测及分析系统。无线温振一体传感器（ME150-3）的技术参数见表3-15。

无线温振一体传感器 图 3-49

无线温振一体传感器（ME150-3）的技术参数 表 3-15

ME150-3			
类型	$X/Y/Z$三轴加速度传感器	振动量程	最高：±40g（可定制）
温度采集方式	接触式测温对象物体检测范围为−70～380℃	通道数	3通道振动+1通道温度
A/D转换器	20bit	温度测量误差	±0.5℃
分析频宽	0.977Hz～1kHz（速度/加速度）	传输方式	Wi-Fi（TCP或CAT4）
传输距离	50m	防护认证	IP68
存储温度	−45～90℃	工作温度	−40～75℃
频谱线数	6400（默认1600）	电池	3.7V 13600mAh标准充电时间15h充电温度：0～45℃

3. 实施步骤

（1）查询传感器的技术参数

① 与小组成员讨论任务需求，传感器各项参数的含义，选择并判断无线温振一体传感器（ME150-3）的规格参数是否满足任务要求。

② 讨论并记录振动传感器选型依据。

1. _____

2. _____

3. _____

…… _____

_____

（2）清楚安装方法及接线方式

与学习小组成员讨论所选无线温振一体传感器的安装方法和接线方式，并分别记录安装时应注意和考虑的事项。

1. _____

2. _____

3. _____

…… _____

_____

（3）传感器的功能验证

① 查阅产品手册，完成无线温振一体传感器的机械安装，如图 3-50 所示。

图 3-50　无线温振一体传感器的机械安装

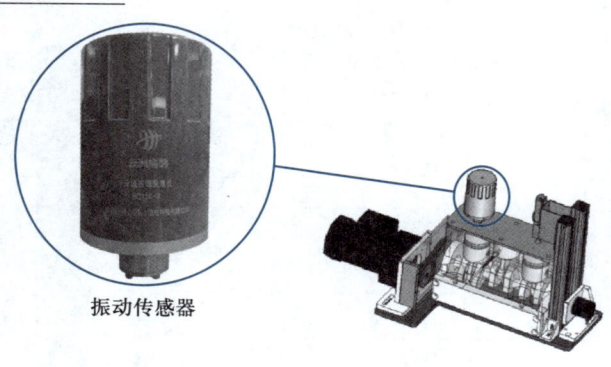

振动传感器

② 无线温振一体传感器的数据采用图 3-51 所示通信网络进行采集。

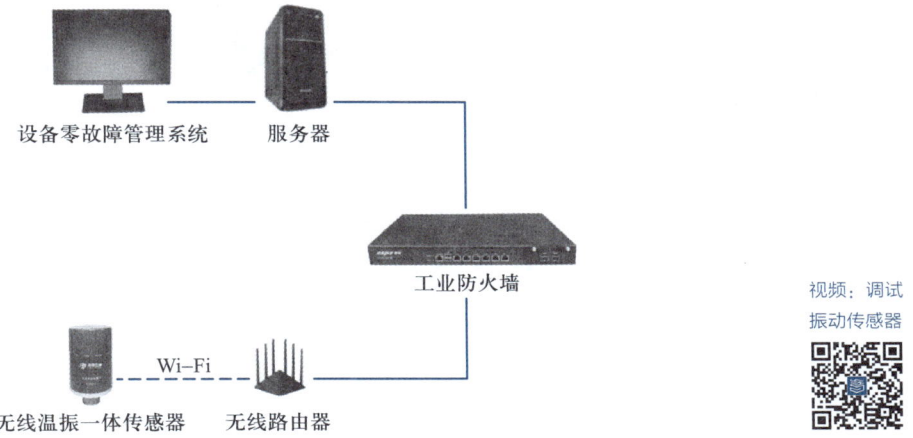

视频：调试
振动传感器

③ 在无线温振一体传感器智能管理系统软件的标准监控界面，查看 X、Y、Z 方向的振动波形，如图 3-52 所示。

无线温振一体传感器 $X/Y/Z$ 方向的振动波形　图 3-52

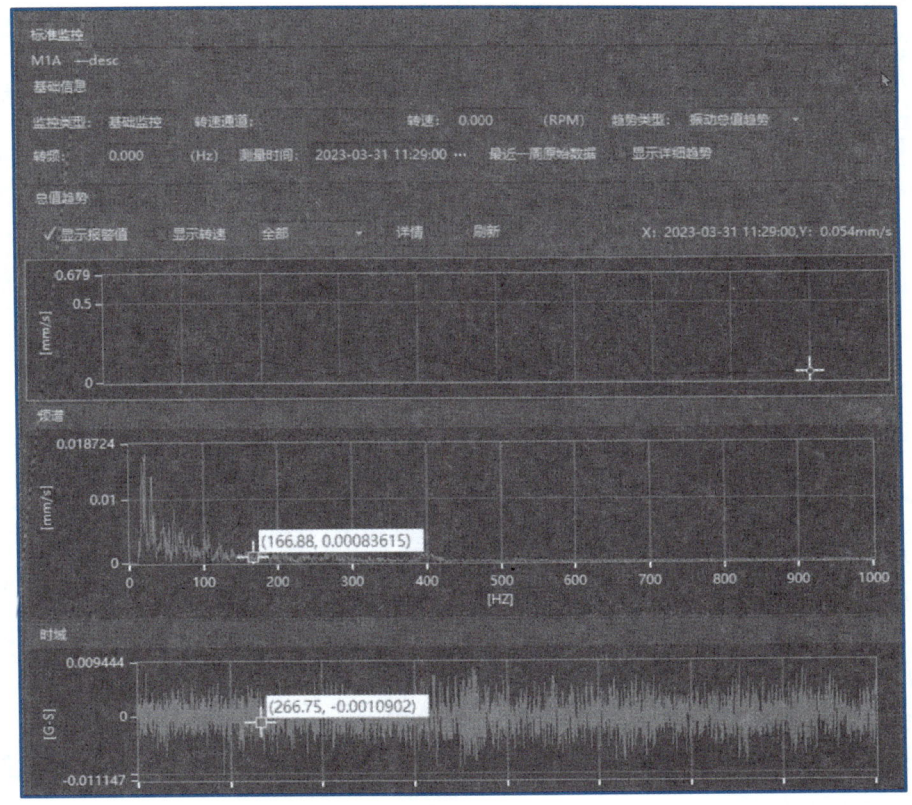

任务评价

<table>
<tr><td colspan="7" align="center">任务评价表</td></tr>
<tr><td>评价项目</td><td>配分</td><td>序号</td><td>评分标准</td><td>自评</td><td>教师评价</td></tr>
<tr><td rowspan="3">知识掌握</td><td rowspan="3">30分</td><td>1</td><td>了解振动信号的分类和测量方法</td><td></td><td></td></tr>
<tr><td>2</td><td>了解振幅、频率、相位角的测量方法</td><td></td><td></td></tr>
<tr><td>3</td><td>了解振动传感器类型及选型方法</td><td></td><td></td></tr>
<tr><td rowspan="2">技能掌握</td><td rowspan="2">60分</td><td>4</td><td>能正确安装振动传感器</td><td></td><td></td></tr>
<tr><td>5</td><td>能实时检测其振动量，实现对发动机运行状态的健康监测</td><td></td><td></td></tr>
<tr><td rowspan="3">职业素养</td><td rowspan="3">10分</td><td>6</td><td>积极参与团队任务，分工明确，团队协作高效</td><td></td><td></td></tr>
<tr><td>7</td><td>责任心强，勇于承担责任，对执行结果负责</td><td></td><td></td></tr>
<tr><td>8</td><td>任务完成后，主动按照"6S"管理标准的要求对现场进行管理</td><td></td><td></td></tr>
<tr><td colspan="4" align="center">合计</td><td></td><td></td></tr>
</table>

项目测评

一、单选题

1. 在智能生产线设备健康管理中，状态监测系统的核心目的是（   ）。

A. 提升设备的美观程度　　　　　　　B. 监控设备运行状态，预防故障

C. 减少设备的能耗　　　　　　　　　D. 增加设备的操作难度

2. 光电式传感器的基本工作原理依赖于（   ）。

A. 热电效应　　　B. 光电效应　　　C. 压电效应　　　D. 磁阻效应

3. 在发动机运转角度检测任务中，使用的传感器类型是（   ）。

A. 热电偶传感器　　　　　　　　　　B. 光电式传感器

C. 位移传感器　　　　　　　　　　　D. 增量式光电编码器

4. 光电编码器分为（   ）两种类型。

A. 绝对式和相对式　　　　　　　　　B. 增量式和绝对式

C. 动态式和静态式　　　　　　　　　D. 直流式和交流式

5. 以下（   ）不是热电偶温度传感器的优点。

A. 结构简单　　　B. 使用方便　　　C. 需要外部电源　　　D. 可测局部温度

6. 转矩传感器选型时，（   ）不是主要考虑因素。

A. 测量原理　　　B. 输出信号类型　　　C. 设备的颜色　　　D. 安装方式

7. 位移传感器在（　　　）中应用最少。

A. 汽车工业　　　　　B. 航空航天业　　　　C. 医疗设备　　　　D. 消费电子产品

8. 在光电式转矩传感器中，转矩越大，（　　　）信号越强。

A. 光信号　　　　　　B. 电信号　　　　　　C. 声信号　　　　　D. 热信号

9. 温度传感器在医疗设备中的主要用途是（　　　）。

A. 控制设备温度　　　　　　　　　　　B. 监测病人体温

C. 改善设备操作手感　　　　　　　　　D. 以上都是

10. 以下（　　　）不属于振动测量方法。

A. 电测法　　　　　　B. 机械法　　　　　　C. 光学法　　　　　D. 生物法

二、多选题

1. 在发动机健康监测中，（　　　）参数可以通过传感器直接检测。

A. 发动机曲轴的转动角度　　　　　　　B. 发动机内部温度

C. 发动机的油耗　　　　　　　　　　　D. 发动机的振动量

2. 下列（　　　）是光电编码器的应用场景。

A. 机器人手腕用力矩测量　　　　　　　B. 直线距离测量

C. 转速测量　　　　　　　　　　　　　D. 汽车轮胎压力测量

3. 在选择位移传感器时，需要考虑的因素有（　　　）。

A. 准确度和线性度　　　　　　　　　　B. 期望的量程范围

C. 环境条件，如温度和湿度　　　　　　D. PLC 或控制系统要求的信号类型

4. 下列（　　　）是热电偶温度传感器的应用范围。

A. 测量 100～1300℃范围内的温度　　　B. 用于航空航天领域的飞行控制系统

C. 用于监测发电设备的状态　　　　　　D. 用于测量低于 −100℃的温度

5. 振动的测量方法中，电测法的特点是（　　　）。

A. 灵敏度高　　　　　　　　　　　　　B. 不受电磁场干扰

C. 频率范围宽　　　　　　　　　　　　D. 易于分析和遥测

三、判断题

1. 光电编码器只能用于测量直线位移。　　　　　　　　　　　　　（　　　）

2. 热电偶传感器需要外部电源才能工作。　　　　　　　　　　　　（　　　）

3. 在选择转矩传感器时，应优先考虑其颜色和外观。　　　　　　　（　　　）

4. 光栅位移传感器利用的是光栅的莫尔条纹现象。　　　　　　　　（　　　）

5. 振动信号的分类中，简谐振动属于随机性振动。　　　　　　　　（　　　）

四、问答题

1. 描述光电式转速传感器的基本结构和工作原理。

2. 描述热电偶温度传感器的基本原理。

项目四

智能生产线产品质量检测

项目导言

生产线的连续性和协作性，决定了不可能由某一个车间独立完成产品的全部工序，而只能完成其中一部分质量指标或为了达到某一个质量指标而进行的指标控制，这种对部分或某一个质量技术指标控制的好坏，将直接影响下道工序或整个产品的优劣。

车间产品质量控制大致分为对生产过程质量控制和对半成品、成品质量检验。其中生产线半成品、成品质量检验通常由传感器完成。

随着智能生产制造的快速发展及对产品质量要求日益提高，智能生产线产品质量检测成为智能生产过程中的重中之重。传统的产品质量检测方法容易漏检、误检且效率低下，而机器视觉检测技术的成熟和应用彻底改变了这一状况。

机器视觉检测就是用机器代替人眼来做测量和判断，即通过图像摄取装置（分 CMOS 和 CCD 两种）将被摄取目标转换成图像信号，传送给专用的图像处理系统，根据像素分布和亮度、颜色等信息，转变成数字化信号；图像系统对这些信号进行各种运算来抽取目标的特征，进而根据判别的结果来控制现场的设备动作。

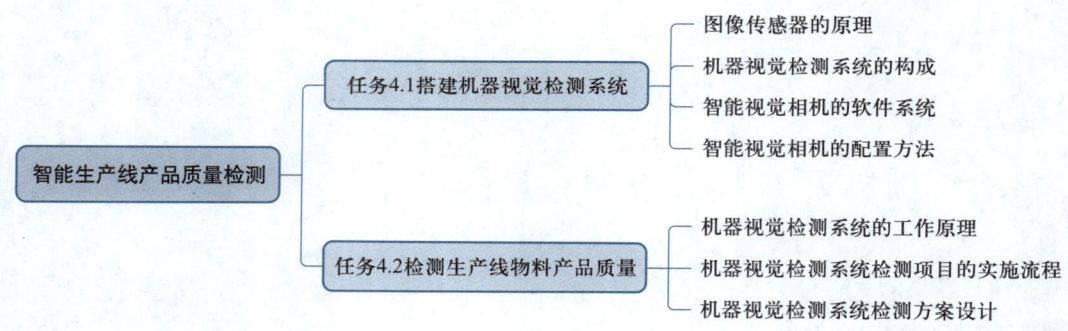

任务 4.1　搭建机器视觉检测系统

任务描述

智能生产线上某车间工作站采用机器视觉实现产品质量检测，通过机器代替人眼来测量和判断产品质量。机器视觉需依靠图像摄取装置将目标转换成图像信号，再经由图像处理系统转化成数字信号，视觉系统对这些信号进行运算输出判定结果，最终实现产品质量检测。由此可见，机器视觉离不开图像传感器。

本任务学习图像传感器的工作原理和分类以及搭建机器视觉检测系统。

任务目标　　了解图像传感器的类型及工作原理。

熟悉机器视觉检测系统的构成。

了解智能视觉软件系统。

掌握智能视觉相机的配置方法。

能正确搭建机器视觉检测系统，使其可对产品颜色及形状尺寸进行检测。

知识储备

4.1.1　图像传感器的原理

图像传感器是利用光电器件的光电转换功能将感光面上的光像转换为与光像成相应比例关系的电信号。与光敏二极管、光敏晶体管等"点"光源的光敏元件相比，图像传感器是将其受光面上的光像，分成许多小单元，将其转换成可用的电信号。在可见光范围中的图像传感器主要有电荷耦合器件（CCD）图像传感器和互补金属氧化物半导体（CMOS）图像传感器。

1. CCD 图像传感器的原理

CCD 图像传感器是一种半导体成像器件，能够把光学影像转化为数字信号。CCD 图像传感器用一种高感光度的半导体材料制成，能把光线转变成模拟信号，通过模数转换器转换成数字信号，数字信号经过压缩以后由相机内部的闪速存储器或内置硬盘保存，因而可以轻而易举地把数据传输给计算机，并借助计算机的处理手段，根据需要和想象来修改图像。

CCD 图像传感器是按一定规律排列的 MOS 电容器组成的阵列，其构造如图 4-1 所示。在 P 型或 V 型硅衬底上生长一层很薄（约 120nm）的二氧化硅，再在二氧化硅薄层上依次沉积金属或掺杂多晶硅电极（栅极），形成规则的 MOS 电容器阵列，再加上两端的输入及输出二极管就构成了 CCD 图像传感器芯片。

图 4-1 CCD 图像传感器的构造

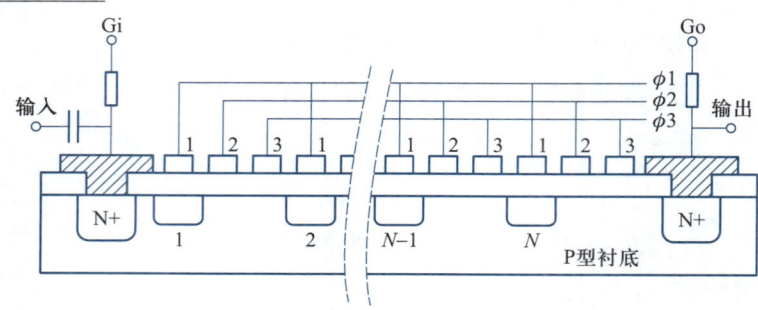

使用 CCD 图像传感器生成图像，可分为四个主要阶段或功能：通过光子与器件光敏区域相互作用产生电荷、收集和存储释放电荷、电荷传输和电荷检测。

信号电荷的产生：CCD 图像传感器通过光电效应将入射光信号转换为电荷输出。

信号电荷的存储：CCD 图像传感器将入射光子激励出的电荷收集起来成为信号电荷包的过程。

信号电荷的传输（耦合）：CCD 图像传感器将所收集起来的电荷包从一个像元转移到下一个像元，直到全部电荷包输出完成的过程。

信号电荷的检测：CCD 图像传感器将转移到输出级的电荷转化为电流或者电压的过程。

CCD 图像传感器作为一种新型光电转换器现已被广泛应用于摄像、图像采集、扫描仪及工业测量等领域。作为摄像器件，与摄像管相比，CCD 图像传感器有体积小、质量轻、分辨率高、灵敏度高、动态范围宽、光敏元件的几何精度高、光谱响应范围宽、工作电压低、功耗小、寿命长、抗振性和抗冲击性好、不受电磁场干扰和可靠性高等一系列优点。目前广泛应用的 CCD 图像传感器主要有两大类，即线阵 CCD 图像传感器和面阵 CCD 图像传感器。

2. CMOS 图像传感器的原理

CMOS 图像传感器是一种典型的固体成像传感器，与 CCD 有着共同的历史渊源。

图 4-2 CMOS 图像传感器的功能示意图

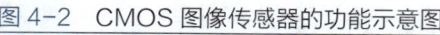
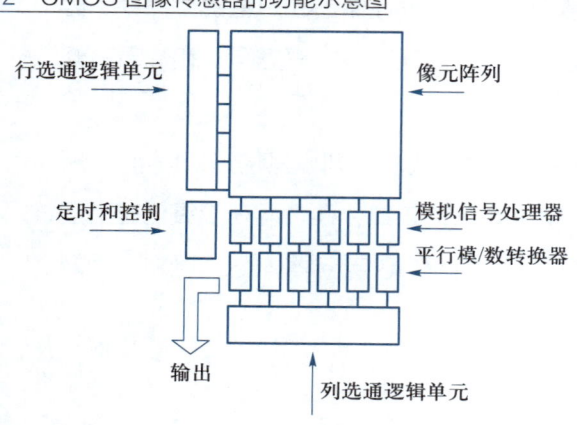

CMOS 图像传感器（见图 4-2）通常由像元阵列、行选通逻辑单元、列选通逻辑单元、定时和控制、平行模/数（A/D）转换器、输出、模拟信号处理器等部分组成，这几部分通常都被集成在同一块硅片上。其工作过程一般可分为复位、光电转换、积分和读出等部分。与传统的 CCD 图像系统相比，把整个图像系统集成在一块芯片上不仅降低了功耗，而且具有质量较轻，占用空间减少及总体价格更低的优点。

外界光照射像元阵列，发生光电效应，在像素单元内产生相应的电荷。行选通逻辑单元根据需要，选通相应的行像素单元。行像素单元内的图像信号通过各自所在列的信号总线传输到对应的模拟信号处理单元及 A/D 转换器，转换成数字图像信号输出。其中的行选通逻辑单元可以对像元阵列逐行扫描也可隔行扫描。行选通逻辑单元与列选通逻辑单元配合使用可以实现图像的窗口提取功能。模拟信号处理器的主要功能是对信号进行放大处理，并且提高信噪比。另外，为了获得质量合格的实用摄像头，芯片中必须包含各种控制电路，如曝光时间控制、自动增益控制等。为了使芯片中各部分电路按规定的节拍动作，必须使用多个时序控制信号。为了便于摄像头的应用，还要求该芯片能输出一些时序信号，如同步信号、行起始信号和场起始信号等。

CMOS 图像传感器的优点之一就是它具有低的带宽，并增加了信噪比。因为电荷被限制在像素以内，所以 CMOS 图像传感器的另一个固有的优点就是它的防光晕特性。在像素位置内产生的电压先是被切换到一个纵列的缓冲区内，然后再被传输到输出放大器中，因此不会发生传输过程中的电荷损耗及随后产生的光晕现象。

4.1.2　机器视觉检测系统的构成

一个机器视觉检测系统通常包括三大部分，分别是图像采集部分、图像处理部分及运动控制部分。基于 PC 的典型机器视觉检测系统通常由图 4-3 所示的部分组成。

基于 PC 的典型机器视觉检测系统　图 4-3

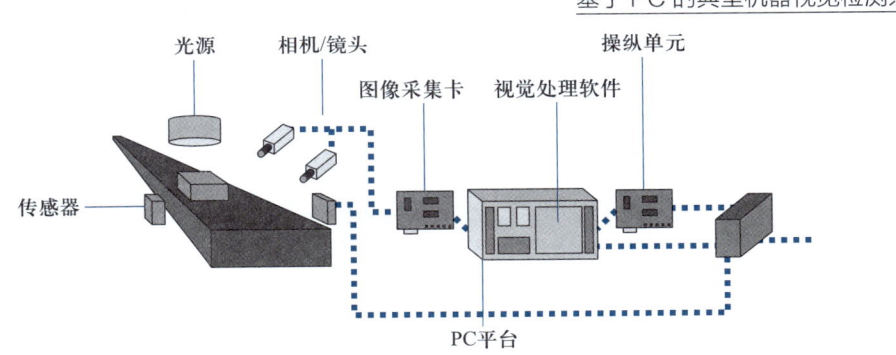

① 传感器：一般以光纤开关和接近开关的形式出现，用以判断被检测物体的位置及其状态，并且传输信息给图像传感器实现采集。

② 光源：光源作为辅助视觉成像的必要条件之一，光源的好坏直接决定了成像效果的质量。目前视觉光源有很多，其中 LED 灯、高频荧光灯、光纤卤素灯等都是很容易获得的，应用最多的是 LED 灯。

③ 相机／镜头：视觉相机是系统的成像设备，通常在视觉系统中都会由一套或多套的视觉相机来组成。

④ 图像采集卡：图像采集卡一般以插入卡的形式安装在 PC 当中，它的工作主要是把视觉相机采集的图像传输给计算机。它将来源于相机的模拟或数字信号转化成相应形式的图像数据流及其他可以操纵相机的一些参数。

⑤ PC 平台：计算机（PC）是一个 PC 式视觉系统的关键，传输过来的视觉图像在这里实现图像数据的处理和大部分的逻辑操纵。为了减少处理时间和提高抗干扰能力，势必要选择工业级的计算机。

⑥ 视觉处理软件：视觉处理软件用以完成输入图像数据的处理，随后根据相应的算法计算出结果，这个输出的结果可能是 PASS/FAIL 信号、坐标位置、字符串等。

⑦ 操纵单元：一旦视觉处理软件完成图像分析（除非仅用于监控），随后需要和外部单元实现通信以完成对生产过程的操纵。

以上 7 个部分是基于 PC 的典型机器视觉检测系统的组成。在实际的应用场景中，机器视觉检测系统会针对不同的场合和检测物，增加或递减不同的功能。

4.1.3　智能视觉相机的软件系统

1. VisionMaster 算法平台介绍

VisionMaster 算法平台集成机器视觉多种算法组件，适用多种应用场景，可快速组合算法，实现对工件或被测物的查找、测量和缺陷检测等。

VisionMaster 算法平台拥有强大的视觉分析工具库，可简单灵活地搭建机器视觉应用方案，无须编程，满足视觉定位、测量、检测和识别等视觉应用需求，具有功能丰富、性能稳定、用户操作友好的特点。

双击启动 VisionMaster 客户端，系统默认弹出启动引导界面，如图 4-4 所示。界面中包含方案类型选择、最近打开方案、查看示例方案、获取更多支持和帮助。

在方案类型选择中选择任一模块即可进入 VisionMaster 主界面，主界面如图 4-5 所示。

① 菜单栏：主要包含文件、设置、系统、工具、帮助等选项。

② 快捷工具条：主要包含保存文件、打开文件、相机管理、控制器管理等工具。

③ 工具箱模块：包含图像采集、定位、测量、识别、标定、对位、图像处理、颜色处理、缺陷检测、逻辑工具、通信等功能模块。

④ 流程编辑模块：在此区域可根据逻辑建立设计方案，实现需求。

⑤ 图像显示模块：在此区域将显示图像的内容及其经算法计算处理后的效果。

⑥ 结果显示模块：可以查看当前结果、历史结果和帮助信息。

⑦ 状态显示模块：显示所选单个工具运行时间、总流程运行时间和算法耗时。

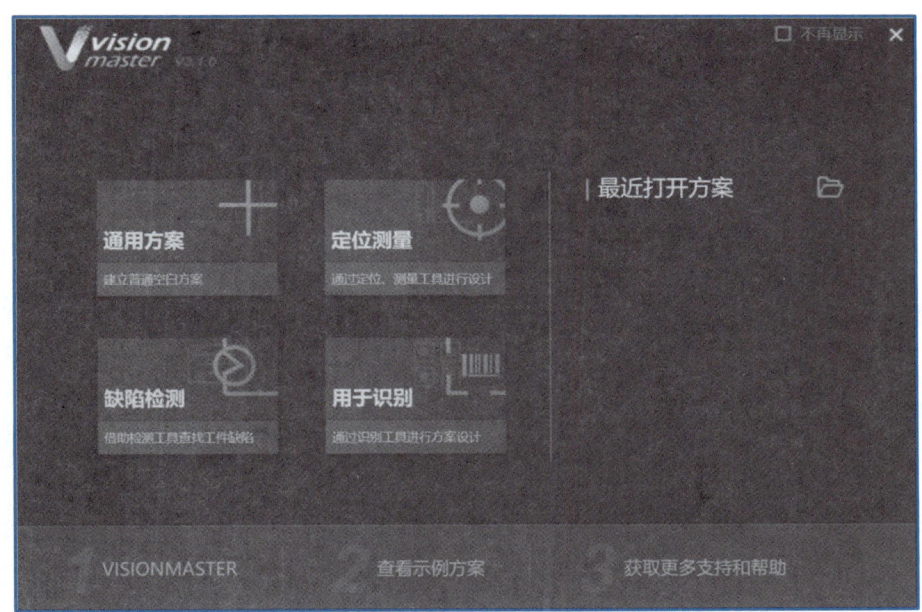

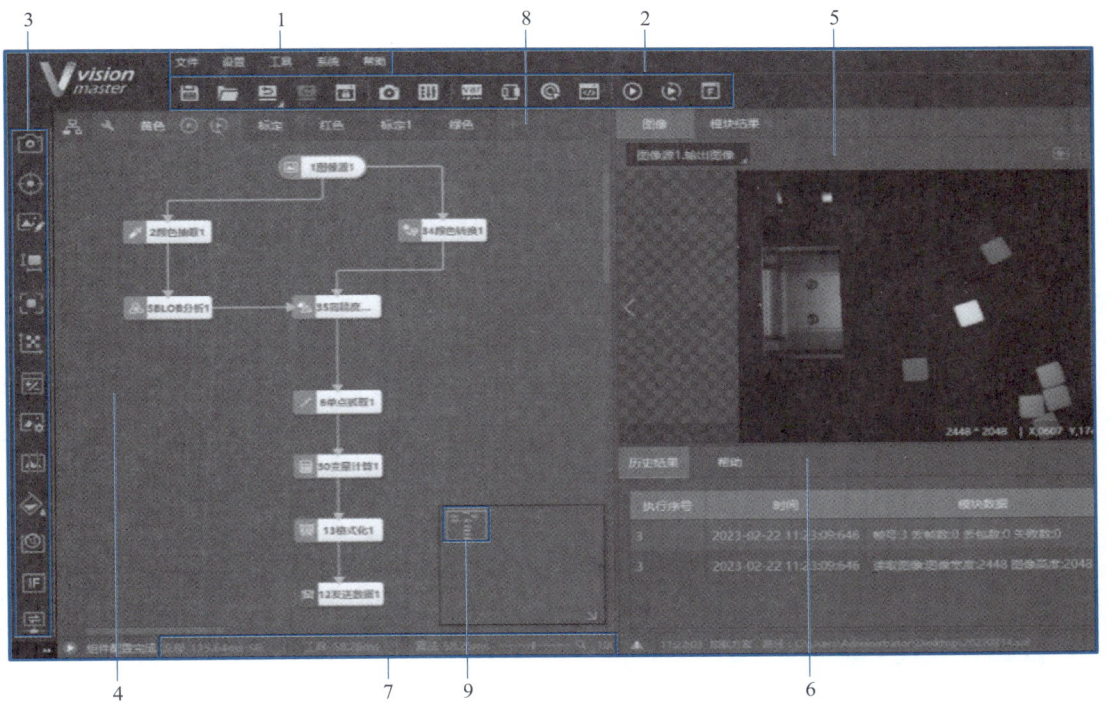

1—菜单栏；2—快捷工具条；3—工具箱模块；4—流程编辑模块；5—图像显示模块；6—结果显示模块；
7—状态显示模块；8—流程栏；9—鹰眼区域

⑧ 流程栏：支持对流程的相关操作。

⑨ 鹰眼区域：支持全局页面查看。

2. ROI 区域

在基本参数设置中，一般主要包括图像输入源的选择和 ROI 的设置，如图 4-6 所示。ROI 区域设置后，对应工具只会对 ROI 区域内的图像进行处理。ROI 区域有绘制和继承两种创建方式。

图 4-6　基本参数——ROI 区域

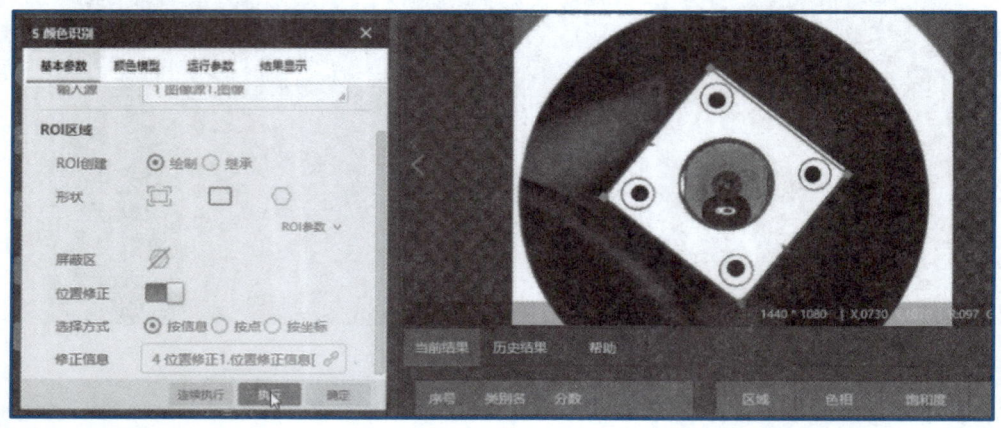

（1）绘制

绘制自己感兴趣区域，对应三个形状，从左到右依次是全选、框选圆形感兴趣区域、框选矩形感兴趣区域，某些模块中还可以自定义最多 32 个顶点的多边形感兴趣区域。

图 4-7　枚举设备

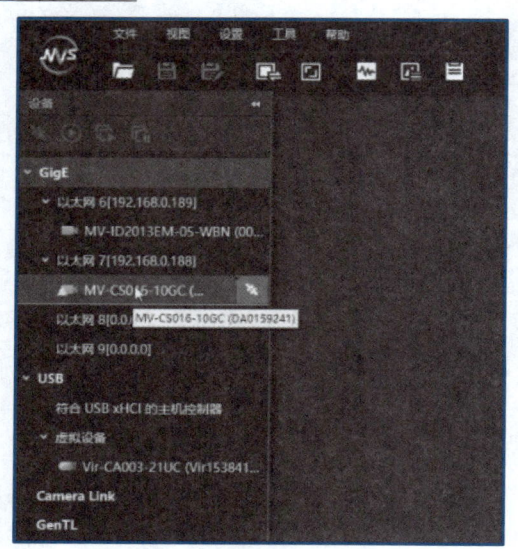

（2）继承

继承前面模块的某个特征区域，继承方式分为按区域和按参数两种。

可以将 ROI 区域理解为一个平面坐标系，对应工具只会对 ROI 区域坐标内的图像进行处理。

4.1.4　智能视觉相机的配置方法

1. 相机的连接

相机需要 MVS 客户端进行连接配置，步骤如下。

步骤 1：安装并打开 MVS 客户端，设备列表会自动显示当前枚举的设备（见图 4-7）。

步骤 2：在侧边栏找到所需连接的相机，右击相机，修改 IP 地址，查看相机 IP 地址设置是否正确（相机 IP 地址与计算机 IP 地址要在同一个网段），如图 4-8 所示。

相机 IP 地址确认及修改　图 4-8

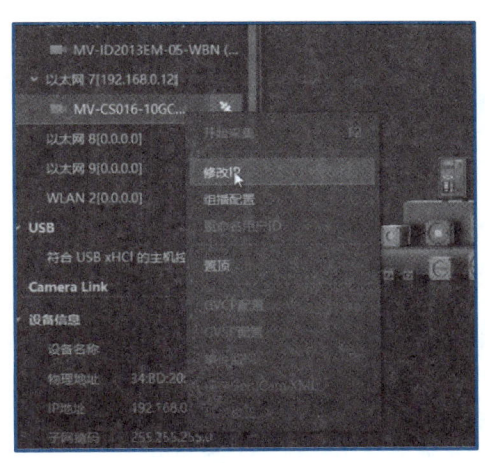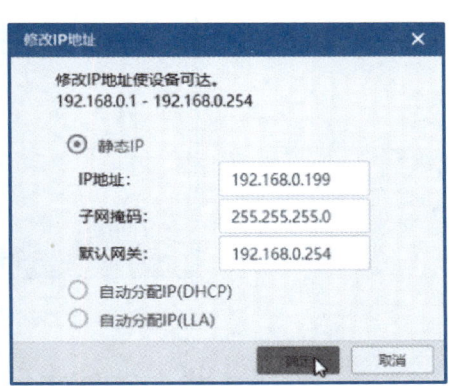

步骤 3：单击所需连接相机设备右侧的连接符号，等待 10s 左右，相机重启连接，当相机图标上出现对钩符号即连接成功（见图 4-9）；否则检查 IP 地址及接线后，重连。

相机连接及成功状态　图 4-9

2. 相机参数的调整

步骤 1：双击打开 VisionMaster 算法平台并新建方案（见图 4-10），开始设置相机参数。

新建方案　图 4-10

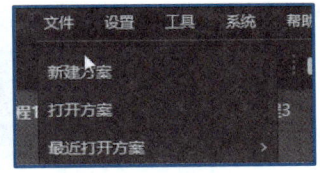

步骤 2：单击快捷工具条中的相机管理按钮，在设备列表中添加全局相机（见图 4-11）。

步骤 3：在已添加的全局相机常用参数界面，"选择相机"栏关联对应的相机设备（见图 4-12）。

步骤 4：拖拽工具箱模块下采集工具中的图像源（见图 4-13）至流程编辑模块，完成图像源的添加。

步骤 5：在相机图像采集区域内放置好检测物体，激活流程的连续执行（见图 4-14），观察所拍摄的图像。

图 4-11　添加相机

图 4-12　相机关联

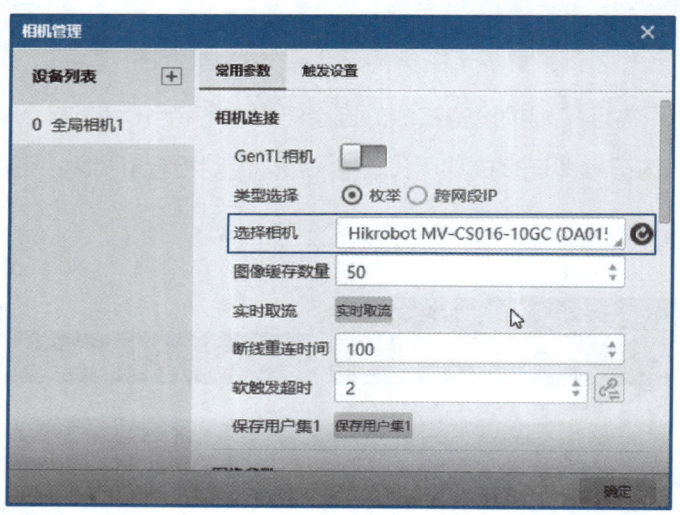

图 4-13　图像源工具块

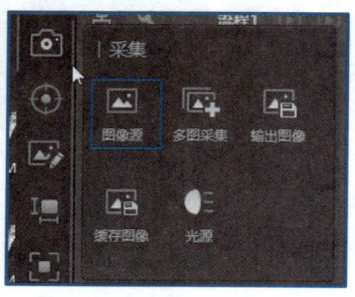

图 4-14　连续执行

　　步骤 6：可通过调节相机的光圈和焦距（见图 4-15），以及进入相机管理中，在相应相机设备的常用参数下调整其对应曝光时间、增益等参数（见图 4-16），优化图像显示，

使图像显示为最优状态。

相机焦距、光圈调节器　图4-15

优化参数　图4-16

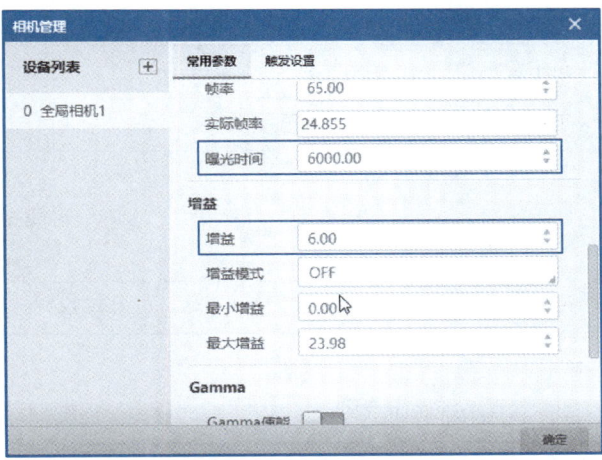

步骤7：单击"保存用户集1"，将设置的相机参数保存（见图4-17），关闭流程的连续执行，结束相机参数的设置。

相机参数保存　图4-17

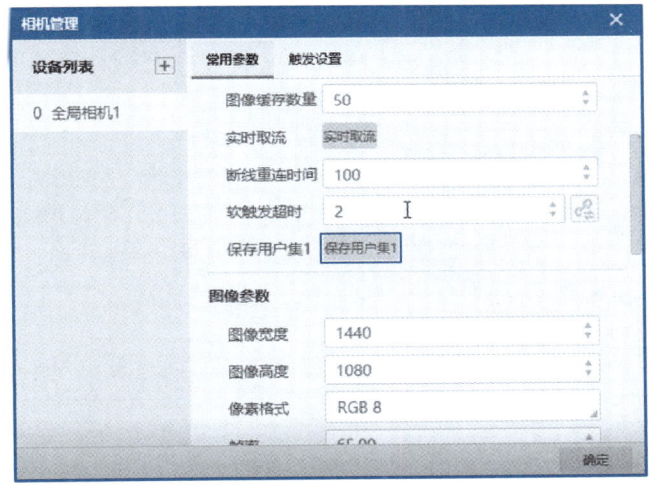

任务实施

1. 任务准备

姓名		实训地点	
班级		学号	

实训日期		指导教师	
实训课时		实训方式	
小组成员		组号	
工作任务	搭建机器视觉检测系统	教学模式	理实一体化
建议学时	4	设备、器材	MV-CA013-A0GC-LT12相机、MV-VB2219-120G控制器、监视器、电工工具套装
任务要求	搭建机器视觉检测系统，使其可对产品颜色及形状尺寸进行检测		

图 4-18　图像处理系统操作流程

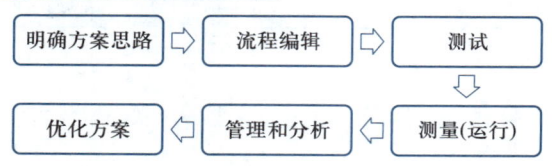

2. 信息搜集

（1）图像处理系统使用流程

图像处理系统操作流程如图 4-18 所示。

（2）图像处理系统组件参数

图像处理系统组件及参数性能见表 4-1。

表 4-1　图像处理系统组件及参数性能

序号	组件名称	系列型号	参数性能
1	控制器	MV-VB2219-120G	搭载全新Intel Elkhart lake平台处理器，提供强大运算性能； 支持GPIO 功能； 支持4路光源控制，成像更高清； 支持4路千兆网口，支持图像高速稳定传输； 支持TCP/IP、Modbus等多种通信方式
2	相机	MV-CS016-10GC	160万像素（彩色）全局快门，1/2.9″，CMOS
3	相机镜头	MVL-HF0828M-6MPE	8mm焦距，600万分辨率，1/1.8″，F2.8
4	环形光源	MV-LRDS-H-55-60-W	颜色：白色，色温：6000～7500K，照射角度：60°，功率：2.9W，供电线长度：1m，接扣类型：SMR-03V-B
5	光源延长线	MV-LW-005-1-S	一分一延长线：5m，SMR-03V-B转SMR-03V-BC接头
6	电源I/O线	MV-ACP-H6p-open-ST-5m	6pin航空头连接线，HR10A-7P-6S转0pen，5m，黑色，单独封装
7	千兆网线	MV-ACG-RJ45S-R45-ST-5m	标准网线，RJ45转RJ45（螺钉） Cat5e，5m，黑色，单独封装

① 相机技术参数。相机技术参数见表 4-2。

型号	MV-CA013-A0GC（彩色）	MV-CS016-10GC（彩色）
传感器类型	CMOS，全局快门	
像元尺寸	4.8μm×4.8μm	3.45μm×3.45μm
靶面尺寸	1/2″	1/2.9″
分辨率	1280×1024	1440×1080
最大帧率	92.8fps @1280×1024 Bayer GB 8	65.2fps @1440×1080 Bayer RG 8
动态范围	40.6 dB	74 dB
增益	0~16 dB	0~24 dB
曝光时间	9μs~10s	超小曝光模式：1~14μs 正常曝光模式：15μs~10 s
快门模式	支持自动曝光、手动曝光、一键曝光模式	
像素格式	Mono 8/10/12 Bayer GB 8/10/10Packed/12/12Packed YUV422Packed，YUV422_YUYV_Packed RGB 8，BGR 8	Mono 8/10/12 Bayer RG 8/10/10Packed/12/12Packed YUV422Packed，YUV422_YUYV_Packed RGB 8，BGR 8
镜像	支持水平镜像、垂直镜像输出	
数据接口	Gigabit Ethernet（1000Mbit/s） 兼容Fast Ethernet（100Mbit/s）	
数字I/O	6-pin P7接头提供供电 I/O: 1路光耦隔离输入（Line0），1路光耦隔离输出（Line1），1路双向可配置非隔离I/O（Line2）	
镜头接口	C-Mount	
协议标准	GigE Vision V2.0，GenICam	
供电	DC 9~24V，支持PoE供电	
典型功耗	DC 2.7W@12V	DC 2.5W@12V
外形尺寸及质量	29mm×29mm×42mm，约100g	
IP防护等级	IP30（正确安装镜头及线缆的情况下）	IP40（正确安装镜头及线缆的情况下）
温度	工作：0~50℃； 储藏：-30~70℃	工作：-30~60℃； 储藏：-30~70℃
湿度	20%~95%RH（无冷凝）	

② 视觉控制器参数。视觉控制器参数见表 4-3。

表 4-3　视觉控制器参数

型号	MV-VB2219-120G	MV-VC2040-128G46-NN
图形处理器	集成Gen7 GPU，支持3D图像硬件加速，支持多种格式的视频解码硬件加速	Intel® UHD Graphics for 10th Gen Intel® Processors
内存/存储	4GB（DDR3L 1333MHz），128GB SSD	8GB，128GB SSD
外部接口　视频输出	2个HDMI端口，支持独立的显示输出，最大分辨率2560×1600	1个HDMI端口，1个VGA端口，支持同时独立显示输出，最大分辨率支持1920×1080 @60Hz
外部接口　数字I/O	支持4路光耦隔离输入，4路光耦隔离输出	支持8路光耦隔离输入，8路光耦隔离输出
外部接口　网络接口	3个标准RJ45 Intel 1210千兆网口	4个千兆网口
外部接口　光源接口	1路压控，输出电压DC 0～24V，最大功率24W	4路24V恒压光源接口，亮度可控，单路最大电流3A，总功耗最大80W，支持外部触发频闪及常亮模式切换
外部接口　USB接口	1个USB3.0接口，3个USB2.0接口，支持扩展1个内置USB2.0接口	2个USB2.0接口，2个USB3.0接口
外部接口　串口	1路半双工RS-485，1路RS-232	1路RS-232，可切换为RS-485/RS-422
加密方式	内含VM6100加密	内含VM6100pro加密
操作系统	Windows 7/10	Windows 10 64位
供电/功耗	DC 24V，2.5A/34W	DC 24V/48W
外形尺寸	134.8mm×91mm×45mm	166mm×205.6mm×86mm
温度	工作温度0～50℃	工作温度为0～50℃，储藏温度为-30～70℃
湿度	20%～80%RH（无冷凝）	

（3）安装与软件操作

① 相机安装步骤。

步骤1：将相机固定到安装位置，选择合适的镜头安装到相机上。

步骤2：使用超五类或六类网线连接相机和千兆交换机或者千兆网卡。

步骤3：选择下述任意一种供电方式。

电源直插供电：使用6-pin或12-pin电源I/O线缆，按照正确的接线方法接在合适的电源适配器上。

PoE供电：对于支持PoE功能的相机，可用网线将相机与带PoE功能的交换机或者网卡连接。

例如CCD相机I/O，选择6-pin电源I/O线缆，其引脚定义及功能说明见表4-4。

引脚示意图	pin	线缆颜色	信号	I/O信号源	说明
	1	橙	DC_PWR	—	相机电源
	2	黄	OPTO_IN	Line0+	光耦隔离输入
	3	紫	GPIO	Line2+	可配置输入或输出
	4	蓝	OPTO_OUT	Line1+	光耦隔离输出
	5	绿	OPTO_GND	Line0/1-	光耦隔离信号地
	6	灰	GND	Line2-	相机电源地

② 视觉控制器安装。视觉控制器使用前需要进行固定安装，有台面放置、螺孔安装和导轨安装三种方式。视觉控制器的安装方法见表 4-5。

视觉控制器的安装方法　表 4-5

步骤	操作	示意图
1	使用螺钉包中的4个M3螺钉将挂架组件固定在后盖上	
2	向下拉动DIN挂架卡板，将DIN导轨卡入挂架组件的导轨卡槽中	
3	松开DIN挂架卡板，确保DIN导轨固定在卡槽内，完成视觉控制器的固定安装	

③ 软件安装及配置。相机需要 MVS 客户端进行相关配置，步骤如下。

步骤1：从官网"服务支持"—"下载中心"—"机器视觉"中下载 MVS 客户端安装包及 SDK 开发包。

步骤2：双击安装包进入安装界面，单击"开始安装"（见图4-19）。

图4-19 单击"开始安装"

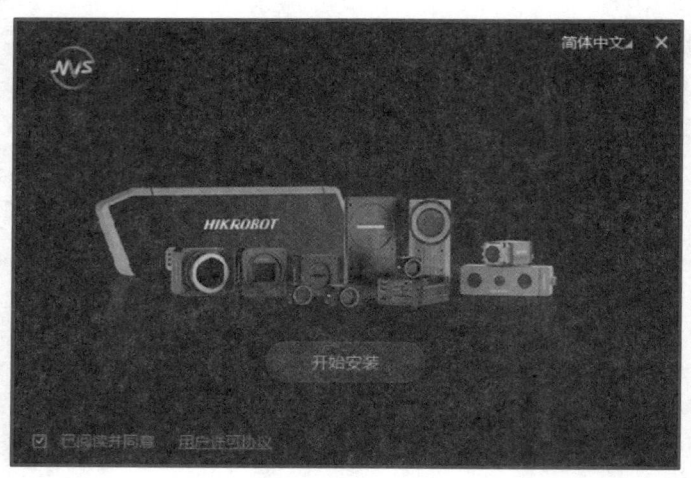

步骤3：选择安装路径（见图4-20）、需要安装的驱动（默认已勾选 GIGE 和 USB 3.0）和其他功能。

图4-20 选择安装路径

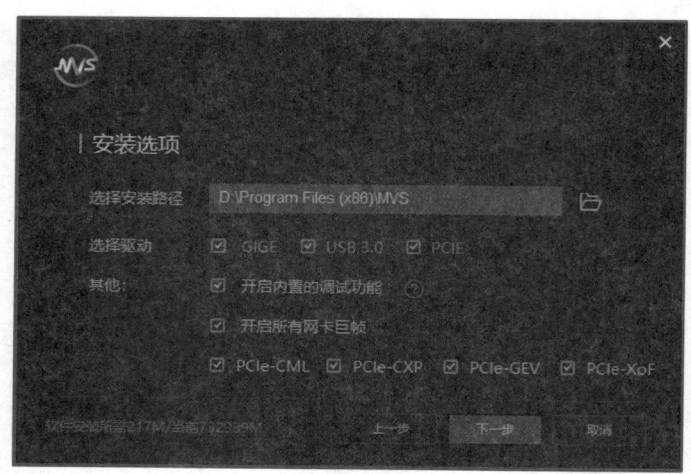

步骤4：单击"下一步"按钮开始安装，安装结束后，单击"完成"按钮即可（见图4-21）。

在使用客户端软件前，需要对 PC 环境进行设置，保证客户端的正常运行及数据传输的稳定性。PC 环境配置步骤如下。

步骤 1：关闭防火墙。进入计算控制面板→所有控制面板项→ Windows Defender 防火墙页面，单击左侧"启用或关闭 Windows 防火墙"后在自定义设置界面（见图 4-22），选择"关闭 Windows Defender 防火墙（不推荐）"，并单击"确定"按钮。

自定义各类网络的设置界面　图 4-22

> 自定义各类网络的设置
> 你可以修改使用的每种类型的网络的防火墙设置。
>
> 专用网络设置 —————————————————————————
> 🛡 ○ 启用 Windows Defender 防火墙
> 　　☐ 阻止所有传入连接，包括位于允许应用列表中的应用
> 　　☑ Windows Defender 防火墙阻止新应用时通知我
> ❌ ● 关闭 Windows Defender 防火墙(不推荐)
>
> 公用网络设置 —————————————————————————
> 🛡 ○ 启用 Windows Defender 防火墙
> 　　☐ 阻止所有传入连接，包括位于允许应用列表中的应用
> 　　☑ Windows Defender 防火墙阻止新应用时通知我
> ❌ ● 关闭 Windows Defender 防火墙(不推荐)
>
> 　　　　　　　　　　　　　　　　　　　　　　确定　　取消

步骤 2：配置本地网络。打开计算机上的网络和共享中心并选择更改适配器配置，选择对应的网卡，建议将 PC 的网口配置成使用静态 IP 地址（见图 4-23）。

图 4-23　使用静态 IP 地址

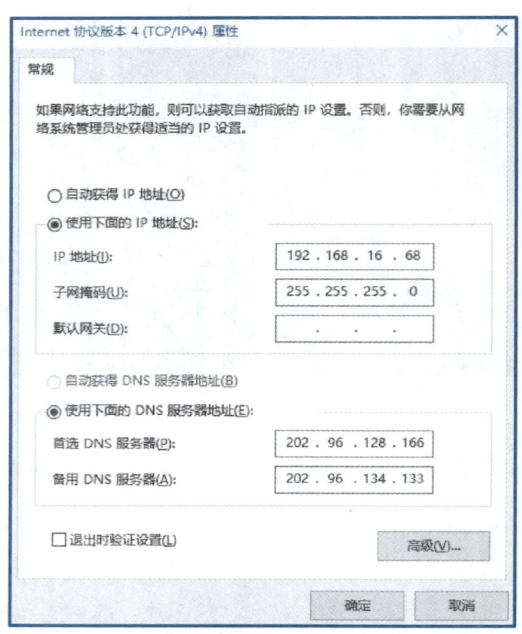

步骤 3：MVS 客户端的安装过程中已默认开启所有网卡巨帧，可通过在客户端中右键对应网口选择网卡属性配置（见图 4-24），打开网卡配置工具，查看巨型包是否启用（启用则表示网卡巨帧已开启）。

图 4-24　选择网卡属性配置

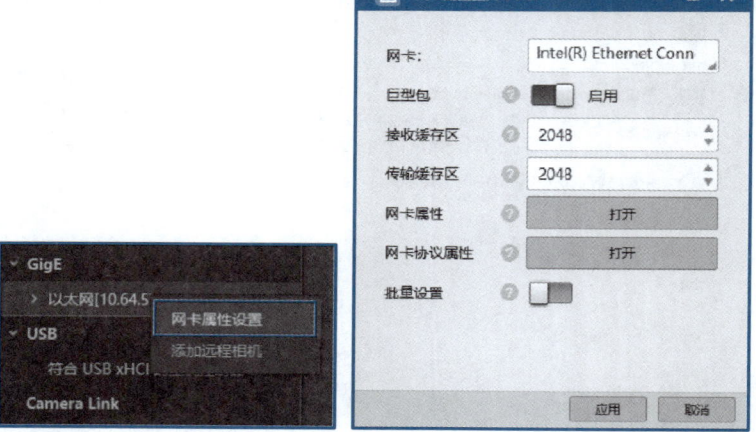

打开客户端后，设备列表会自动显示当前枚举的设备。也可通过单击 GigE 接口处的刷新按钮，对设备列表中显示的设备进行手动刷新。枚举设备后，双击连接设备，MVS 客户端主界面如图 4-25 所示。

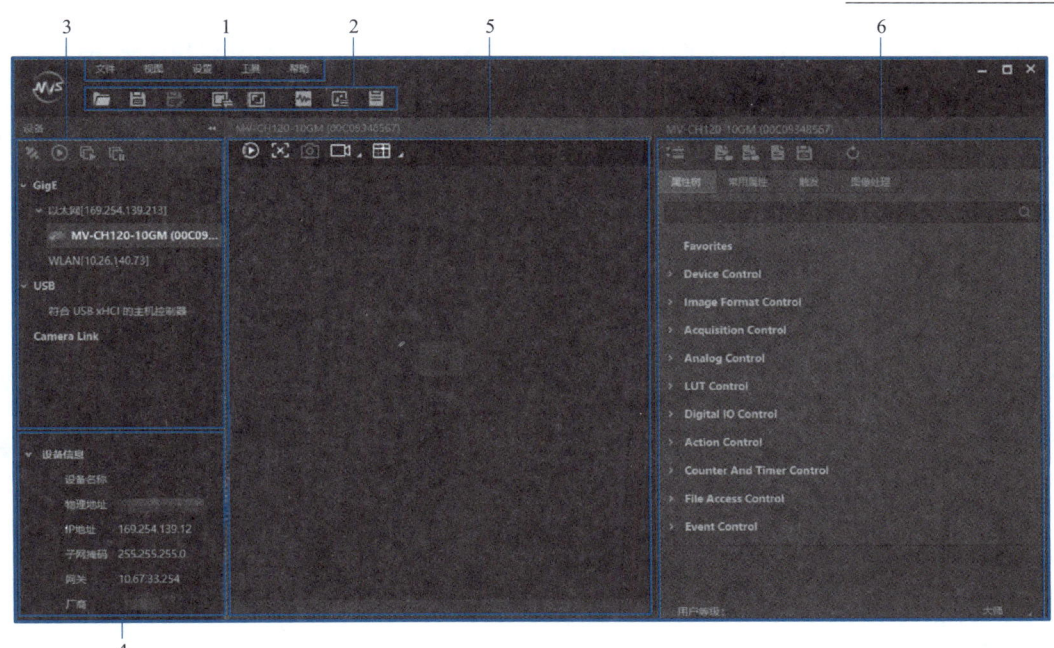

1—菜单栏；2—控制工具条；3—设备列表；4—接口和设备信息获取；5—图像预览窗口；6—连接设备后可以设置的属性

设备可以设置的属性及功能说明见表 4-6。

设备属性说明　表 4-6

属性	名称	功能说明
Device Control	设备控制	用于查看设备信息，修改
Image Format Control	图像格式控制	用于查看并设置相机的分辨率、镜像功能、像素格式、感兴趣区域和测试图像等
Acquisition Control	采集控制	用于查看并设置相机的采集模式、帧率、触发模式、曝光时间等
Analog Control	模拟控制	用于查看并设置相机的模拟信号，包括增益、白平衡、Gamma校正等
Color Transformation Control	颜色转换控制	用于对图像整体色彩进行调节
LUT Control	用户查找表控制	用于设置查找表，从而进行灰度映射输出，凸显用户感兴趣的灰度范围
Shading Correction	阴影校正	用于校正相机像素之间的不一致性
Digital IO Control	数字I/O控制	用于管理不同的I/O（输入/输出）信号
Action Control	动作命令控制	对相机GigE Vision动作命令相关功能进行设置
Counter And Timer Control	计数器和定时器控制	用于对外触发信号进行计数，按照客户逻辑进行曝光控制

属性	名称	功能说明
File Access Control	文件存取	查看支持文件存取功能相机参数组的信息
Sequencer Control	Sequencer轮询	对Sequencer轮询相关的参数进行设置
Event Control	事件控制	对事件日志相关参数进行设置
Chunk Data Control Chunk	信息控制	控制是否开启相机Chunk信息的功能，并设置具体Chunk信息的内容
Transport Layer Control	传输层控制	用于对相机的传输协议相关参数进行设置
Transfer-Control	传输控制	用于查看相机的传输源、传输模式和内存队列信息等
User Set Control	用户参数控制	用于保存、加载相机的参数组，也可设置默认启动的参数组

图 4-26 设置相机 IP

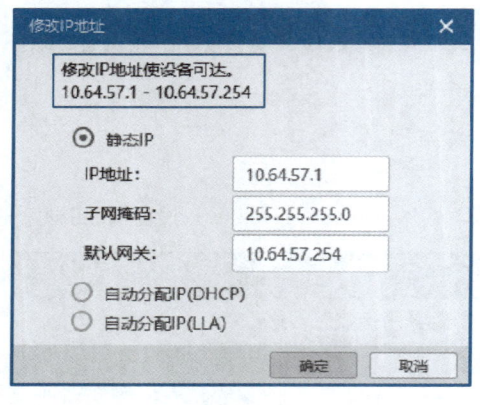

完成相机和客户端的安装后，在设备列表中，若相机为不可达状态，则需要手动设置相机 IP。

步骤 1：双击状态为不可达的相机名称，系统将弹出"修改 IP 地址"对话框。

步骤 2：在"修改 IP 地址"对话框中，选择"静态 IP"，参照相机可达的网段设置相机的"IP 地址""子网掩码"及"默认网关"，单击"确定"按钮，如图 4-26 所示。

步骤 3：重启用户端或对设备列表进行手动刷新，枚举相机设备后双击完成连接。

3. 实施步骤

（1）清楚视觉图像处理系统

① 与学习小组成员讨论视觉图像处理系统结构，选择并判断 COMS 相机的规格参数是否满足任务要求。

② 讨论并记录 COMS 相机的选型依据。

1. _____

2. _____

3. _____

…… _____

_____

（2）清楚安装方法及接线方式

① 根据图 4-27 所示接线方式完成视觉检测系统的搭建。

视觉检测系统接线示意图　图 4-27

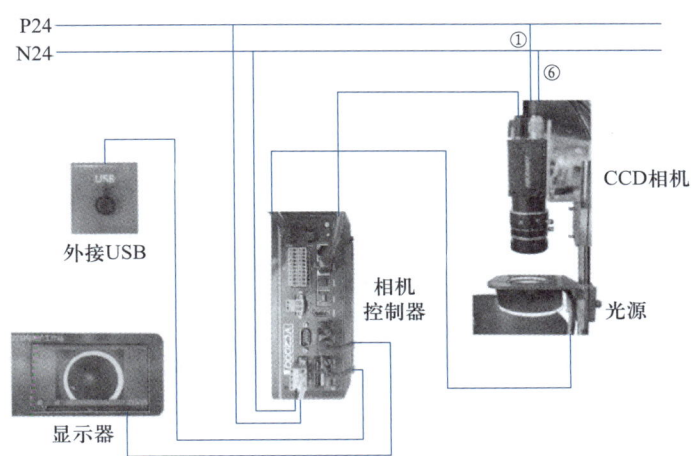

② 与学习小组成员讨论所选 CCD 相机的安装方法和接线方式，并分别记录安装时应注意和考虑的事项。

1.
2.
3.
……

（3）传感器（接线）验证

① 完成安装配线后，接通电源。

② 检查相机 IP 地址并确认相机已连接成功。

③ 在视觉检测系统的算法平台中设置相机参数。

a. 在相机管理中添加全局相机 1，并选择好对应的相机设备（见图 4-28）。

b. 添加图像源并关联相机（见图 4-29）。

④ 相机参数的调整。

a. 在物料盘中放置好物料，打开连续执行，观察所拍摄的图像。

b. 在相机管理中调节其对应的参数优化图像显示（如曝光时间、增益等），并根据需求调节相机的光圈和焦距，使图像显示为最优状态，如图 4-30 所示。

视频：配置
智能视觉相
机

图 4-28　选择相机设备

图 4-29　关联相机

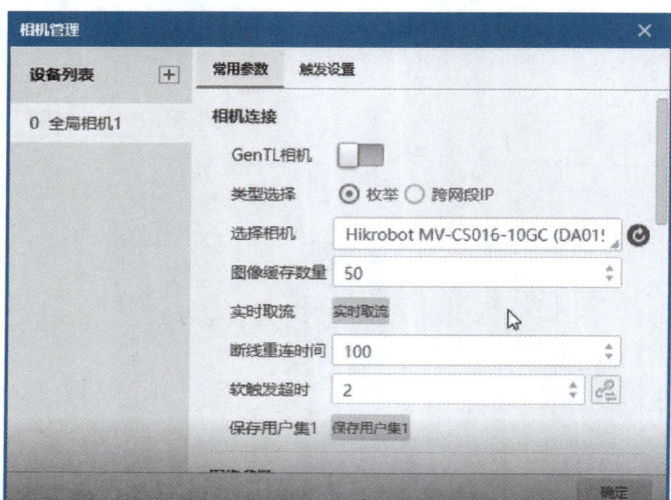

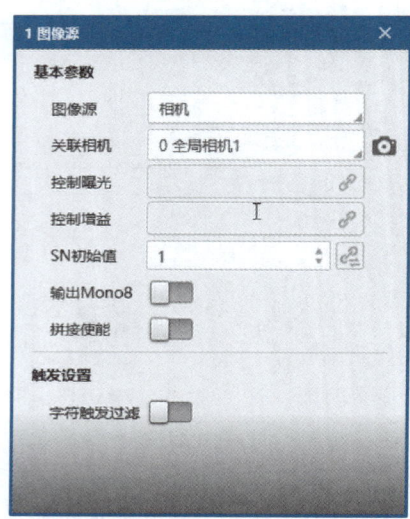

图 4-30　调整图像

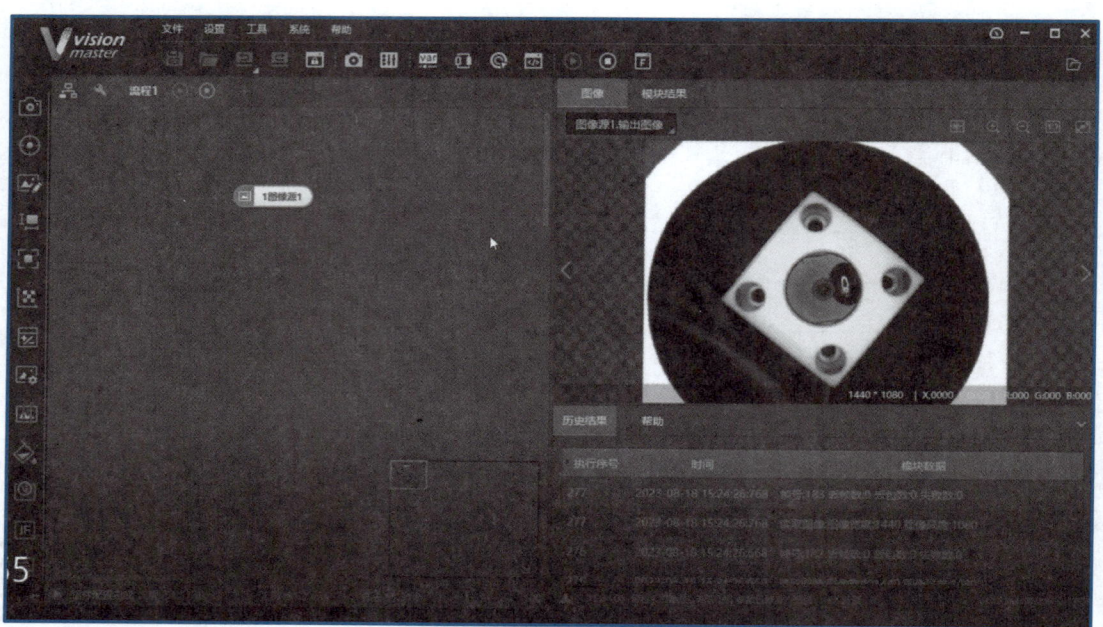

任务评价

<table>
<tr><td colspan="6" align="center">任务评价表</td></tr>
<tr><td>评价项目</td><td>配分</td><td>序号</td><td>评分标准</td><td>自评</td><td>教师评价</td></tr>
<tr><td rowspan="4">知识掌握</td><td rowspan="4">60分</td><td>1</td><td>了解图像传感器类型及原理</td><td></td><td></td></tr>
<tr><td>2</td><td>了解机器视觉检测系统的构成</td><td></td><td></td></tr>
<tr><td>3</td><td>了解智能视觉软件系统</td><td></td><td></td></tr>
<tr><td>4</td><td>掌握智能视觉相机的配置方法</td><td></td><td></td></tr>
</table>

任务评价表					
评价项目	配分	序号	评分标准	自评	教师评价
技能掌握	30分	5	能正确搭建机器视觉检测系统		
		6	能验证机器视觉检测系统的检测功能		
职业素养	10分	7	积极参与团队任务，分工明确，团队协作高效		
		8	勇于承担，不推卸责任，对执行结果负责		
		9	任务完成后，主动按照"6S"管理标准的要求对现场进行管理		
合计					

任务 4.2　检测生产线物料产品质量

任务描述　　　智能生产线上采用机器视觉实现产品质量检测，通过机器代替人眼来测量和判断产品质量。机器视觉需依靠图像摄取装置将目标转换成图像信号，再经由图像处理系统转化成数字信号，视觉系统对这些信号进行运算，输出判定结果，最终实现产品质量。由此可见，机器视觉离不开图像传感器。

　　　　　　　　本任务在熟悉了解机器视觉检测系统的工作原理后，学习编辑检测流程以实现产品质量的检测。

任务目标　　　了解机器视觉检测系统的工作原理。

　　　　　　　　了解机器视觉检测系统检测项目的实施流程。

　　　　　　　　了解机器视觉检测系统检测方案设计方法。

　　　　　　　　能根据检测需求设计检测方案，编辑相关检测流程，完成产品涂层颜色和芯片孔直径的检测。

知识储备

4.2.1　机器视觉检测系统的工作原理

机器视觉技术实现机器视觉检测与控制的基本原理在于将物体影像转化成数字信号，

并使用这些信号进行后续的处理和分析。具体步骤包括图像采集、图像预处理、图像分析（特征提取、分类）和决策（结果输出）等。

图像采集通常通过摄像头、线扫描仪、CCD 相机等方式实现，将采集到的图像传输到计算机。图像采集是机器视觉的第一步，其质量决定图像处理的质量。

图像预处理是指对图像进行分割、滤波、增强、去噪等操作，从而得到可靠、准确和稳定的图像数据。

图像分析与图像预处理相比，侧重于研究图像的内容，主要为分析、识别和解释图像内容。它通过特征提取从图像不同层次、不同方向、不同尺度等多种数据中提取相关特征（如尺寸、颜色等），再将特征数据与已知数据进行比较，并按照事先设定的分类规则将新数据分到相应的类别中去。

决策是指根据系统要求，利用经验、规则或统计方法等手段对数据进行分析和推理，然后做出正确的判断和处理结果。

在机器视觉检测系统工作流程中，主要分为图像信息获取、图像信息处理和机电系统执行检测结果 3 个部分，另外根据系统需要还可以实时地通过人机界面进行参数设置和调整。

在图 4-31 所示的机器视觉检测系统工作流程中，当被检测的对象运动到某一设定位置时会被位置传感器发现，位置传感器会向 PLC 控制器发送"探测到被检测物体"的电脉冲信号，PLC 控制器经过计算得出物体移动到 CCD 相机采集范围的时间，然后准确地向采集卡发送触发信号，采集卡检测到此信号后会立即要求 CCD 相机采集图像。被采集到的物体图像会以 BMP 文件的格式送到工控机，然后调用专用的分析工具软件对图像进行分析处理，得出被检测对象是否符合预设要求的结论，根据"合格"或"不合格"信号，执行机会对被检测物体做出相应的处理。系统如此循环工作，完成对被检测物体队列连续处理。

图 4-31　机器视觉检测系统工作流程

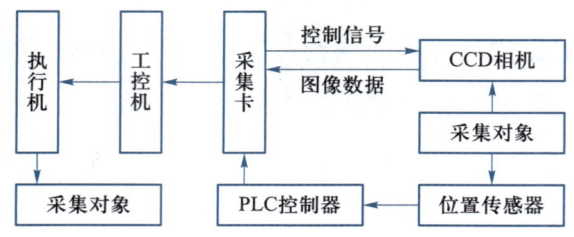

由上述工作流程可知，机器视觉检测系统是一种相对复杂的系统。机器视觉检测系统的检测对象大多数都是运动的物体，其与运动物体的匹配和协调动作尤为重要，所以系统

对各部分的动作时间和处理速度的要求十分严格。在某些应用领域，例如机器人、飞行物体制导等，对整个系统或者系统的一部分的质量、体积和功耗等都会有严格的要求。

实际应用中，流水线上的零件经过输送带到达触发器时，机器视觉立即打开照明，拍摄零件图像；随即图像数据被传送到处理器，处理器根据像素分布和亮度、颜色等信息，进行运算来抽取目标的特征，如面积、长度、数量等；再根据预设的判据来输出结果，如尺寸、角度、偏移量、个数、合格/不合格、有/无等；通过现场总线与PLC通信，指挥执行机构（如气泵）弹出不合格产品。

图4-32所示为机器视觉检测系统的工程应用示例。

机器视觉检测系统的工程应用示例　图4-32

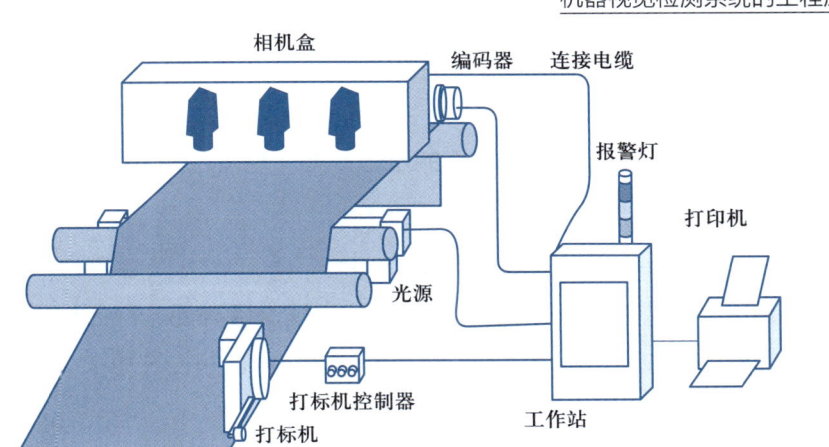

4.2.2　机器视觉检测系统检测项目的实施流程

随着机器视觉的广泛应用，越来越多的企业开始使用机器视觉检测系统解决方案。为了顺利地引进视觉系统方案和实施，需要了解机器视觉检测系统从前期的产品检测评估到视觉系统方案设计的实施流程（见图4-33）。

机器视觉检测系统检测项目的实施流程　图4-33

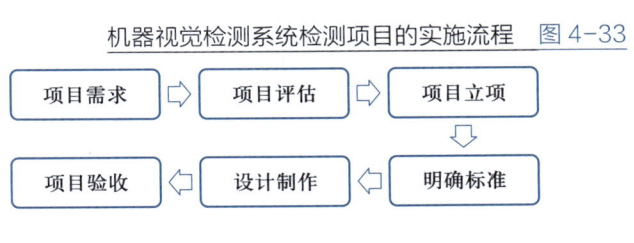

1. 项目前期评估

项目前期评估一般会经过以下几个阶段：

① 通过电话或者在线沟通，明确视觉检测项目的需求。

② 提供检测样品（合格品和各种残次品数个）及现场环境情况，进行安装空间、通信等方面的现场评估。

③ 根据提供的样品进行初步技术评估（如测试结果）。

④ 项目工程师会根据测试结果，选择合适的视觉产品（包括 CCD 相机、摄像头、光源、计算机、机器视觉系统软件等），以及拟定初步方案、预估项目费用。

2. 项目立项

项目经过初步评估后，确认项目方案的可行性，项目工程师建立一个新项目流程。明确项目目标，组建项目团队，制定项目计划，编写项目可行性报告。

3. 明确检测标准

收集合格品和限度残次品（即初步测试中认为可以检测出来的残次品种类，需要一定数量）。项目工程师对提供的样品进行测试，确认详细的检测标准（或流程）。

4. 其他事项确认

确认现场安装要求，机械和电气要求等事项。

5. 方案设计制作

项目工程师根据以上的确认制作详细的整体方案，整体方案包含整机图、视觉系统配置、检测标准、软件功能等。

系统设备的设计制作一般会经过以下几个阶段：

① 提供相关的样品。提供不同程度的合格品与残次品样品、产品样品外观尺寸和设计品载具。如需要专用载具，则提供专用载具的相关尺寸以供设计使用。

② 确认设备整机布置图和电气控制动作流程。

③ 机器零件图设计。

④ 机械、电气标准件的选型。

⑤ 物料采购、零件加工。

⑥ 视觉、电控软件设计。视觉软件要求定位准确，算法稳定、可靠，界面友好、美观、操作简单，参数调整方便。

⑦ 整机装配、试运行。每个零件都经过检验合格后，运到装配现场按照图纸要求进行机械和电气安装。装配完成后进行空机运行，进行运动件的磨合。

⑧ 合格品 / 残次品样品测试。空机运行一段时间后，进行合格品 / 残次品样品的测试，测试设备的电控动作，机构是否会对产品造成二次损坏，软件检测是否准确、稳定。以上测试都达到要求时进行预验收。

4.2.3 机器视觉检测系统检测方案设计

1. 颜色检测方案设计

下面以图 4-34 所示物料颜色的检测为例，介绍检测方案流程的设计思路和方法。

（1）方案设计思路分析

根据图像处理系统的使用流程可知，应先明确方案思路。分析检测要求可知，须使用机器视觉检测物料的颜色。故先使用"图像源"工具对检测区域内的图像进行采集，再通过颜色处理模块中的"颜色识别"工具来实现颜色的检测。

由于物料在检测区域内的位置（坐标、角度等）存在偏差，因此还需引入"快速匹配"工具，在预设的图像检测区域中搜索与颜色模板特征相似的目标，进行定位和判断有无等；利用"位置修正"工具让 ROI 区域能够跟上图像角度和像素的变化，对颜色模板特征进行定位及修正。"快速匹配"工具和"位置修正"工具只能针对灰度图像处理，所以还需添加"颜色转换"工具对图像源的图像（彩色）进行空间转换，将其输入的 RGB 彩色图像转换成灰度图像。

综上分析可知，整个颜色检测流程所用到的工具分别为图像源、颜色识别、快速匹配、位置修正及颜色转换。分析颜色检测要求可知，工具使用顺序依次为图像源、颜色转换、快速匹配、位置修正和颜色识别。

（2）流程编辑

明确方案设计思路后，紧接着开始流程编辑。流程编辑中主要涉及工具模块参数的设定，具体步骤如下：

① 新建方案，在流程（如流程 1）中添加图像源工具并完成相机配置。

② 在流程编辑区域内，添加图 4-35 所示颜色检测流程。

③ 双击图像源块进入"图像源"对话框，单击相机管理按钮进入"相机管理"对话框，将"触发设置"选项卡的"触发源"栏设定为 SOFTWARE，如图 4-36 所示。

④ 接着进入"颜色转换"对话框，设定图 4-37 所示参数后并单击"执行"按钮，将图像源 1 的 RGB 彩色图像转换为灰度图像。

视频：颜色
识别流程编
辑

颜色检测流程　图 4-35

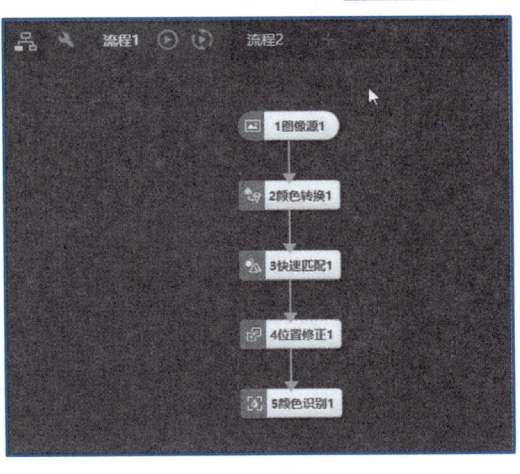

图 4-36 设置触发源

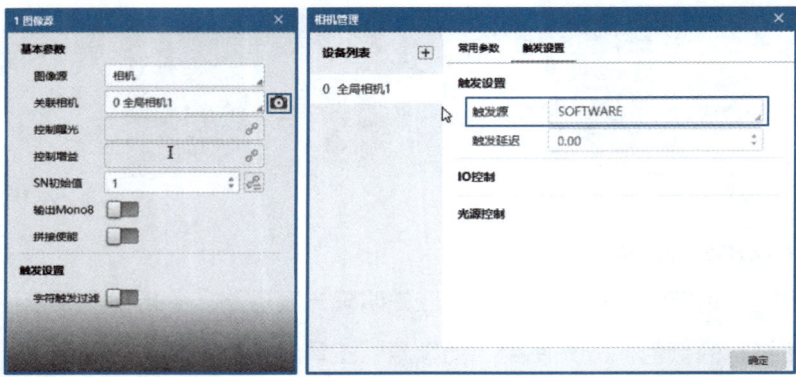

图 4-37 转灰度图像

⑤ 设置快速匹配的参数。

a. 确认检测区域内已放置好检测物料后，双击快速匹配块进入"3 快速匹配"对话框，"基本参数"选项卡中确认输入源［见图 4-38（a）］设定正确后，单击"执行"按钮，输入当前物料的一个灰度图像。进入"特征模板"选项卡，开始创建当前物料特征模板，如图 4-38（b）所示。

b. 灵活运用参数界面的快捷键，完成图 4-39所示特征模板的设定。如有需要，还可在运行参数配置特征匹配的一些参数，从而设定搜索空间，使得在给定搜索空间内的目标才会被搜索到。

图 4-38 设置参数

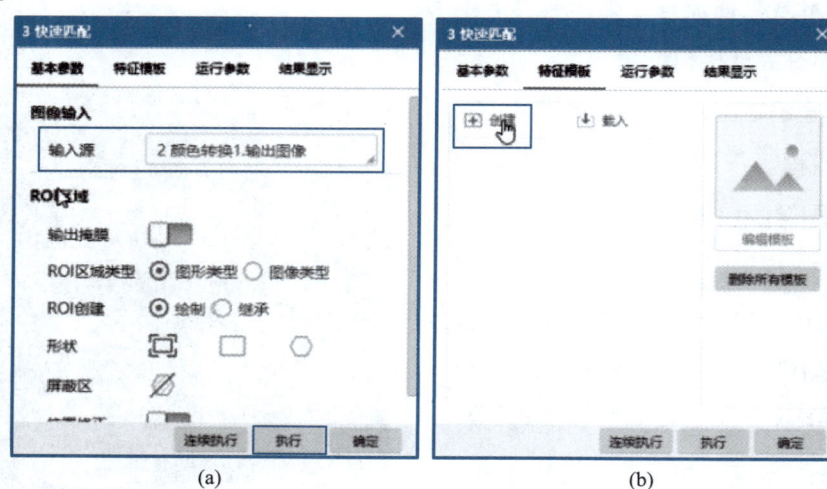

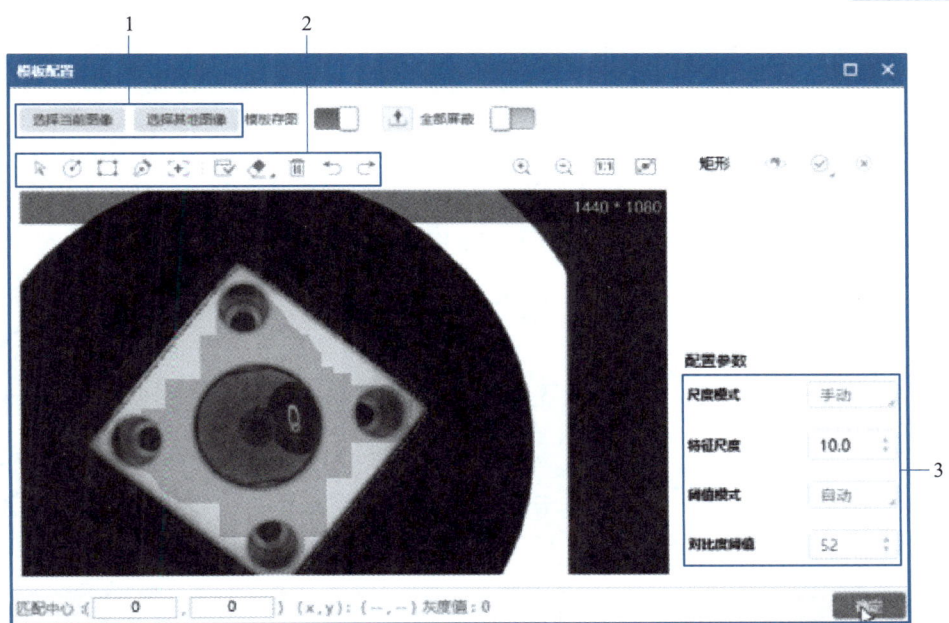

1—选择建模图像输入;

2—移动图像、框选圆形建模区域、框选矩形建模区域、自定义最多32个顶点的多边形建模区域、选择模型匹配中心、生成模型、擦除轮廓点、清空所有建模区域、撤销、返回(从左到右);

3—模板参数(使用说明见表4-7)配置

模板参数配置说明　表 4-7

参数名称	含义及功能
尺度模式	原则是自动模式能满足需求则不进行调节,自动模式不能满足要求再切换至手动模式
粗糙尺度	该值越大,表示特征尺度越大,相应的抽取边缘点就越稀疏,但会加快特征匹配速度
精细尺度	提取特征颗粒的精细程度,只能取整数而且不大于粗糙尺度,当取值为1时最精细,一般调节后会使轮廓点数量发生比较大的变化
阈值模式	原则是自动模式能满足需求则不进行调节,自动模式不能满足要求再切换至手动模式
对比度阈值	该值表示的是对比度的大小,主要与特征点和周围背景的灰度值差有关,该值越大,被淘汰的特征点越多

⑥ 按点修正位置。进入"4 位置修正"对话框的"基本参数"选项卡中,将"原点"设置为"3 快速匹配 1. 匹配框中心","角度"设置为"3 快速匹配 1. 角度",然后单击"创建基准"按钮,完成参数设置,如图 4-40 所示。

注意,不论选择哪种修正方式,位置信息都是从上一个模块传输过来,用于确定像素和角度的偏移。

⑦ 设定颜色识别的 ROI 区域。先绘制矩形 ROI 区域,如图 4-41(a)所示,打开位置修正关联功能,并在"修正信息"栏关联"4 位置修正"对话框的位置修正信息,如图 4-41(b)所示。

图 4-40 位置修正参数设置

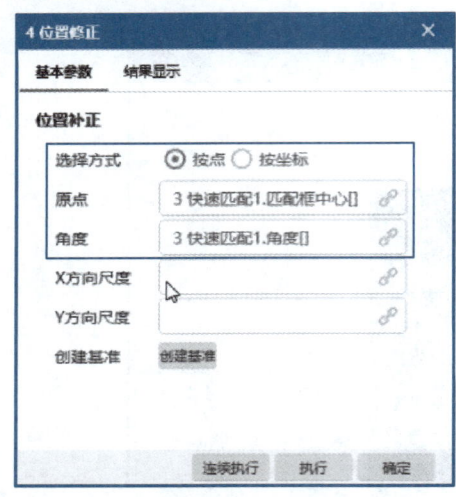

注意，颜色识别的输入源应为图像源的 RGB 彩色图像。

⑧ 设定颜色识别的颜色模型。

a. 添加颜色模型。以黄色物料为例，将物料放置在相机下方工位上，单击"执行"按钮后进入"模板配置"对话框中，添加当前图像，如图 4-42 所示。

b. 在"标签类列表"选项卡中添加标签，将其命名为黄色。然后在当前图像显示区域中框选所需识别的黄色特征，单击"添加至标签"按钮，单击"确定"按钮，如图 4-43 所示。（注：颜色色差较大时，可多次添加颜色标签样本。）

图 4-41 设定 ROI 区域

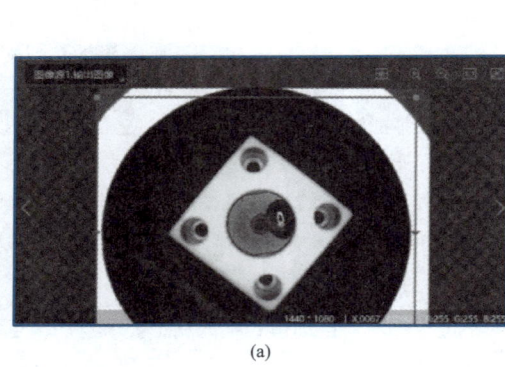

(a)

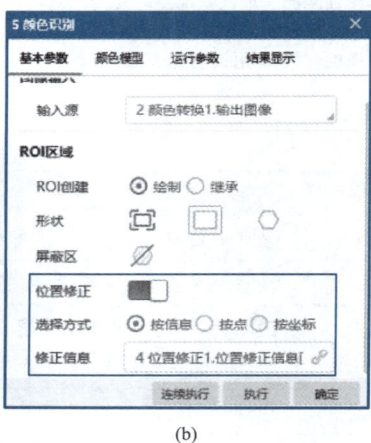

(b)

图 4-42 添加物料的彩色图像

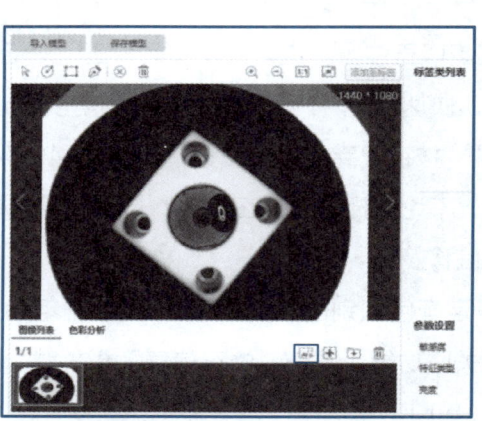

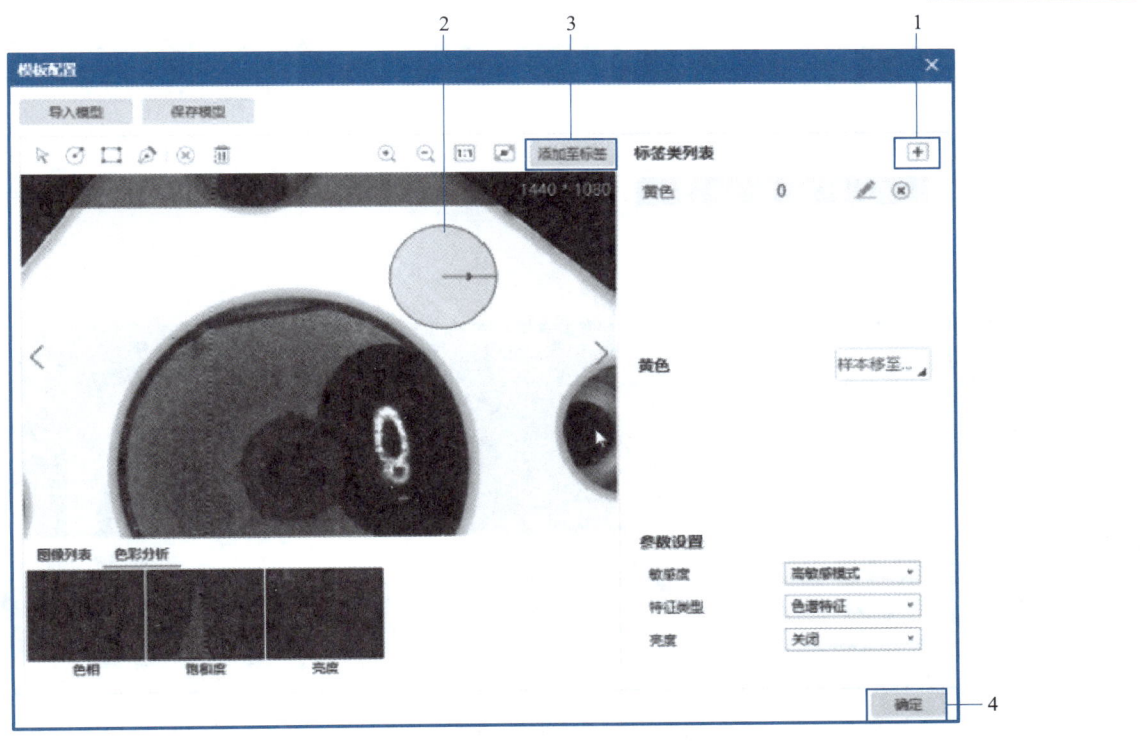

c. 参照添加黄色标签的方法，完成图 4-44 所示颜色标签的添加。

添加颜色模型标签　图 4-44

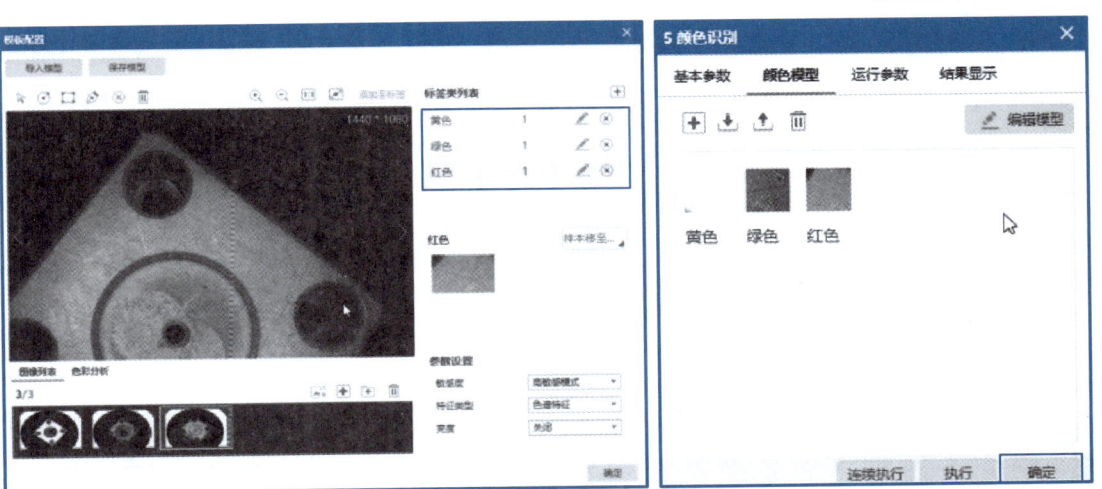

（3）测试方案流程

在完成流程编辑后，还需多次执行流程验证其检测功能是否满足检测要求。

在物料台放置好物料，单次执行颜色检测流程，查看程序运行结果。流程编辑区域内的流程块为绿色图标表示执行正常，红色图标为执行有误报警，右下角分数最高的为其识别的颜色，图像显示区域有字体显示其识别结果。

更换物料依次执行，验证颜色判断是否正确。图4-45所示为颜色检测方案检测绿色物料的结果。对比分析检测结果，满足检测使用要求。

图4-45　颜色检测结果

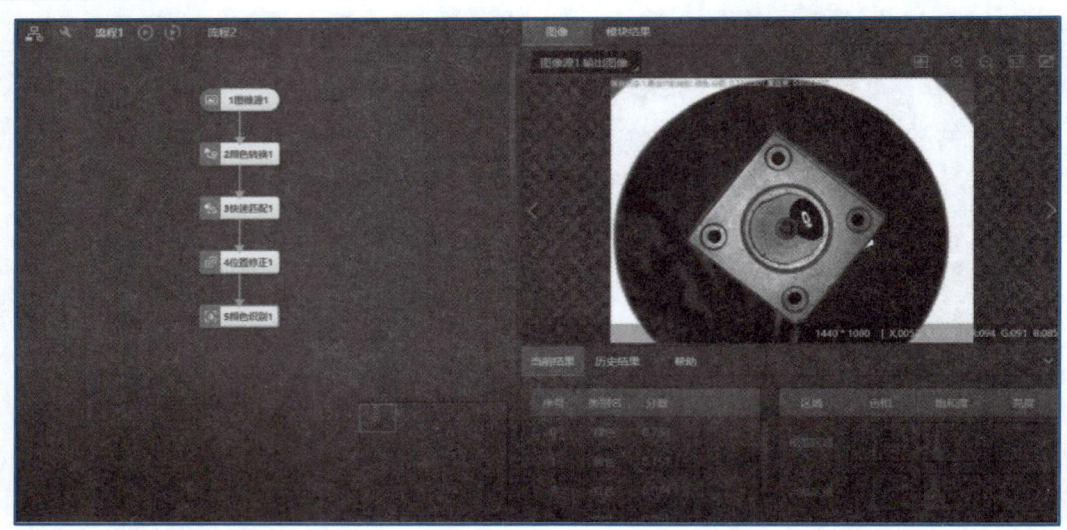

2. 孔径检测方案设计

图4-34中物料所安装芯片的孔径 D（单位为 mm）分别有 15.5 和 18 两种规格，要求设计一个检测物料芯片孔径的方案流程。

（1）方案设计思路分析

参照色检测方案设计的思路和流程，先明确方案思路。依旧使用图像源工具采集检测区的图像。针对孔径的测量可选用工具"圆查找"，与快速匹配和位置修正一样，该工具也只能对灰度图像进行处理。"圆查找"查找孔的圆形特征，快速匹配和位置修正用来对圆特征进行判断、定位和修正。

视频：产品尺寸检测流程编辑

"圆查找"用于圆的定位和测量，测量输出结果包含圆心坐标及半径。需要检测的芯片孔径是圆的直径，故需引入"变量计算"工具，使用表达式计算成直径进行输出。

综上分析可知，整个芯片孔径检测流程工具使用顺序依次为图像源、颜色转换、快速匹配、位置修正和圆查找。

（2）流程编辑

明确方案设计思路后，紧接着开始流程编辑。流程编辑中主要涉及工具模块参数的设定，步骤如下：

① 新建方案，在流程中添加图像源工具并完成相机配置。

② 在流程编辑区域内，添加图 4-46 所示孔径检测流程。

③ 参照颜色检测流程中参数的设定方法完成图像源、颜色转换、快速匹配和位置修正的设置。

④ 在"12 圆查找"对话框的"基本参数"选项卡，将"输入源"设置为"9 颜色转换 1. 输出图像"（灰度），单击"执行"按钮。然后，创建 ROI 区域框选所需测量的圆，打开位置修正并完成位置修正信息的关联，如图 4-47 所示。

孔径检测流程　图 4-46

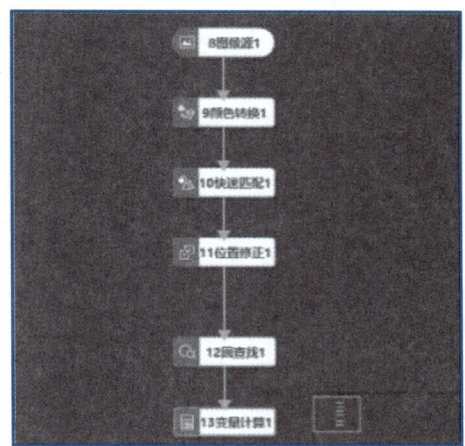

圆查找的 ROI 区域　图 4-47

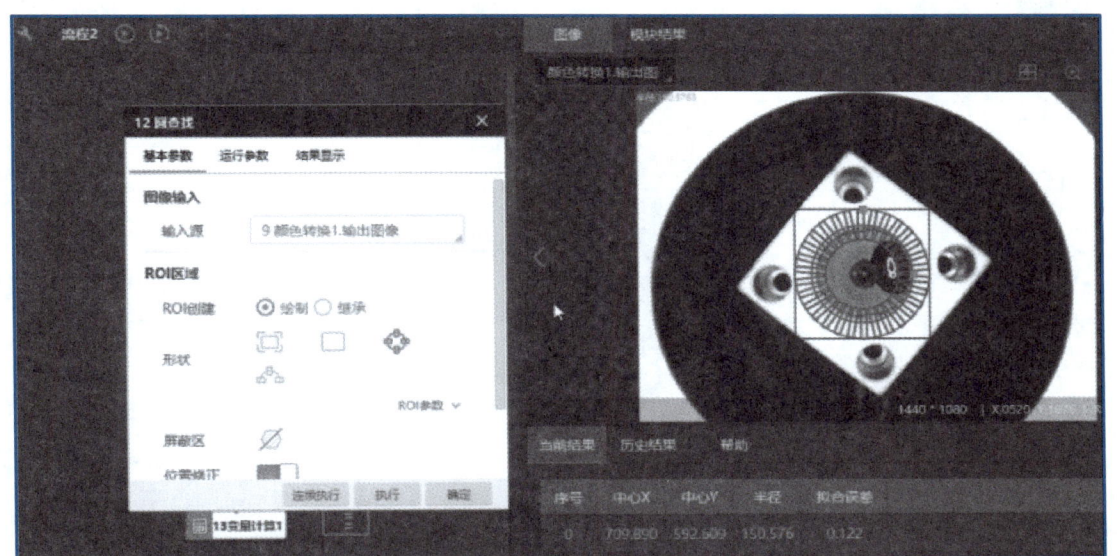

⑤ 在"12 圆查找"对话框的"运行参数"选项卡，设定相关参数，如图 4-48 所示（参数说明见表 4-8），然后多次单击"执行"按钮，查验所需检测物料对应识别出的圆特征是否符合检测要求。

⑥ 变量计算块的变量名称设置为直径，表达式中使用查找圆的圆半径进行计算（见图 4-49）。将半径像素值转换为实际尺寸的直径，具体为查找圆的圆半径 × 转换系数 ×2。最后单击"保存"按钮（注：查找圆的圆半径可通过 🔗 进行添加）。

图 4-48 运行参数的设定

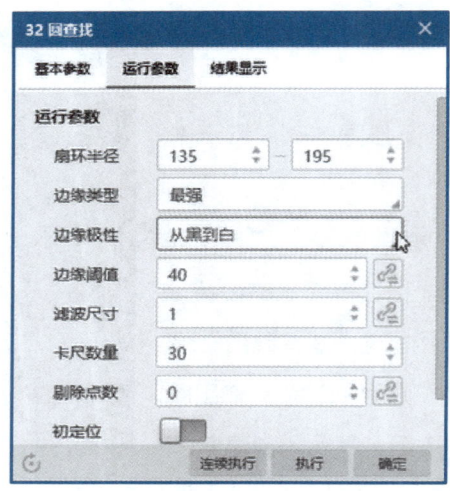

表 4-8 圆查找运行参数说明

参数名称		说明
扇环半径		圆环ROI的内外圆半径
边缘类型	最强	只检测扫描范围内梯度最大的边缘点集合并拟合成圆
	第一条	只检测扫描范围内与圆心距离最小的边缘点集合并拟合成圆
	最后一条	只检测扫描范围内与圆心距离最大的边缘点集合并拟合成圆
边缘极性	黑到白	从灰度值低的区域过渡到灰度值高的区域的边缘
	白到黑	从灰度值高的区域过渡到灰度值低的区域的边缘
	任意	上述两种边缘均被检测
边缘阈值		边缘阈值即梯度阈值,范围为0~255,只有边缘梯度阈值大于该值的边缘点才被检测到。数值越大,抗噪能力越强,得到的边缘数量越少,甚至导致目标边缘点被筛除
滤波尺寸		用于增强边缘和抑制噪声,最小值为1。当边缘模糊或有噪声干扰时,增大该值有利于使检测结果更加稳定,但如果边缘与边缘之间距离小于滤波尺寸,反而会影响边缘位置的精度甚至丢失边缘,该值须要根据实际情况设置
卡尺数量		用于扫描边缘点的ROI区域数量
剔除点数		误差过大而被排除不参与拟合的最小点数量。一般情况下,离群点越多,该值应设置越大,为获取更佳查找效果,建议与剔除距离结合使用
初定位		若开启初定位,结合圆定位敏感度、下采样系数设置,圆初定位可以大致判定ROI区域内更接近圆的区域中心作为初始圆中心,便于后续精细圆查找;若关闭初定位,则默认ROI中心为初始圆中心。一般情况下,圆查找前一模块为位置修正,建议关闭初定位

⑦ 获取转换系数。需获取一个实际尺寸值,在图像采集区域内检测出像素(结果)值,最后由实际值除以像素(结果)值得出转换系数。如图 4-50 所示,用"线线测量"工具,在图像采集区域内得到 10mm 的一个像素值,故得出转换系数为 10÷204.187≈0.049。

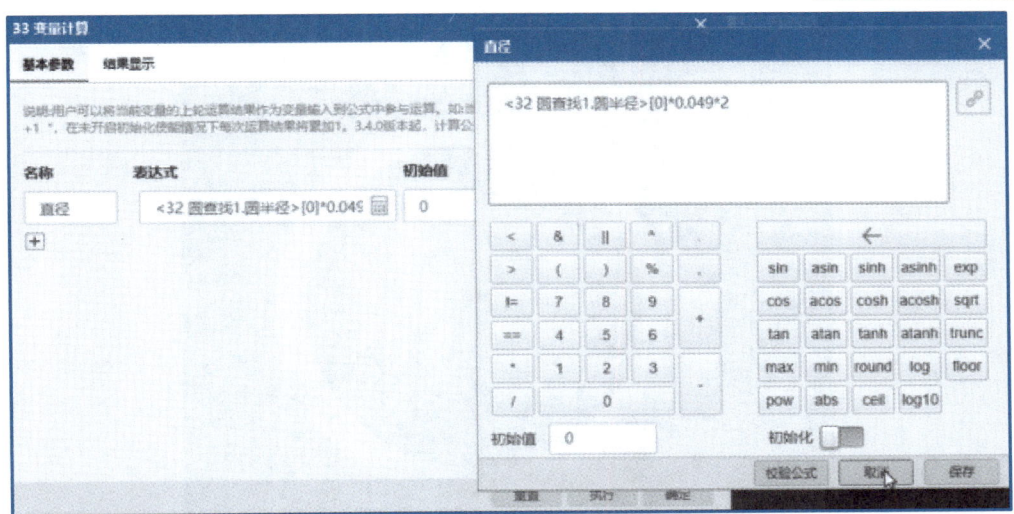

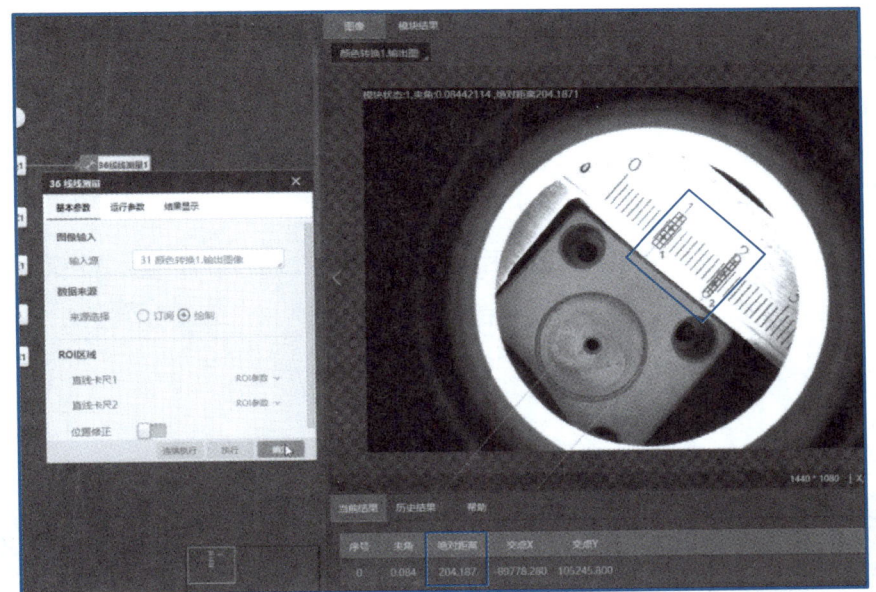

（3）测试方案流程

在完成流程编辑后，还需多次执行流程验证其检测功能是否满足检测要求。

在物料台放置好物料，单次执行孔径检测流程，查看程序运行结果。流程编辑区域内的流程块为绿色图标表示执行正常，红色图标为执行有误报警，结果显示区域中的历史结果显示测量，以及图像显示区域也有字体显示其测量结果。

更换物料依次执行，验证孔径测量结果是否正确。图 4-51 所示为孔径检测方案检测物料孔径的结果。对比分析检测结果，满足检测使用要求。

图 4-51　孔径检测结果

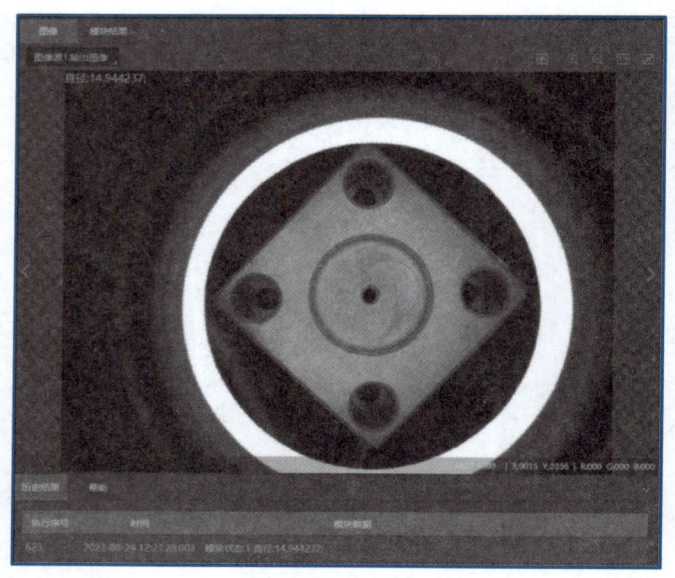

3. 制作自定义运行界面

上述视觉算法平台的运行界面主要用于查看运行情况，并进行简单操作。运行界面支持自定义编辑、导出等相关功能（注：不同角色支持的功能有所差别，需技术员和管理员才能自定义运行界面）。

确认完成流程设计的方案功能正确后，可自定义一个运行界面用于大屏显示，监控检测的运行结果。下面以图 4-52 所示自定义运行界面为例，介绍其制作方法，操作方法见表 4-9。

图 4-52　自定义运行界面

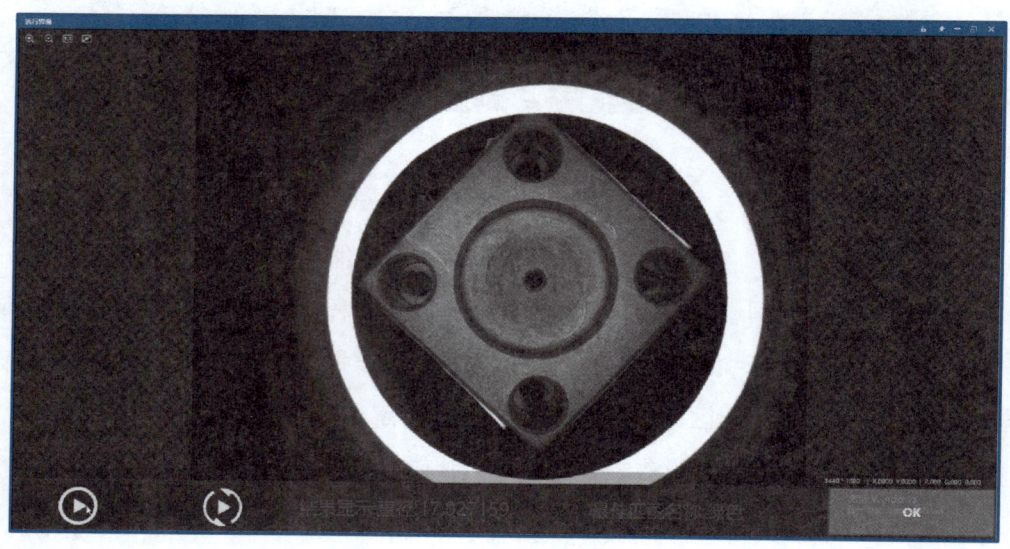

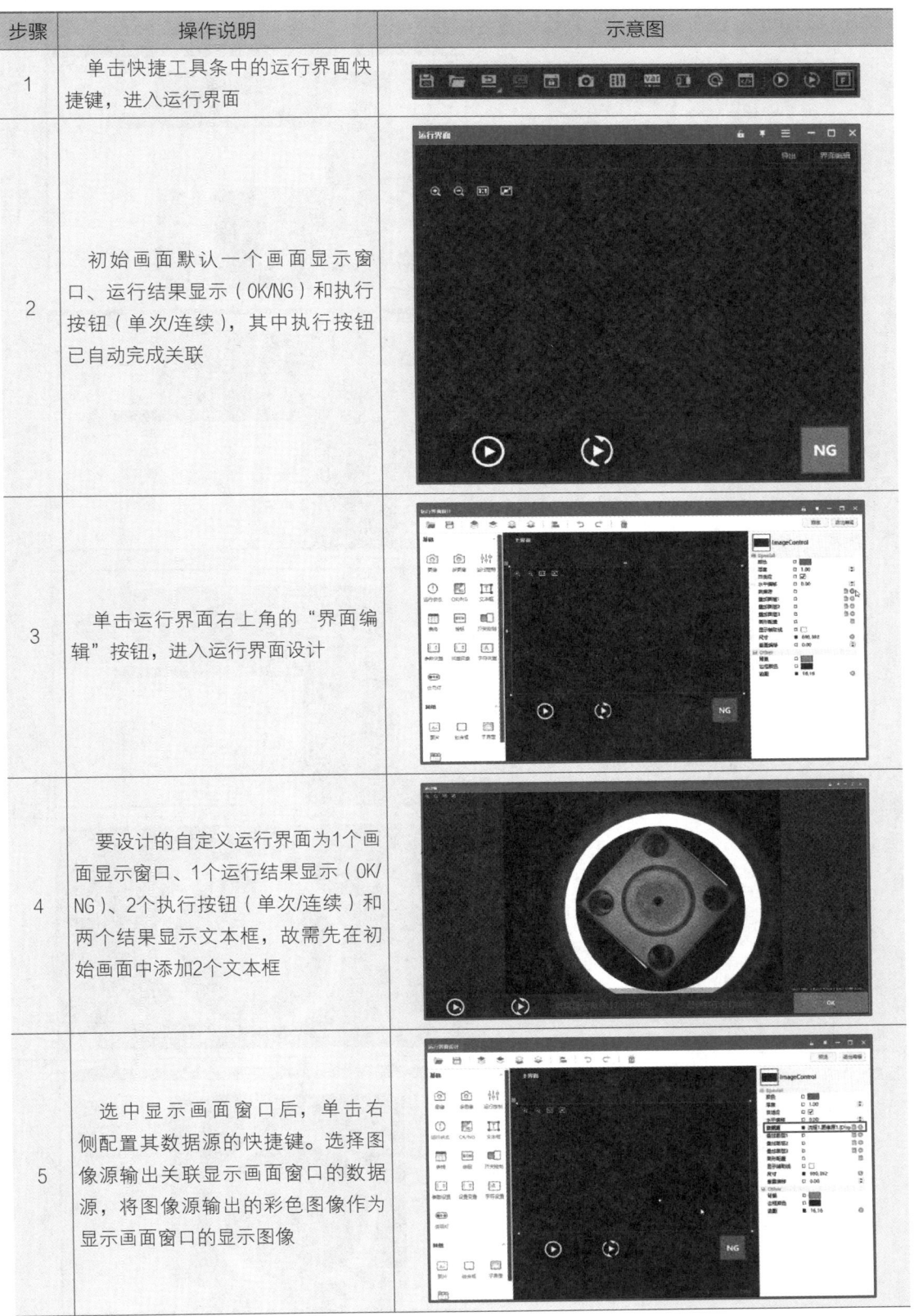

步骤	操作说明	示意图
1	单击快捷工具条中的运行界面快捷键,进入运行界面	
2	初始画面默认一个画面显示窗口、运行结果显示(OK/NG)和执行按钮(单次/连续),其中执行按钮已自动完成关联	
3	单击运行界面右上角的"界面编辑"按钮,进入运行界面设计	
4	要设计的自定义运行界面为1个画面显示窗口、1个运行结果显示(OK/NG)、2个执行按钮(单次/连续)和两个结果显示文本框,故需先在初始画面中添加2个文本框	
5	选中显示画面窗口后,单击右侧配置其数据源的快捷键。选择图像源输出关联显示画面窗口的数据源,将图像源输出的彩色图像作为显示画面窗口的显示图像	

步骤	操作说明	示意图
6	选中左侧的文本框，将其放置在主界面的合适位置。重复操作，添加2个文本框，用于显示物料颜色与直径信息	
7	参照显示窗口数据源关联的操作方法，将其中一个文本框与孔径检测流程中变量计算块的结果显示关联，完成该文本框的设计	
8	参照显示窗口数据源关联的操作方法，将其中一个文本框与颜色检测流程中颜色识别块中最佳匹配名称关联，完成该文本框的设计。 同样，将运行结果显示（OK/NG）与颜色识别的模块状态关联	
9	到此配置完成整个自定义运行界面。可单击预览单次执行，查看画面显示信息，确认效果无误后关闭预览回到编辑界面	
10	最后单击"保存"按钮，完成自定义运行界面的设计	

任务实施

1. 任务准备

姓名		实训地点	
班级		学号	
实训日期		指导教师	
实训课时		实训方式	
小组成员		组号	
工作任务	检测生产线物料产品质量	教学模式	理实一体化
建议学时	4	设备、器材	MV-CA013-A0GC-LT12相机、MV-VB2219-120G控制器、监视器、电工工具套装
任务要求	机器视觉检测系统完成通信设定后，根据检测需求添加处理项目，使其测量处理流程可分别测量产品涂层颜色和芯片孔直径		

2. 信息搜集

机器视觉就是基于仿生的角度，模拟眼睛通过视觉传感器进行图像采集，并在获取之后由图像处理系统进行图像处理和识别。相机和视觉控制器作为机器视觉系统的重要组成部分，出现问题或故障会严重影响检测。机器视觉系统常见的故障现象及分析处理措施见表4-10。

机器视觉系统常见的故障现象及分析处理措施　表 4-10

	故障现象		原因/排障措施
相机	启动客户端软件，发现不了相机	相机未正常启动或网线连接异常	检查相机电源及网络连接是否正常（观察LED指示灯及网口Link灯）
	客户端能枚举到相机，但连接失败	（1）相机与客户端不在同一个局域网内；（2）相机已被其他程序连接	（1）使用IP配置工具修改IP地址；（2）断开其他程序对相机的控制后，重新连接
	预览画面全黑	（1）镜头光圈关闭；（2）相机工作异常	（1）打开镜头光圈；（2）断电重启相机
	预览正常但无法拍照	（1）触发模式未打开或触发源选择错误；（2）触发连线错误	（1）确认相机的触发模式是否开启，选择的触发源和使用的I/O接口是否一致；（2）确认触发信号输入及接线是否正常
	网络使用环境由千兆变为百兆	水晶头或网线损坏	确认水晶头和网线是否损坏，是否可以正常使用

故障现象	原因/排障措施
视觉控制器 屏幕无法点亮或黑屏	（1）重新插拔HDMI接线或者更换VGA线； （2）重启设备； （3）断电重启，上电后使用键盘迅速按下"Ctrl+Alt+Delete"键，快速按Delete键，直至点亮屏幕； （4）开机后长按F8键进入安全模式，删除或卸载黑屏前安装的软件或者驱动，重启控制器； （5）重新安装系统，视觉控制器出厂系统为Windows 10，请联系技术支持获取系统文件
远程桌面无法正确找到IP地址，且用户名与密码不正确	（1）直连网口，使用抓包工具获取IP地址； （2）直连显示器，将网口设置为静态IP使用； （3）用户名默认为Administrator，密码为Operation666；可能由于出厂批次的原因，用户名与密码为其他选项，请自行在"控制面板/用户账户"中查看与修改
系统蓝屏，崩溃，不断重启	（1）重启设备； （2）开机后长按F8键进入安全模式，删除或卸载黑屏前安装的软件或者驱动，重启控制器； （3）根据蓝屏报错码的解决步骤尝试解决； （4）重新安装系统，视觉控制器出厂系统为Windows 10，请联系技术支持获取系统文件
GPIO输入无信号反馈，输出无电平变化	（1）检查信号源有无沿信号触发；检查参数设置是否正确（滤波参数，模式设置延时是否合适）；检查接线是否正确，有无虚接； （2）输出无电平变化，检查接线是否正确；参数设置完是否使能； （3）换台视觉控制器，检查是否I/O口被击穿烧毁

图4-53　检测对象

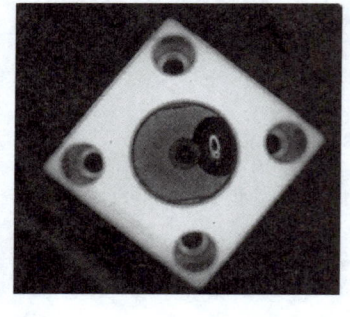

3. 实施步骤

（1）设定测量流程及参数

① 根据系统的通信方式及检测需求，合理添加视觉测量模块并设定模块中的参数。检测对象如图4-53所示（颜色或孔直径）。

② 与学习小组成员讨论所选处理项目是否满足检测需求，并分别记录处理项目中设定的参数。

1. _____

2. _____

3. _____

_____

_____

（2）图像传感器验证

① 根据检测需求添加处理项目设定测量流程（见图 4-54）。

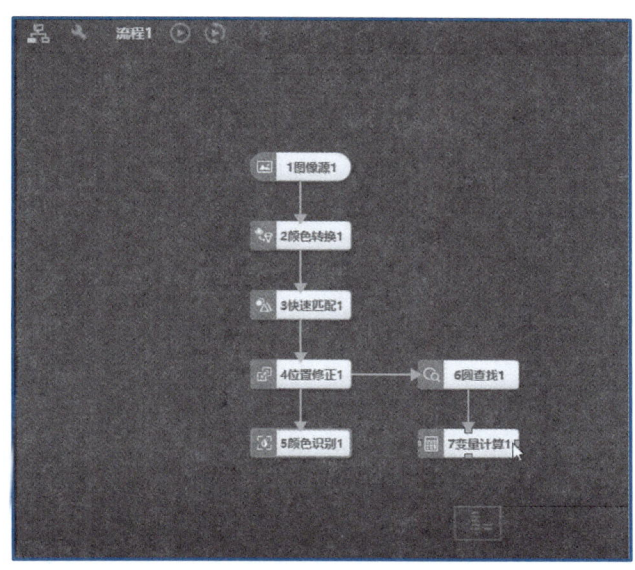

② 完成视觉检测方案设计后，搭建自定义运行界面（见图 4-55），进行方案功能的验证。

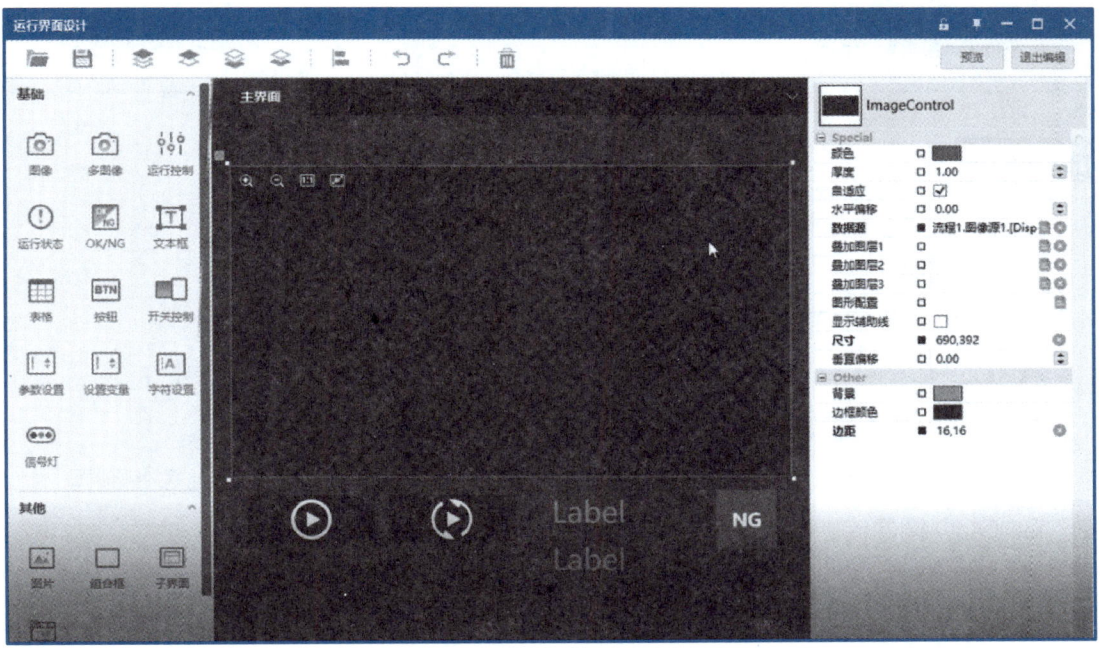

③ 调整相机焦距、光圈及物位距离等参数，验证测量流程的功能，并将检测结果及参数调整情况分别记录在表 4-11 中。

表 4-11　检测结果及参数调整情况记录表

...	...	...	...

任务评价

任务评价表					
评价项目	配分	序号	评分标准	自评	教师评价
知识掌握	30分	1	了解机器视觉检测系统的工作原理		
		2	了解机器视觉检测系统检测项目的实施流程		
		3	了解机器视觉检测系统检测方案设计方法		
技能掌握	60分	4	能正确设定测量流程的参数值		
		5	能正确完成产品涂层颜色和芯片孔直径的检测验证		
职业素养	10分	6	积极参与团队任务，分工明确，团队协作高效		
		7	勇于承担，不推卸责任，对执行结果负责		
		8	任务完成后，主动按照"6S"管理标准的要求对现场进行管理		
合计					

项目测评

一、单选题

1. 下列（　　）不是图像传感器的类型。

A. CCD　　　　　　B. CMOS　　　　　　C. CIF　　　　　　D. JPEG

2. 在机器视觉检测系统中，将光学影像转化为数字信号的装置是（　　）。

A. 图像处理系统　　B. 图像摄取装置　　C. 传感器　　　　D. PLC 控制器

3. CCD 图像传感器的核心工作原理是基于（　　）。

A. 光电效应　　　　B. 磁阻效应　　　　C. 热电效应　　　　D. 压电效应

4. CMOS 图像传感器相比于 CCD 图像传感器的优势不包括（   ）。

A. 更低的功耗

B. 更高的分辨率

C. 更快的读取速度

D. 更低的成本

5. 机器视觉检测系统中，图像预处理的作用是（   ）。

A. 将图像转换为数字信号

B. 对图像进行分割、滤波、增强、去噪等操作

C. 提取图像的特征

D. 做出检测决策

6. 在机器视觉检测系统中，（   ）步骤直接决定了检测结果的准确性。

A. 图像采集   B. 图像预处理   C. 图像分析   D. 决策

7. 机器视觉检测系统检测方案设计的第一步是（   ）。

A. 项目前期评估

B. 明确检测标准

C. 方案设计制作

D. 系统设备设计制作

8. 在视觉系统故障诊断中，如果预览画面全黑，最不可能的原因是（   ）。

A. 镜头光圈关闭

B. 相机工作异常

C. 网络连接异常

D. 触发模式未打开

9. 视觉控制器黑屏的可能原因不包括（   ）。

A. HDMI 接线松动

B. 系统软件冲突

C. 电源电压过高

D. 显示器设置错误

10. 在搭建机器视觉检测系统时，调整图像的目的是（   ）。

A. 确保相机的 IP 地址正确

B. 优化图像的曝光、增益等参数

C. 设置相机的触发模式

D. 测试系统的通信功能

二、多选题

1. CCD 图像传感器的特点有（   ）。

A. 体积小、质量轻

B. 分辨率高

C. 功耗大

D. 抗振性好

E. 受电磁场干扰

2. 机器视觉检测系统的工作流程包括（   ）。

A. 图像采集

B. 图像预处理

C. 图像分析

D. 决策

E. 产品设计

3. 项目前期评估阶段需要进行（   ）。

A. 明确视觉检测项目的需求   B. 提供检测样品

C. 进行现场环境评估   D. 制定项目计划

E. 编写项目可行性报告

4. 视觉系统故障诊断中，相机连接失败的可能原因是（   ）。

A. 相机未正常启动   B. 网线连接异常

C. 相机与客户端不在同一局域网   D. 相机已被其他程序连接

E. 镜头光圈关闭

5. 在视觉系统方案设计中，系统设备设计制作阶段需要完成（   ）。

A. 提供相关样品   B. 确认设备整机布置图

C. 机械零件图设计   D. 机械、电气标准件选型

E. 视觉软件设计

三、判断题

1. CMOS 图像传感器通常集成度低于 CCD 图像传感器。   （   ）

2. 机器视觉检测系统仅用于静态物体的检测。   （   ）

3. 在机器视觉检测系统中，图像预处理可以改善图像质量，但不能提高检测精度。

    （   ）

4. 项目前期评估阶段需要确定视觉产品的选型和预估项目费用。   （   ）

5. 视觉控制器的屏幕无法点亮可能是由于 HDMI 接线松动造成的。   （   ）

四、问答题

1. 描述 CCD 图像传感器的工作原理。

2. 解释在机器视觉检测系统中图像预处理的重要性。

参考文献

［1］陈雯柏，李邓化，何斌，等．智能传感器技术［M］．北京：清华大学出版社，2022．

［2］董春利．传感器与检测技术［M］．3版．北京：机械工业出版社，2022．

［3］刘娇月，杨聚庆．传感器技术及应用项目教程［M］．2版．北京：机械工业出版社，2022．

［4］唐文彦，张晓琳．传感器［M］．6版．北京：机械工业出版社，2021．

［5］张志勇．现代传感器原理及应用［M］．北京：电子工业出版社，2014．

［6］金文兵．过程检测与控制技术应用［M］．北京：机械工业出版社，2019．

［7］于建明，叶茵．智能控制与检测技术［M］．北京：机械工业出版社，2023．

［8］杰拉德·梅杰，等．智能传感器系统（新兴技术及其应用）/智能传感技术丛书［M］．北京：机械工业出版社，2018．

［9］游青山．智能传感器技术应用［M］．北京：科学技术出版社，2021．

［10］陈雯柏．智能传感器技术［M］．北京：清华大学出版社，2022．

［11］黄文鑫．智能温度控制器的使用及维修［M］．北京：化学工业出版社，2020．

［12］郁有文，常健，程维红．传感器原理及工程应用［M］．西安：西安电子科技大学出版社，2019．

［13］胡向东．传感器与检测技术［M］．3版．北京：机械工业出版社，2020．

［14］许姗，李娇．传感器技术及应用［M］．北京：清华大学出版社，2017．

［15］朱志伟，刘红兵，赵楠．传感器原理与检测技术［M］．3版．南京：南京大学出版社，2022．

郑重声明

高等教育出版社依法对本书享有专有出版权。任何未经许可的复制、销售行为均违反《中华人民共和国著作权法》，其行为人将承担相应的民事责任和行政责任；构成犯罪的，将被依法追究刑事责任。为了维护市场秩序，保护读者的合法权益，避免读者误用盗版书造成不良后果，我社将配合行政执法部门和司法机关对违法犯罪的单位和个人进行严厉打击。社会各界人士如发现上述侵权行为，希望及时举报，我社将奖励举报有功人员。

反盗版举报电话 （010）58581999 58582371

反盗版举报邮箱 dd@hep.com.cn

通信地址 北京市西城区德外大街 4 号
       高等教育出版社知识产权与法律事务部

邮政编码 100120

读者意见反馈

为收集对教材的意见建议，进一步完善教材编写并做好服务工作，读者可将对本教材的意见建议通过如下渠道反馈至我社。

咨询电话 400-810-0598

反馈邮箱 gjdzfwb@pub.hep.cn

通信地址 北京市朝阳区惠新东街 4 号富盛大厦 1 座
       高等教育出版社总编辑办公室

邮政编码 100029

资源服务提示

授课教师如需本书配套教辅资源，请登录"高等教育出版社产品信息检索系统"（https://xuanshu.hep.com.cn/）搜索下载，首次使用本系统的用户，请先进行注册并完成教师资格认证。

高教社高职工科分社电板块教材服务中心：gzdz@pub.hep.cn